16,80 We
ed/4/c

Götz Weihmann – Unsre Welt in hundert Fragen

Unsre Welt
in hundert Fragen

Kleine Alltagswissenschaft,

zusammengestellt und bearbeitet

von Götz Weihmann

Union Verlag Stuttgart

Die Beiträge schrieben:
Walter Brandecker
Helmut Heilbronner
Ludwig Merkle
Hans Oberndorfer
Emil Riemel
Götz Weihmann
Rudolf Wollmann

Mit Quellenmaterial waren behilflich:
Aral AG
Böhme Fettchemie GmbH
Adi Dassler KG
Ernst Deissling KG
Deutsche Zündholzfabriken GmbH
Gummiwerke Fulda GmbH
Telefunken AG (Knobloch)
Vereinigte Flugtechnische Werke GmbH (Fischer)
Villeroy & Boch KG sowie
Alfred Kemper

Einbandentwurf: Eva Hohrath
Illustrationen: Eva Hohrath und Erhard Liss

ISBN 3 8002 2212 4
© Union Verlag Stuttgart 1970. Nachdruck verboten
Alle Rechte vorbehalten. Printed in Germany
Gesamtherstellung: Wilhelm Röck, Weinsberg, 1970

Inhaltsverzeichnis

Der Mensch

Von Tieren und Pflanzen

Physik um uns

In Haus und Haushalt

Der Mensch

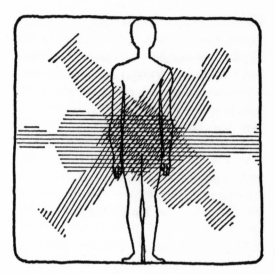

Warum schwitzt man?

Den menschlichen Körper kann man als eine große chemische Fabrik betrachten, in der unzählige Reaktionen nebeneinander ablaufen. Der normale Verlauf dieser chemischen Vorgänge hängt sehr stark von der richtigen Körpertemperatur ab. Wenn sich unsere Temperatur erhöht, zum Beispiel von innen her durch intensive Muskelarbeit oder von außen durch warme Luft, so beginnt unser »Kühlsystem« zu arbeiten: Wir schwitzen! Dabei öffnen sich in unserer Haut die kleinsten Blutgefäße und werden von überwärmtem Blut durchströmt. Ungefähr 2,5 Millionen Hautdrüsen beginnen eine salzige Flüssigkeit, den *Schweiß*, abzusondern. Diese Drüsen sind dicht mit Blutgefäßen und Nerven umsponnen und von kleinen Muskelzellen umgeben, durch die sie wie von einer Pumpe entleert werden können. Interessant ist, daß die Neger ungefähr doppelt soviel Schweißdrüsen haben wie wir hellhäutigen Menschen. Dies natürlich, weil Neger meist in heißen Gegenden wohnen und deshalb mehr Kühlung brauchen als wir. Der Schweiß auf der Hautoberfläche wird durch das Blut erwärmt, so daß er verdunstet. Die Wärme, die zum Verdunsten nötig ist, wird also dem Körper entzogen, und dessen Temperatur sinkt wieder.

Man kann sich vorstellen, daß bei warmer und zugleich feuchter Luft die Verdunstung des Schweißes nicht so leicht vonstatten geht wie in trockener Luft. Deshalb vertragen wir das feucht-heiße Klima der Tropen besonders schlecht.

Die Feuchtigkeitsabgabe durch die Haut ist übrigens sehr beträchtlich. Schon bei normalen Temperaturen verliert der Mensch unsichtbar, ohne Beteiligung der Schweißdrüsen und direkt durch die Haut hindurch, 20 bis 30 Kubikzentimeter Wasser pro Stunde. Unter extremen Hitzebedingungen können jedoch zusätzlich durch die Schweißdrüsen bis zu 4 Liter Schweiß je Stunde abgesondert werden!

Woher weiß nun aber der Körper, daß es ihm zu warm ist?

In einem modernen zentralbeheizten Haus wird die Temperatur der Luft außen und in den Räumen gesondert festgestellt. So macht es auch unser Körper: Einerseits messen kleine, spezialisierte Nervenzellen die Temperatur der Haut und melden ihre Werte der Temperaturregelzentrale im Gehirn. Andererseits stellt diese Zentrale selbst die Temperatur des Blutes (und damit des Körpers) fest. Erhöhen sich nun diese Werte, schickt das Gehirn über bestimmte Nerven den Blutgefäßen der Haut den Befehl, sich zu öffnen, und den Schweißdrüsen den Befehl, Flüssigkeit abzusondern.

Dieser Teil des Nervensystems wird aber auch dann eingeschaltet, wenn der Körper in Leistungsbereitschaft versetzt werden soll, sozusagen im Alarmfall. Daher kommt es, daß uns bei Angst und Aufregung der

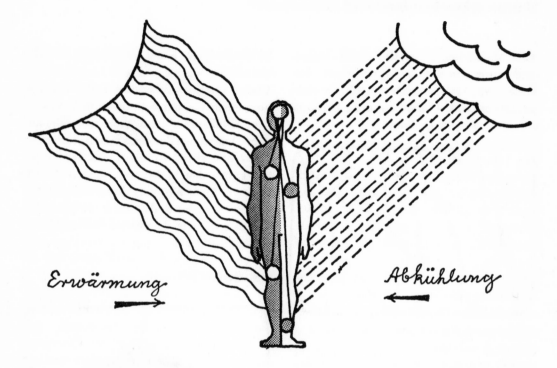

Erwärmung →   ← Abkühlung

kalte Schweiß auf die Stirn tritt. »Kalt« nennen wir diesen Schweiß deshalb, weil sich bei seiner Verdunstung unsere Haut, die in dem Moment ja gar nicht überhitzt ist, unter die Normaltemperatur abkühlt.

Nebenbei hat das Schwitzen aber noch einen ganz anderen Zweck: In gewissem Umfang dient es dazu, störende und giftige Abfallstoffe aus dem Körper zu entfernen, genauso wie der Harn das tut. Tatsächlich finden sich im Schweiß Kochsalz und fast alle anderen Bestandteile des Harns.

Warum haben aber Hunde und Katzen nie ein naßgeschwitztes Fell, obwohl doch auch sie ihre Körpertemperatur irgendwie regeln müssen? Nun, im Gegensatz zum Menschen (und auch zu Affe und Pferd) besitzen Hund und Katze nur an den Pfoten Schweißdrüsen. Diese genügen ihnen natürlich nicht. Sie »schwitzen« zusätzlich über Lunge, Luftröhre und Zunge! Durch »Hecheln«, eine sehr flache Atmung, lassen sie die Luft über die feuchten Schleimhäute der Atemwege hin- und herströmen, wodurch die Wasserverdunstung gefördert und dem Körper Wärme entzogen wird. (Siehe hierzu auch das Kapitel »Warum hechelt der Hund?« auf Seite 66.)

Warum bekommt man eine Gänsehaut?

Eine »Gänsehaut« entsteht durch Frieren und durch angstvolles Erschrecken. Die Haut sieht dann wirklich aus wie die einer gerupften Gans: Überall auf der Oberfläche erheben sich winzige Buckel.

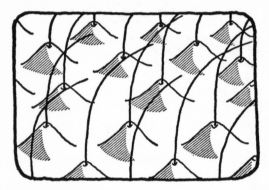

Wenn wir die Haut genauer betrachten, so erkennen wir, daß aus jedem dieser Hautbuckel ein kleines Härchen hervorsteht. Unser ganzer Körper ist fast überall mit kleinen Härchen bedeckt. Diese sind immer schräg in die Haut eingelassen. Nur bei den

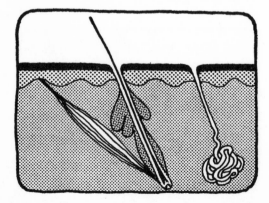

Buschmännern, einem Negervolk in Südwestafrika, sind sie senkrecht eingewachsen. Unsere schräg eingelassenen Haare besitzen aber einen kleinen, nur unter dem Mikroskop sichtbaren Muskel. Er ist einerseits mit dem Haarwurzel-Ende und andrerseits mit der Haut verbunden. Nur an den Barthaaren der Lippe, den Wimpern und den Brauen fehlt er. Zieht sich nun dieser Muskel zusammen, so wird das Haar aufgerichtet. Gleichzeitig wird die oberste Hautschicht an dieser Stelle ein wenig zusammengerafft, sie buchtet sich vor. Dies geschieht vor allem, wenn wir frieren.

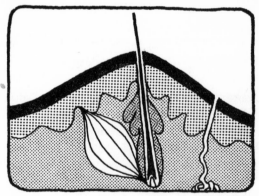

Was will nun der Körper damit erreichen? Wird es uns dadurch wärmer?
Sehen wir uns im Tierreich um, so finden wir dort denselben Vorgang wieder: Wenn die Tiere frieren, stellen auch sie ihre Haare hoch oder plustern ihr Gefieder auf. Dadurch füllt sich ihr Schutzkleid mit Luft.

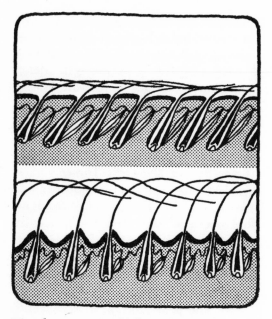

Man könnte nun denken, diese kalte Luft in ihrem Fell würde die Haut erst recht abkühlen. Das Gegenteil ist aber der Fall: Die zwischen den Haaren eingeschlossene Luft ist ein sehr guter Wärme-Isolator. Wie bei unseren Doppelfenstern oder den luftigen Daunendecken leitet die eingeschlossene Luft die Innenwärme sehr schlecht an die Umgebung ab.

Unser Haarkleid ist natürlich viel zu schwach, um die gleiche Wirkung zu erzielen wie bei Tieren. Tatsächlich ist die Gänsehaut ein überflüssig gewordenes Erbe unserer Vorfahren! Der Mensch der Frühzeit war so dicht behaart, daß bei ihm die Wärme-Isolierung noch funktionierte.

Dieser Vorgang des Haareaufrichtens wird natürlich vom Gehirn gesteuert. Wenn wir frieren, schickt das Gehirn die entsprechenden Befehle über bestimmte Nerven zu den Haarmuskeln. Diese Nerven bilden zusammen mit anderen ein System, das immer dann verstärkt eingeschaltet wird, wenn unser Körper in Leistungsbereitschaft versetzt werden soll. Das Aufwärmen unseres Körpers erfordert von unseren Organen eine solche erhöhte Anstrengung. So wird es auch verständlich, daß wir ebenso beim angstvollen Erschrecken eine Gänsehaut bekommen: Dem Körper wird Alarm gegeben; er ist nun bereit, etwas Besonderes zu leisten.

Zum selben Leistungs- und Alarmsystem gehören übrigens die Nerven, welche die Schweißabsonderung anregen. (Siehe das Kapitel »Warum schwitzt man?«) So kommt die seltsame, widerspruchsvolle Angstreaktion zustande: Gänsehaut und Schwitzen zur gleichen Zeit.

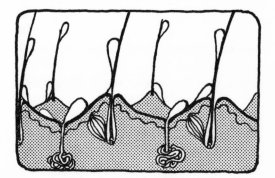

Warum darf man kein Salzwasser trinken?

Unser Körper besteht zu etwa 65 Prozent aus Wasser. Es fließt in den Adern und ist außerdem zwischen und in den Zellen vorhanden. Natürlich handelt es sich dabei nicht um reines, klares Wasser. Es sind vielmehr eine große Zahl Stoffe darin gelöst: Eiweiß, Fett und Zucker, Kochsalz und sonstige Salze, Gase, Abfallstoffe und manches andere. Die Zusammensetzung dieser Flüssigkeit muß vom Körper durch Stoffaufnahme und Stoffausscheidung möglichst konstant gehalten werden.

Eine besondere Bedeutung haben dabei die Konzentrationen der Salze. Nehmen wir das Kochsalz: In einem Liter Blut sind davon etwa 6 Gramm gelöst. Mit der Atemluft und durch das Schwitzen verliert der Körper aber laufend Wasser, wobei das Salz zurückbleibt. Dadurch steigt die Konzentration der Salze im Blut an. Um dies wieder auszugleichen, strömt aus den Zellen salzloses Wasser in das Blut. Die Zellen trocknen also langsam aus und drohen dadurch ziemlich schnell arbeitsunfähig zu werden. Jetzt bekommt der Mensch Durst! Das heißt: der Körper verlangt Wasserzufuhr, um den Verlust in den Zellen auszugleichen.

Wenn nun beispielsweise ein Schiffbrüchiger seinen Süßwasservorrat aufgebraucht hat, so steht zum Durstlöschen nur noch Meerwasser zur Verfügung. Im Meerwasser sind aber ungefähr 27 Gramm Kochsalz pro Liter gelöst. Da jedoch im Blut nur 6 Gramm gelöst sein dürfen, müßte die Niere so schnell wie möglich die überschüssigen 21 Gramm ausscheiden, und zwar in einer möglichst ganz geringen Menge Urin, damit nicht das gewonnene Wasser sofort wieder verlorengeht. Wie arbeitet nun dieses Organ?

In der Niere wird durch die Wand kleiner Blutgefäße Blutflüssigkeit in das Harnkanälchen-System abgepreßt. Dieser vorläufige Harn enthält alle im Blut gelösten Substanzen, nur nicht Eiweiß und natürlich die Blutkörperchen. Dieser Flüssigkeit werden nun von den Zellen der Harnkanälchen jene Stoffe, die *nicht* ausgeschieden werden sollen – zum Beispiel Zucker, bestimmte Salze und Wasser –, wieder entzogen. Je mehr Wasser und je weniger Salze entnommen werden, desto konzentrierter wird natürlich der Harn. Die Niere kann aber dem Harn nur so viel Wasser entziehen, daß in einem Liter höchstens 20 Gramm Kochsalz gelöst sind.

Rechnen wir alles zusammen: Mit einem Liter Meerwasser trinkt man 27 Gramm Kochsalz und braucht sofort wieder 1 Liter Wasser, um 20 Gramm davon durch die Niere auszuscheiden. Es sind also 7 Gramm Kochsalz zusätzlich zurückgeblieben – und das ganze getrunkene Wasser hat den Körper schon wieder verlassen. Um diese zusätzlichen 7 Gramm auszuscheiden, muß der Körper noch weitere 0,35 Liter Wasser hergeben. Anstatt Wasser aufzunehmen,

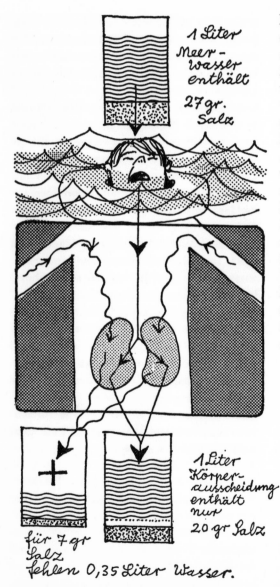

1 Liter Meer-wasser enthält 27 gr. Salz

1 Liter Körper-ausscheidung enthält nur 20 gr. Salz

für 7 gr. Salz fehlen 0,35 Liter Wasser.

hat also der salzwassertrinkende Schiffbrüchige Wasser *verloren.* Um diesen Verlust auszugleichen, strömt zwar Wasser aus den Zellen vorläufig ins Blutplasma. Die Zellen werden dabei aber funktionsunfähig, und wenn der Wasserverlust etwa 10 Prozent des Körpergewichts übersteigt, stirbt der Mensch.

Auch die im Meer lebenden Fische müßten wie der Mensch mitten im Wasser verdursten, wenn sie nicht das überflüssige, schädliche Salz irgendwie ausscheiden könnten. Zwar sind ihre Nieren dazu nicht besser geeignet als die unseren; sie können aber das Salz durch ihre Kiemen wieder direkt in das Wasser abgeben.

Im übrigen: kleine Mengen von Meerwasser, kurmäßig getrunken, können wegen ihrer Mineralstoffe und Spurenelemente gesundheits*fördernd* wirken.

Warum ist elektrischer Strom gefährlich?

Alle Stoffe, und so auch unser Körper, setzen elektrischem Strom einen Widerstand entgegen – die einen mehr, die anderen weniger. Sie erwärmen sich dadurch – die einen mehr, die anderen weniger. Schon dabei können Körperzellen geschädigt werden. Aber da ist noch eine andere Gefahr, und zwar vor allem für die Nervenzellen und für jene Zellen, die die Reize für das regelmäßige Pulsieren des Herzens auslösen. Diese Zellen zeigen eine charakteristische elektrische Spannung zwischen Innen- und Außenseite ihrer Wände. Die Reizung der Nerven geschieht durch eine Veränderung dieser Spannung, die sich dann über den Nerv fortpflanzt. Doch sofort danach werden die alten Verhältnisse wieder hergestellt. Es ist nun leicht verständlich, daß eine von außen kommende elektrische Spannung ebenfalls eine Erregung der Nervenzellen auslösen kann. Besonders der bei uns übliche Wechselstrom ist dazu gut geeignet. 100mal pro Sekunde gibt er auf diese Nerven einen Impuls, der, wie die normalen körpereigenen Impulse, zur Muskulatur und zum Gehirn weitergeleitet wird.

Ferner kann so ein elektrischer Strom auch direkt durchs Gehirn fließen und die Hirnzellen schädigen. Das führt dann meist sofort zum Tod.

Und schließlich kann der Strom direkt in das Herz eindringen. Die Muskelzellen des Herzens erhalten dann zu viele Reize. Sie pulsieren jetzt vollkommen ungeordnet. Man spricht von »Herzkammerflimmern«. Das Blut wird nicht mehr kontinuierlich in die Adern gepumpt, der Blutkreislauf bricht zusammen, der Tod tritt ein.

Eine besondere Art von elektrischem Strom ist der Blitz. Wenn ein Blitz den Körper trifft, so tritt er an einer kleinen Stelle in den Körper ein und an einer anderen wieder aus. Diese beiden Stellen werden als »Strommarken« bezeichnet, denn hier ist die Haut verbrannt und stark verkohlt. Die Verbrennungen treten vor allem an der Haut auf, weil die trockene Haut dem Strom den größten Widerstand entgegensetzt und somit die Wärmeentwicklung dort am größten ist. Zwei Drittel des gesamten Körperwiderstandes entfällt allein auf die trockene Haut! Sind Haut und Kleidung feucht, dringt noch mehr von dem schädigenden Strom in den Körper hinein. Um aber das gefürchtete Kammerflimmern auszulösen, genügt schon eine Stromstärke von $1/10$ Ampere im Herzen. Bei Blitzen hat man Stromstärken von 20 000 und mehr Ampere gemessen!

Warum werden im Alter die Haare grau oder weiß?

Im Mutterleib trägt der ganze kindliche Körper ein feines, dichtes Haarkleid, das erst vor oder nach der Geburt ausfällt. Auch das Kopfhaar ist beim Kind noch flaumig-zart. Erst mit zunehmendem Alter gewinnt es an Festigkeit und Dichte. Zu kleinen Gruppen zusammengefaßt, wachsen dann auf der Kopfhaut bis zu 100 000 Haare. Sie leben etwa 3 bis 4 Jahre lang. Pro Tag fallen 30 bis 100 davon aus; diese werden dann aber meist durch neue Haare ersetzt. Im Durchschnitt wird das Kopfhaar pro Tag etwa 0,3 Millimeter länger, es wächst also im Monat um knapp 1 Zentimeter.

Jedes Haar steckt mit seiner Wurzel in einem kleinen Kanal in der Haut und ragt mit seinem Schaft darüber hinaus. In diesen Kanal mündet eine Talgdrüse, die das Haar einfettet. Das verdickte Ende der Haarwurzel sitzt auf einem Zellpolster, das durch Nerven und ein kleines Blutgefäß versorgt wird. In diesem Bereich vermehren sich die Zellen stärker; sie werden nach oben abgeschoben und bauen so das Haar auf. Hier befinden sich auch einige Zellen, die einen Farbstoff produzieren, das Melanin. Sie geben diesen Farbstoff an die jungen Zellen nach oben weiter. Bei manchen Menschen und Tieren – man nennt sie Albinos – fehlt diesen Zellen die Fähigkeit der Farbstoffproduktion vollkommen. Deshalb sind die Haare bei diesen Menschen weißblond, und die Haut wirkt wegen des durchscheinenden Blutes hellrosa gefärbt.

Das Haar selbst besteht aus einem lockeren Mark und der verhornten Rinde, die von einem geschuppten, sehr widerstandsfähigen Deckhäutchen überzogen ist. In der Rinde ist der Farbstoff gelöst oder in Form feiner Körnchen eingelagert. Die Haarfarbe hängt aber nicht nur von diesem Farbstoff ab, sondern auch von der Oberfläche des Haares, ob zum Beispiel glatt oder rauh.

Zwei verschiedene Vorgänge, die meist zur selben Zeit ablaufen, führen zum Ergrauen des Haares. Einerseits gehen im Alter die Zellen, die den Farbstoff produzieren, nach und nach zu Grunde oder stellen die Produktion des Farbstoffs langsam ein. Wenn sie überhaupt keinen mehr bilden, werden die Haare allmählich weiß. Da aber die Farbstoffproduktion meist nicht vollkommen aufhört, ergeben sich ganz unterschiedliche Grautöne. Andererseits werden im Alter beim Nachwachsen der Haare feine Luftbläschen in das Haarmark eingelagert. Dadurch sieht es silbrig-glänzend aus. Sowohl diese Lufteinlagerung wie die nachlassende Farbstoffproduktion müssen wir als Alterserscheinung betrachten.

Aus Not- und Kriegszeiten wird oft berichtet, daß Menschen nach einer starken seelischen Erschütterung von einem Tag auf den andern plötzlich ergraut sind. Für Art und Ursache dieses Vorgangs fehlt uns aber bis heute noch eine befriedigende Erklärung. Manche sagen sogar, solche Berichte seien erfunden.

Warum kann man es länger ohne Essen als ohne Trinken aushalten?

Mit unserer Nahrung nehmen wir unter anderem Fett, Eiweiß und Zucker zu uns. Zucker und Fett werden im Körper vor allem zur Energiegewinnung verbraucht, quasi verbrannt; das Eiweiß wird zerlegt und zum Wiederaufbau abgenutzter Stoffe und Zellen benötigt. Fett kann vom Körper in größeren, Zucker in geringeren Mengen gespeichert werden. Einen Eiweißvorrat besitzt der Körper nur in Form seiner Zellen.

Auch wenn wir keinerlei Nahrung aufnehmen, läuft unser Stoffwechsel weiter, wenn auch etwas sparsamer. Dazu wird Energie benötigt, die der Körper durch Verbrennung seiner Zucker- und Fettvorräte gewinnt. Der Zucker ist sehr bald verbraucht, weitere Energie kann nur noch der Fettvorrat liefern. Für den Aufbau der lebenswichtigen Eiweiße aber müssen gesunde Körperzellen herhalten.

Durch den Fettabbau und den Eiweißverlust magern wir ab. Dieser Zustand fällt gar nicht so sehr auf, weil sich nämlich bei dem gestörten Eiweißstoffwechsel Wasser in den Geweben ansammelt. Doch entstehen durch solche Mangelernährung vor allem bei Jugendlichen Schäden, die später nicht mehr ausgeglichen werden können.

Wie lange man hungern kann, hängt natürlich vor allem von der Körperverfassung ab. 1 Kilogramm Körperfett kann uns etwa 5 Tage lang mit der lebensnotwendigen Energie versorgen. So kann ein Mensch, der freiwillig fastet, bis zu 70 Tage überleben.

Wenn jemand aber unfreiwillig in diese Notsituation kommt, so führen Unruhe, seelische Erregung und Angst schon innerhalb von 10 bis 20 Tagen zum Tod.

Nun aber das Dursten! Im Körperwasser sind sehr viele Stoffe gelöst, deren Mengen und Konzentrationen unbedingt gleichgehalten werden müssen. Jeder größere Wasserverlust bringt diese Verhältnisse aus dem Gleichgewicht, und die Organe können dann nicht mehr richtig arbeiten. Unter normalen Verhältnissen verliert der Körper täglich etwa 1,5 Liter Wasser, das sofort wieder zugeführt werden muß. Wenn der Mensch nun durstet, wird zuerst die Ausscheidung bis auf jene Minimalmenge eingeschränkt, die zur Abfuhr der giftigen Abfallprodukte des Stoffwechsels nötig ist. So verliert der Körper pro Tag nur noch einen halben Liter Wasser. Um die Wasserabgabe dann noch weiter einzuschränken, scheidet die Niere schon nach wenigen Tagen gar keinen Urin mehr aus. Innerhalb relativ kurzer Zeit führen so der Wasserverlust der Zellen (die dadurch arbeitsunfähig werden) und die Vergiftung des Körpers mit Abfallstoffen zum Tode. Ohne Flüssigkeitsaufnahme kann man höchstens 5 Tage leben.

Daß der Mensch so schnell verdurstet, obwohl er doch zu 65 Prozent aus Wasser besteht, liegt also daran, daß er keinen Wasserspeicher besitzt und jeder Wasserverlust sofort die Zusammensetzung seiner Körperflüssigkeit gefährlich verändert.

Warum eitert eine Wunde?

Schon oft haben wir uns mit einem scharfen Messer geschnitten. Die kleine Wunde hat dann zwar stark geblutet, ist aber überraschend schnell ohne zu eitern geheilt. Jeder Chirurg bemüht sich, daß die großen Wunden, die er dem Patienten zufügt, ebenso problemlos verheilen. Aber manchmal gelingt dies nicht. Und auch viele der kleinen Wunden, die wir uns zuziehen, beginnen zu eitern. Dabei schwillt die Umgebung der Wunde ein wenig, beginnt sich zu röten und fühlt sich etwas wärmer als die Umgebung an. Die Wunde füllt sich dann mit mehr oder weniger Eiter, der meist nach außen abfließt.

All dies sind Zeichen des Abwehrkampfs gegen die in die Wunde eingedrungenen Bakterien.

Unsere Gewebe werden von winzigen Adern mit Blut versorgt. Nervenerregungen sowie bestimmte Stoffe, die sich bei einer Verletzung im Blut bilden, veranlassen diese Äderchen, sich maximal zu öffnen. Dadurch verlangsamt sich der Blutstrom. Dies wiederum hat zur Folge, daß sich die weißen Blutkörperchen teilweise an den Aderwänden anlagern und durch die Wand hindurch ins Gewebe einwandern. Wahrscheinlich werden sie von schädlichen Stoffen und dem höheren Säuregehalt der Wunde angelockt.

Im Wundgebiet angelangt, beginnen sie nun die Bakterien dort aufzufressen: Sie umfließen sie und nehmen sie in ihren Zellleib auf. Außerdem fangen sie an, Stoffe abzugeben, welche die Bakterien auflösen. Aber auch diese Bakterien wissen sich zu wehren. Sie erzeugen ihrerseits Stoffe, welche die Zellwand der weißen Blutkörperchen abbauen und sie so zerstören. Die bei der Verletzung zugrunde gegangenen Gewebezellen, die abgetöteten weißen Blutkörperchen und die Bakterien – dies alles zusammen bildet den Eiter.

Wenn dann dieser Kampf, der noch durch viele andere komplizierte Reaktionen unterstützt wird, erfolgreich beendet ist, werden alle zugrunde gegangenen Zellen weggeräumt. Danach bildet sich ein frisches, lockeres Zellgewebe mit neuen Blutgefäßen. Die Haut der Wundränder wächst schließlich über dem Defekt zusammen – es entsteht eine Narbe.

Der Chirurg versucht mit den verschiedensten Maßnahmen, Bakterien aus der Operationswunde fernzuhalten. Alle Beteiligten waschen peinlich sauber die Hände und desinfizieren sie mit Chemikalien. Es wird nur mit keimfreien Kleidungsstücken, Handschuhen und Instrumenten gearbeitet. Jeder im Operationssaal trägt einen Mund- und Nasenschutz, damit nicht einmal mit der Atemluft Bakterien in die Wunde geraten. Auch die Haut des Patienten wird vor der Operation desinfiziert. Durch alle diese Maßnahmen ist heute eine Operation viel ungefährlicher als früher.

Was kann man aber unternehmen, wenn bei

einer Verletzung schon Keime in die Wunde gelangt sind?

Während der ersten 8 Stunden kann man die Wunde ausschneiden und so die Keime entfernen. Bakterien, die zum Beispiel mit der Erde in eine Wunde gelangt sind, brauchen nämlich einige Stunden, bis sie sich an ihre neue Umgebung gewöhnt haben, zu vollem Leben erwacht sind und sich zu vermehren beginnen. Nützlich sind auch bakterientötende Chemikalien wie zum Beispiel Jod. Die wirksamste Waffe gegen die Bakterien sind aber heute die sogenannten Antibiotika.

Warum bekommt der Kranke Fieber?

Normalerweise liegt unsere Körpertemperatur zwischen 36,8 und 37,2 Grad Celsius. Beim Kranken kann sie aber auf über 41 Grad ansteigen: Er hat Fieber. Lange nicht alle Krankheiten gehen mit Fieber einher; aber wo es auftritt, ist es ein so augenfälliges Krankheitszeichen, daß es schon immer die Ärzte beschäftigt hat.

Wie wir im Kapitel »Warum schwitzt man?« gesehen haben, hat eine Regelzentrale im Gehirn die Aufgabe, unsere Blut- und Körpertemperatur immer gleich zu halten. Fieber entsteht nun sozusagen durch einen Irrtum dieser Zentrale. Sie glaubt (wir werden gleich sehen, warum), nicht 37, sondern beispielsweise 40,6 Grad sei die normale Temperatur. Also schickt sie die nötigen Befehle aus, damit diese eigentlich zu hohe Temperatur erreicht wird. Als erstes werden die kleinen Hautgefäße geschlossen, damit das Blut seine Wärme nicht über die Haut verliert. Die Haut wird blaß und fühlt sich kalt an. Manchmal beginnen wir sogar zu frieren und am ganzen Leib zu zittern. Das hat seinen Zweck: Bei einem solchen »Schüttelfrost« entsteht in der arbeitenden Muskulatur Wärme, genau wie wenn wir schwere körperliche Arbeit verrichten würden. Dabei werden die ganzen Verbrennungsvorgänge unseres Stoffwechsels eine Stunde lang auf das Vierfache gesteigert, um die Körpertemperatur um jene 3,6 Grad zu erhöhen.

Ist diese Fiebertemperatur erreicht, bleibt der Stoffwechsel weiterhin um 30 bis 40 Prozent erhöht, weil nämlich chemische Reaktionen bei höheren Temperaturen im allgemeinen schneller ablaufen. Dadurch wird zu viel Wärme produziert, und der Mensch schwitzt. Während der ganzen Krankheit, solange die Körpertemperatur erhöht ist, schwitzen wir also.

Stellt sich nun beim Gesundwerden das Wärmezentrum im Gehirn wieder auf den Normalwert von 37 Grad ein, so wird die gesamte im Körper gespeicherte Überschußwärme nach außen abgegeben: Die Haut wird stark durchblutet, und der Kranke schwitzt sein Zuviel an Wärme hinaus, bis er wieder die normale Temperatur erreicht hat.

Wenn wir krank werden und das Fieber steigt, so frieren wir also; wenn dann beim Gesundwerden das Fieber zurückgeht, so schwitzen wir!

Warum aber – und das ist nun das eigentliche Problem – stellt sich des Regelzentrum im Gehirn auf eine erhöhte Temperatur um, in unserem Beispiel auf 40,6 Grad?

Die Forscher haben versucht, auf diese Frage eine Antwort zu erhalten. Dabei haben sie einige Stoffe gefunden, die das Wärmezentrum im Gehirn beeinflussen. Wenn gewisse Bakterien in unseren Körper eindringen und dort zerfallen, können die Zerfallsprodukte auf eben dieses Wärmezentrum einwirken. Andere Bakterien wieder sondern Giftstoffe ab, welche die weißen Blutkörperchen schä-

digen und sie anregen, fiebererzeugende
Stoffe zu bilden. Diese Stoffe können natürlich ebenfalls ins Gehirn gelangen. Auch
bei einem chirurgischen Eingriff können zer-
fallende Zellen zur Bildung von fiebererzeu-
genden Stoffen führen. All diese Vorgänge
und Stoffe konnten aber bisher nur bei Tieren, nicht beim Menschen nachgewiesen
werden, wahrscheinlich weil sie nur in sehr
geringen Konzentrationen im Blutserum
vorhanden sind.

Welcher Zweck nun aber dem Fieber zukommt, das ist noch sehr umstritten. Man
weiß nicht einmal genau, ob durch die Tem-
peraturerhöhung die Heilung beschleunigt
wird oder ob es nur eine an sich überflüssige Begleiterscheinung des Abwehrkamp-
fes gegen die Bakterien ist. Andererseits
lassen sich manche Erkrankungen, die ohne
hohes Fieber verlaufen, durch ein künstlich
erzeugtes Fieber günstig beeinflussen. So
kann man den Patienten mit Malaria infi-
zieren in der Hoffnung, daß die dann auftretenden Fieberanfälle eine Krankheitsbes-
serung bringen. Freilich muß man schon
nach kurzer Zeit wiederum die Malaria bekämpfen.

Warum darf der Taucher zwar schnell hinuntertauchen, aber nur langsam wieder hochkommen?

Wenn wir im Schwimmbad auch nur 2 Meter tief tauchen, spüren wir schon einen dumpfen Druck auf unseren Ohren. Das Wasser, das sich über uns befindet, lastet mit seinem ganzen Gewicht auf unserem Körper und übt von allen Seiten einen Druck aus. Da sich Gase und somit auch Luft sehr leicht zusammendrücken lassen und dann weniger Raum einnehmen, macht sich dieser Wasserdruck besonders in den Lungen bemerkbar. Ein Taucher, der vorm Untertauchen ganz tief einatmet, kann seine Lungen mit ungefähr 6 Liter Luft füllen. In 20 Meter Tiefe sind diese 6 Liter aber auf 2 Liter komprimiert. Damit sein Lungenraum trotzdem gefüllt bleibt, muß er beim Untertauchen fortlaufend aus seiner Sauerstoffflasche einatmen. Dadurch steht das Gas innen im Körper unter dem gleichen hohen Druck wie das Wasser außen.

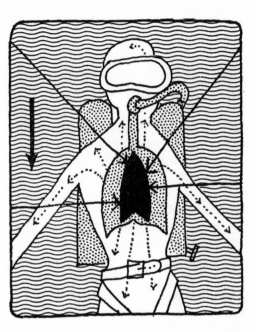

Diese komprimierte Luft wird nun durch die Zellschichten der Lungenbläschen und Kapillaren hindurch entsprechend verstärkt ins Blut gedrückt. Es gelangt dabei eine viel größere Menge ins Blut und von dort ins Gewebe als normal. Doch nur den *Sauerstoff* der Luft (rund 20 Prozent) kann der Körper wirklich verwerten. Er wird zum größten Teil über die roten Blutkörperchen zu den Organen transportiert und dort verbraucht. Der *Stickstoff* dagegen (rund 80 Prozent) bleibt in der gesamten Körperflüssigkeit gelöst. Dabei dringt er leicht in das

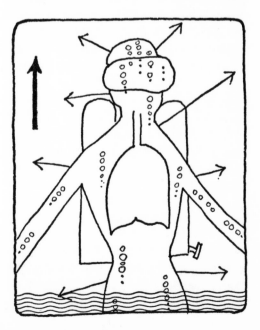

Fettgewebe, in die Nerven und ins Gehirn ein und sammelt sich dort an. Der Körper eines Tauchers gleicht also gewissermaßen einer Mineralwasserflasche, in die Kohlendioxydgas hineingepreßt wurde.

Wenn wir eine solche Flasche plötzlich öffnen und damit vom Druck entlasten, werden unzählige kleine Gasbläschen frei. Das Wasser sprudelt! Genau dasselbe geschieht, wenn ein Taucher, der sich einige Zeit in 20 Meter Tiefe aufgehalten hat, schnell hochtaucht: Im Plasma und in den Geweben treten zahllose kleine Bläschen auf. Die Sauerstoffbläschen zwar werden schnell von den Zellen verbraucht. Aber die im Gehirn und den Nerven perlenden Stickstoffbläschen beginnen diese Gewebe zu schädigen. Zuerst spürt man nur ein Kribbeln am ganzen Körper, dann treten Lähmungen auf, und schließlich wird das Nervensystem zerstört. Der Taucher stirbt.

Dies läßt sich ganz einfach dadurch verhindern, daß man nur sehr langsam auftaucht. Der entsprechend langsamer freiwerdende Stickstoff kann dann über die Lunge den Körper verlassen. Wenn sich ein Taucher beispielsweise eine halbe Stunde in 60 Meter Tiefe aufgehalten hat, so muß er beim Auftauchen nacheinander 20 Minuten in 10 Meter, 30 Minuten in 7 Meter und 50 Minuten in 4 Meter Tiefe bleiben, bis er endgültig ins Freie kommt. Für das Auftauchen benötigt er also das Dreifache seiner Arbeitszeit in 60 Meter Tiefe.

Immer wieder kommt es vor, daß bei Taucharbeiten ein Unfall geschieht und der Taucher ganz schnell auftauchen muß. Für solche Fälle wird auf dem Schiff immer eine Überdruckkammer mitgeführt. In diese Stahlkammer wird der Taucher sofort gebracht. Dann pumpt man Luft hinein und ahmt so künstlich die Überdruckverhältnisse bestimmter Wassertiefen nach.

Warum aber verwendet man keinen reinen Sauerstoff als Atemgas, um die unangenehmen Erscheinungen des Stickstoffs von vornherein zu verhindern? Die Antwort klingt paradox: Sauerstoff in reiner Form ist giftig. Nur eine halbe Stunde lang kann man in 20 Meter Tiefe reinen Sauerstoff atmen; dann schon wird die Lunge geschädigt, und eine Lungenentzündung stellt sich ein.

Warum wird man in der Sonne braun?

Wie eine schützende Hülle umgibt die Haut den menschlichen Körper. Sie bewahrt ihn vor dem Austrocknen und vor vielen Verletzungen. Ihr komplizierter Aufbau befähigt sie, diese so verschiedenen Aufgaben zu erfüllen. Wenn man sie quer durchschneidet, kann man unter dem Mikroskop drei eng miteinander verzahnte Hautschichten unterscheiden. In der oberen Schicht vermehren sich – vor allem während der Nacht – die Zellen sehr stark. Sie legen sich dann von innen heraus Schicht für Schicht eng übereinander und verhornen schließlich. Auf der Hautoberfläche werden sie dann als Hornschuppen abgerieben. Auf diese Weise wird die oberste Hautschicht, die etwa 0,1 Millimeter dick ist, in einem Monat ganz neu gebildet.

In jenem Bereich nun, in dem sich die Hautzellen vermehren, sind besondere Zellen eingelagert, die die Fähigkeit besitzen, kleine Farbstoffkörnchen zu bilden. Sie speichern diesen gelblichen bis schwarzen Farbstoff, *Melanin* genannt, in ihrem Zellkörper. In einem Quadratzentimeter unserer Haut befinden sich etwa 100 000 bis 200 000 dieser Zellen. Die Menge und die Farbqualität des Melanins führen zu den unterschiedlichsten Brauntönen unserer Haut.

Warum beginnen nun aber gerade durch die Sonnenbestrahlung diese Zellen besonders viel Farbstoff zu bilden? Man hat die dabei ablaufenden chemischen Vorgänge genau erforscht und Folgendes herausgefunden:

Der Grundstoff für die Melaninbildung ist ein bestimmter Eiweißbaustein, eine Aminosäure. Sie wird stufenweise durch bestimmte Reaktionen verändert, und zum Schluß lagern sich lauter gleiche Bausteine aneinander und bilden so das Melanin. Dieses netzartige Aneinanderheften wird durch ein Enzym bewerkstelligt. Dieses Enzym ist in der melaninbildenden Zelle immer in großen Mengen, aber in unwirksamer Form vorhanden. Der energiereiche ultraviolette Anteil des Sonnenlichts verwandelt nun das unwirksame Enzym in seine aktive Form. Durch diesen Trick kann also in kurzer Zeit viel Farbstoff gebildet werden. Innerhalb weniger Tage wird die Haut sichtbar dunkel und braun.

Die Melaninbildung wird aber noch durch einen anderen Vorgang verstärkt. Intensivere Sonnenbestrahlung schädigt nämlich in der Haut Zellen, und wir bekommen einen Sonnenbrand. Die dabei freiwerdenden Stoffe regen dann die Farbstoffbildung ebenfalls an. Diese zweite Reaktion läuft viel langsamer ab und führt erst nach einiger Zeit zu einem sichtbaren Erfolg. Bei einem extrem starken Sonnenbrand kann aber auch das Gegenteil eintreten: daß nämlich jene farbstoffbildenden Zellen vollkommen zerstört werden.

Die unterschiedlich schnelle und starke Bräunung bei den Menschen hängt nun nicht, wie man denken könnte, von der Zahl der melaninbildenden Zellen ab. Es besitzen sogar die weißen und die dunklen Rassen genau dieselbe Anzahl solcher Zellen. Der Unterschied beruht nur darauf, daß die Stoffwechselvorgänge, die zur Melaninbildung führen, bei den einen Menschen schneller als bei den anderen ablaufen. Diese unterschiedlichen Fähigkeiten werden natürlich weitervererbt.

Den Zweck des Braunwerdens erkennt man deutlich an den sogenannten Albinos. Das sind Menschen, die in ihrer Haut kein Melanin bilden können, weil sie jenes Enzym nicht besitzen. Diese Menschen bekommen nun besonders schnell einen Sonnenbrand: Durch die Sonnenbestrahlung werden ihre Hautzellen geschädigt, und es tritt wie bei jeder Verbrennung eine mehr oder weniger starke Entzündung auf. Dies verrät uns, daß die Farbkörnchen in unserer Haut die Funktion eines Sonnenfilters haben. Sie schwächen das schädliche Licht ab und bewahren unsere Haut vor Verbrennungen.

Die Hautfarbe allein kann aber den Menschen nur unvollkommen gegen die Sonne schützen. Durch längere Sonnenbestrahlung entwickelt sich in der Haut ein zweiter wichtiger Sonnenfilter: Die Hornschicht wird dicker und verhindert so, daß zu viel schädliches Licht in die Haut eindringt. So kann es geschehen, daß ein Neger, der längere Zeit in gemäßigtem Klima gelebt hat, bei seiner Rückkehr in die Tropen einen Sonnenbrand bekommt. Seine Haut ist inzwischen zu dünn geworden!

Sehen wir jemand mit schön braungebrannter Haut, so denken wir unwillkürlich, daß dieser Mensch besonders gesund sein muß. Und im allgemeinen stimmt das auch. Denn wenn wir Sonnenbäder nehmen, so regt das nicht nur die Durchblutung der Haut und damit den Kreislauf an; es verhindert auch, daß der Mensch die Vitaminmangelkrankheit »Rachitis« bekommt. Mit der Nahrung nehmen wir nämlich vor allem die Vorstufe des Vitamin D auf. Dieser Stoff sammelt sich in der Haut an und wird dort erst durch ultraviolettes Licht in das vom Körper benötigte Vitamin D umgewandelt. Wenn vor allem der kindliche Körper nicht genügend der Sonne ausgesetzt wird, so kann das zu Rachitis führen.

Warum sehen wir im Dämmerlicht kaum Farben?

Auf unser Auge trifft Licht. Aus Schutz-
gründen wird die Stärke des einfallenden
Lichts von der Pupille geregelt: Sie öffnet
sich weit bei schwachen Licht und zieht sich
eng zusammen bei grellen Strahlen.

Was an Licht das Innere des Augapfels
passiert hat, fällt auf den Hintergrund des
Auges, die Netzhaut. Sie ist aus zwei verschiedenen Sorten lichtempfindlicher Zellen
aufgebaut. Nach ihrer Form werden sie
Stäbchen und *Zapfen* genannt. Natürlich
sind sie winzig klein. Von den Zapfen zum
Beispiel kommen auf 1 Quadratmillimeter
rund 150 000 Stück! Sie alle, wie auch die
Stäbchen, stehen über Umschaltzellen mit
dem Gehirn in Verbindung. Diese Zellen
enthalten den sogenannten Sehpurpur, der
zu seinem Aufbau Vitamin A braucht.
Trifft nun Licht auf diese Nervenzellen, so
zerfällt der Sehpurpur wieder. Dieser Zerfall führt zu einer Erregung der Nerven.
Man »sieht«! Allerdings, auf welche Weise
das geschieht, hat die Forschung bis heute
noch nicht aufgeklärt.

Stäbchen und Zapfen haben verschiedene
Funktionen: Mit den Stäbchen sehen
wir nur Helligkeitsunterschiede zwischen
Schwarz und Weiß, mit den Zapfen sehen
wir die Farben. Doch sind diese beiden
Zellarten von unterschiedlicher Empfind-
lichkeit: Für die Zapfen benötigt man mehr
farbiges Licht, um eine Erregung auszulösen, als für die Stäbchen weißes Licht.
Daher genügt das schwache farbige Licht

einer Blume in der Dämmerung nicht, unsere Zapfen zu erregen, aber für unsere
Schwarz-Weiß-Empfänger reicht es noch
aus. Wir sehen die Blume also nur grau.
Das Sprichwort sagt ja auch: »Nachts sind
alle Katzen grau.«

Wenn in der Netzhaut eines Menschen
wenig Vitamin A und damit Sehpurpur
vorhanden ist, werden auch die Stäbchen
für das Schwarz-Weiß-Sehen weniger empfindlich. Sie reagieren dann bei Dämmer-
licht nicht mehr. Man sagt: Dieser Mensch
ist *nachtblind*. Nimmt er nun genug Vitamin A zu sich – sei es durch bestimmte
Nahrungsmittel, sei es als Medikament –,
wird das Dämmerungssehen besser.

Bei plötzlicher Abdunkelung reagiert das
menschliche Auge sehr langsam, und erst
nach längerer Zeit nehmen wir Umrisse
wahr. Anders bei der Katze. Für sie wäre
diese Langsamkeit gefährlich. Darum haben Katzen und auch andere Nachttiere in
ihren Augen zusätzliche Lichtverstärker:
Hinter der Netzhaut liegt bei ihnen eine
Spiegelschicht aus kristallähnlichen, bern-
steinfarbenen Substanzen. Sie wirft alle zu
ihr durchgekommenen Strahlen wieder zurück, die nun die Stäbchenzellen ein
zweitesmal erregen. So verdoppelt sich der
Effekt. Diese Rückspiegelung bewirkt aber
auch, daß die Augen der Katzen im Dunkeln
bei Lichteinfall zu glühen scheinen. Solche
Schichten haben übrigens auch die nächtlich
fliegenden Insekten. Leuchtet man zum Bei-

spiel Nachtschwärmer mit einer Taschen-
lampe an, dann funkeln ihre Augen ebenso
wie die der Katzen.

Bei vollständiger Finsternis sehen auch
Nachttiere nichts mehr; und selbstverständlich leuchten dann ihre Augen nicht,
da sie ja Licht nicht selbst erzeugen, sondern nur zurückwerfen. Aber schon das
schwache Licht des Mondes oder eines
klaren Sternenhimmels kann sie zum
Leuchten bringen.

Interessant ist, daß es Tiere gibt, welche
Farben sehen können, die für den Menschen unsichtbar sind. Bienen zum Beispiel
können sich nach ultraviolettem Licht
orientieren, dafür können sie aber die Farbe
Rot nicht erkennen.

Warum müssen wir gähnen?

Nicht nur beim Menschen, auch bei den Säugetieren kann man das Gähnen beobachten. Bei beiden, Tier wie Mensch, ist es ein Zeichen für Müdigkeit. Nur bei den Nilpferden hat das Gähnen noch eine andere Bedeutung: Das weit aufgerissene, mit Zähnen bewehrte Maul soll Gegner abschrecken und vertreiben. Man hat diese Reaktion deshalb als »Drohgähnen« bezeichnet.

Das Gähnen wird vom Gehirn aus angeregt und gesteuert. Es setzt unwillkürlich ein, läuft automatisch, ohne unser Zutun ab und läßt sich sogar kaum unterdrücken. Dabei atmen wir mit weit geöffnetem Mund relativ langsam und sehr tief ein. Sekundenlang verharren wir dann in dieser tiefen Einatemstellung, bis wir wieder langsam ausatmen. Warum aber das?

Nun, wenn wir müde sind, arbeitet das Herz schwächer, und der Blutdruck sinkt ab. Dadurch werden alle Organe schlechter mit Blut und dadurch auch zu wenig mit Sauerstoff versorgt. Deshalb gibt das Atemzentrum, das den Sauerstoffgehalt des Blutes mißt, die Befehle zum Gähnen, also für tiefes Luftholen.

Man könnte nun meinen, daß durch das Gähnen vor allem das Blut stärker mit Sauerstoff beladen und dadurch dann das Gehirn besser versorgt wird. Dieser Effekt ist aber von nebensächlicher Bedeutung. Wichtiger ist etwas anderes. Bei jedem Einatmen entsteht durch die Erweiterung des Brustkorbs in der Brusthöhle ein Unterdruck. Dadurch wird Luft in die Lungen eingesogen. Wenn wir nun beim Gähnen sehr lange einatmen, so dauert eben auch dieser Unterdruck lange an. Da er im ganzen Brustraum vorhanden ist, wirkt er auch auf die anderen Organe ein, insbesondere auf die Venen. In den großen Venen – Blutgefäße, die das Blut von Kopf und Arm und aus dem Bauchraum sammeln – wird dadurch besonders viel Blut zum Herzen gesaugt. Um dieses erhöhte Blutangebot zu bewältigen, muß das Herz sofort seine Leistung steigern. Diese Leistungssteigerung des Herzens ist es, die dann die Durchblutung aller Organe und damit auch des Gehirns verbessert.

Und so ist es auch zu verstehen, daß wir gähnen müssen, wenn wir längere Zeit in schlechter, sauerstoffarmer Luft aushalten müssen.

Warum werden manche Leute seekrank?

Bei Seekrankheit werden Pulsschlag und Atmung schneller; der Mensch erblaßt, bekommt einen Schweißausbruch und muß sich erbrechen. Dieser Zustand kann über Stunden, ja Tage anhalten. Obwohl man sich dabei sterbenskrank fühlt, kann man nicht sagen, ernsthaft erkrankt zu sein. Wenn die See wieder ruhig wird oder man an Land geht, fühlt man sich meist nach kurzer Zeit schon wieder völlig gesund. Nur die Verarmung des Körpers an Säuren, die durch das Erbrechen des sauren Mageninhalts bedingt ist, muß unter Umständen vom Arzt bekämpft werden.

Aber diese ganze schlimme Übelkeit kommt gar nicht vom Magen, sondern ursprünglich aus dem Gleichgewichtsorgan im Ohr. Dieses Organ überwacht die Lage und die Bewegungen des Körpers im Raum. Es besteht aus zwei winzig kleinen Höhlen, die mit Flüssigkeit gefüllt sind. An ihrem Boden sitzen viele kleine Sinneszellen mit nach oben gerichteten Härchen. Dieser Haarteppich ist mit einer zähen Schleimschicht bedeckt, in die kleine Kristalle eingelagert sind. Durch ihr Gewicht drücken sie beim Stehen senkrecht auf die Sinneshaare. Wenn wir aber liegen oder den Kopf schräg halten, drücken sie die Haare zur Seite, und diese Veränderung wird von den Sinneszellen über Nerven dem Gehirn gemeldet. So können wir auch bei geschlossenen Augen erkennen, ob wir liegen oder stehen.

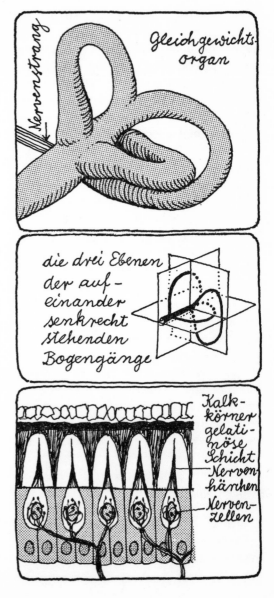

Nervenstrang

Gleichgewichtsorgan

die drei Ebenen der aufeinander senkrecht stehenden Bogengänge

Kalkkörner

gelatinöse Schicht

Nervenhärchen

Nervenzellen

Diese Lagemeldung muß im Gehirn mit vielen anderen Meldungen von Augen, Muskulatur und Gelenken koordiniert werden, damit wir unsere Körperhaltung immer wieder korrigieren können. Das Koordinationszentrum im Gehirn steht aber auch in Verbindung mit jenen Zentren, die die Herz-, Kreislauf- und Atemtätigkeit sowie das Erbrechen steuern. Durch die heftigen Bewegungen auf dem schwankenden Schiff werden unser Gleichgewichtsorgan und das Koordinationszentrum im Gehirn überreizt und überlastet. Das führt zu einer Fehlsteuerung der anderen Körperfunktionen, vor allem im Brechzentrum. Wie verschieden empfindlich aber die Menschen reagieren, sieht man daran, daß die einen sterbenskrank an der Reling hängen, während die andern putzmunter an Deck spazierengehen und sogar ein Festmahl einnehmen.

Die Seekrankheit war schon im Altertum bekannt. Das heute in der Medizin gebräuchliche lateinische Wort für Übelkeit (*Nausea*) bedeutet eigentlich nur Seekrankheit. Da ihre Ursache in der dauernden schaukelnden Bewegung liegt, kann sie auch bei anderen Gelegenheiten auftreten, zum Beispiel wenn man mit dem Auto auf einer kurvenreichen Strecke fährt oder bei böigem Wind im Flugzeug sitzt. Man spricht in diesen Fällen dann von der Auto- beziehungsweise Luftkrankheit und faßt alle drei unter dem Namen »Bewegungskrankheit« zusammen. Ein davon Geplagter sollte auf dem Schiff die Stelle der geringsten Bewegung aufsuchen, und das ist die Mitte des Schiffs. Überdies gibt es verschiedene Mittel, welche die Erregbarkeit des Gehirns und insbesondere des Brechzentrums herabsetzen.

Warum kann man auch im Kopfstand trinken?

Man könnte meinen, daß diese Fähigkeit ziemlich bedeutungslos für unser Leben ist. Aber man täuscht sich! Praktische Trinkflaschen und Trinkgläser gibt es noch nicht allzu lange. Unsere Urvorfahren mußten sich zur Wasserstelle hinabbeugen und aus der hohlen Hand trinken. Der Schluck ging also von unten nach oben! Und sehen wir uns im Tierreich um, so erkennen wir sofort die große Bedeutung dieses Vorgangs: Eine Giraffe wäre wohl bald verdurstet, wenn sie nicht »im Kopfstand« trinken könnte. Die Flüssigkeit »fließt« dabei also gegen die Schwerkraft nach oben in den Magen. Um zu erklären, wie das möglich ist, müssen wir uns den ganzen Vorgang des Schluckens vor Augen führen. Wir werden dabei sehen, daß Speise und Trank nicht einfach in den Magen »hinunterfallen«, sondern regelrecht »hinuntertransportiert« werden.

Der Weg der Speise führt vom Mund in den Schlund, jenen Bereich zwischen Zungenwurzel und Anfang der Speiseröhre, wo sich ihr Weg mit dem Luftweg kreuzt. Danach folgt die 25 Zentimeter lange Speiseröhre selbst, die in den Magen mündet. Sie besitzt eine kräftige Muskulatur und ist innen mit Schleimhaut ausgekleidet. Im Ruhezustand liegen die Wände ganz locker, aber eng aneinander, nur der obere und der untere Teil der Speiseröhre sind fest verschlossen. Von einem »Rohr« kann man also eigentlich gar nicht sprechen.

Atemstellung

Gaumensegel mit Zäpfchen — Gaumenbein — Oberkiefer — U. Kiefer — Zunge — Zungenbein — Kehlkopfdeckel — Kehlkopf — Speiseröhre — Luftröhre

Haben wir nun einen Bissen oder einen Schluck in der Mundhöhle, so drückt ihn die Zunge nach hinten. Gleichzeitig wird das herabhängende Gaumensegel nach oben ge-

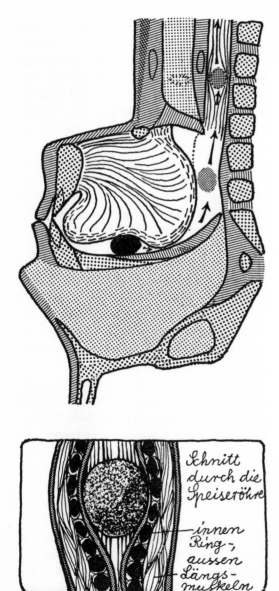

Schnitt
durch die
Speiseröhre

innen
Ring-,
aussen
Längs-
muskeln

hoben und dadurch die Öffnung zur Nasenhöhle fest geschlossen. Außerdem klappt der Kehlkopfdeckel nach unten und legt sich fest auf die Kehlkopföffnung. So ist auch der Eingang zur Luftröhre dicht verschlossen. Die Nahrung kann also nur in die Speiseröhre weitergepreßt werden.

Berührt die Nahrung die Zungenwurzel, so wird dies von Nervenzellen der Steuerzentrale im Gehirn, dem »Schluckzentrum«, gemeldet. Von dort aus wird sofort für kurze Zeit die Atmung stillgelegt und ein erneutes Schlucken gehemmt. Vor allem aber wird die Muskulatur der Speiseröhre zu einer wellenartigen Kontraktion veranlaßt. Dabei zieht sie sich oberhalb des Bissens zusammen und erschlafft magenwärts von ihm. So wird der Inhalt schrittweise in den Magen geschoben. Feste Bissen benötigen dazu 4 bis 8 Sekunden, Flüssigkeiten werden mit einem Ruck in etwa 1 Sekunde hindurchbefördert. Dieser Transportmechanismus verhindert also wie ein Ventil, daß die Nahrung in den Mund zurückgelangt.

Eine interessante Besonderheit gibt es noch bei den Säuglingen. Man kann beobachten, daß sie auch während des Trinkens atmen können, ohne sich dabei zu verschlucken. Da ihr Kehlkopf mit dem Eingang zur Luftröhre sehr hoch in Richtung Nasenhöhle steht, kann die Nahrung unten vorbeifließen, ohne in die Luftröhre zu gelangen. Es muß also die Atmung beim Schlucken nicht vom Gehirn stillgelegt werden.

Warum empfinden wir Schmerz?

Der gesunde Mensch hat keinerlei körperliche Schmerzen. Bekommt er Schmerzen, so weiß er, daß er verletzt oder krank ist. Somit ist der Schmerz ein wichtiges Warnsignal. Und für den Arzt ist er ein Wegweiser zur Diagnose, manchmal sogar der einzige.

Es gibt Menschen, die keinen Schmerz empfinden. Das ist ein schlimmer Mangel. Denn sie merken nicht, wenn ihnen Gefahr droht. Beispielsweise ziehen sie die Hand erst dann von der heißen Herdplatte weg, wenn es angebrannt riecht. Und sie fühlen es auch nicht, wenn eine Krankheit auf sie zukommt. Den gesunden Menschen bewahrt der Schmerz vor Schmerzen.

Wie aber und wo entsteht der Schmerz?

Wie bei allen anderen Sinneseindrücken – Licht, Wärme, Druck – wird beim Schmerz ein Reiz durch Nerven über das Rückenmark zum Gehirn geleitet. Erst im Gehirn empfinden wir dann den Schmerz, erst dort wird er uns bewußt. Die Frage ist nun aber, wodurch die schmerzaufnehmenden Nervenzellen erregt werden und wie diese Zellen überhaupt aussehen. Da von allen Körperteilen die Haut am leichtesten zugänglich ist, hat man sie bis heute am genauesten untersucht. In ihr fand man einerseits mikroskopisch kleine Körperchen, in deren Innern Nervenzellen enden. Sie sind für die Wahrnehmung von Druck und Berührung zuständig. Andererseits gibt es frei in der Haut endende Nervenzellen, die zum Teil Wärme und Kälte messen und zum Teil darauf spezialisiert sind, nur Schmerzreize aufzunehmen. Seltsamerweise melden uns aber nicht nur diese Schmerzempfindungszellen den Schmerz. Vielmehr sind auch die anderen Zellen dazu befähigt. Nur sind sie wesentlich weniger sensibel. Erst dann, wenn der Druck oder die Temperatur so groß wird, daß unsere Haut in Gefahr kommt, zeigen sie uns Schmerzen an. So genügt schon eine kleine Menge Wärmeenergie, die Empfindung »warm« auszulösen. Um aber über denselben Nerv einen Schmerz auszulösen, ist die 2000fache Energiemenge nötig.

Weiter: Wenn wir uns bei einem Selbstversuch mit einer Nadel in den Finger stechen, so empfinden wir zwei ganz unterschiedliche Schmerzarten. Erst kommt ein schneller, heller, scharfer Oberflächenschmerz. Er wird vermutlich durch Verletzungen der Zellwand an den Nervenendigungen ausgelöst und durch Nervenfasern, die eine hohe Leitungsgeschwindigkeit haben, zum Gehirn geleitet. Erst etwas später folgt ein zweiter Schmerz, nämlich ein langsamer, dumpfer Tiefenschmerz. Er wird wahrscheinlich von langsamer leitenden Nerven zum Gehirn gemeldet. Man vermutet, daß er von bestimmten Stoffen ausgelöst wird, die aus den zerstörten Zellen frei werden, sich an der Nervenzellwand anheften und so die Zelle erregen. Man hat nach solchen Stoffen in verletzten Geweben gesucht und sie auch gefunden. Interessanterweise sind die gleichen Stoffe auch im Brennessel- und im Wespengift festgestellt worden.

Etwas Seltsames erleben Menschen, denen ein Arm oder ein Bein amputiert wurde: Sie verspüren Schmerzen in jenem entfernten Glied! Das hat einen sehr einfachen Grund: Bei diesen Operationen werden zwar die Nerven durchtrennt, aber die Nervenenden in der Narbe bleiben trotzdem reizbar. Dieser Reiz wird ins Gehirn an dieselbe Stelle wie früher geleitet. Da wir als Neugeborene gelernt haben, daß alle Empfindungen an dieser Stelle des Gehirns von jenem Arm (oder Bein) stammen, glaubt der Amputierte auch jetzt, daß der Nervenimpuls vom Arm (oder Bein) herkommt.

Sehr oft ist es angebracht, die Schmerzempfindung auszuschalten. Die wohl bedeutendste Entdeckung der Medizin im letzten Jahrhundert war deshalb die Narkose. Sie erst ermöglicht so manche Operation oder auch das Überstehen einer sonst sehr schmerzhaften Krankheit. In einfacheren Fällen genügen Tabletten, die dämpfend auf das Schmerzzentrum des Gehirns einwirken.

Warum schnarcht man?

Der Mensch kann sprechen. Das ist eines der augenfälligsten Merkmale für die Sonderstellung des Menschen innerhalb des Tierreichs. Auf welche Weise werden aber diese so vielfältigen Töne und Geräusche erzeugt?

Für die Tonbildung werden die gesamten Atemwege und die Mundhöhle gebraucht. Die Luft muß sich im Kehlkopf zwischen den elastisch-muskulösen Schleimhautfalten der Stimmbänder hindurchzwängen. Dabei versetzt sie die Bänder und somit auch sich selbst in Schwingungen. »Schwingungen« aber bedeuten »Töne«.

Die Höhe einer Stimme hängt davon ab, wie schnell diese Stimmbänder schwingen. Rasche Schwingungsfolge durch starke Spannung des Muskelapparats bedeutet hohen Ton, langsames Schwingen niedrigen Ton. Auch die Länge der Stimmbänder, die beim Mann durch das Wachstum des Kehlkopfes während der Pubertät zunimmt, beeinflußt die Tonhöhe: Lange Stimmbänder ermöglichen langsamere Schwingungen und damit tiefere Töne. Wenn wir bedenken, daß diese Muskeln die Stimmbänder innerhalb von Bruchteilen einer Sekunde immer wieder so verändern können, daß Töne zwischen 100 und 3000 Schwingungen in der Sekunde erzeugt werden, können wir über diese phantastische Leistung nur staunen.

So wie eine Geige, besitzt auch unser Körper einen luftgefüllten Resonanzraum, in dem die Töne verstärkt und in ihrer Klangfarbe verändert werden. Das sind zum einen

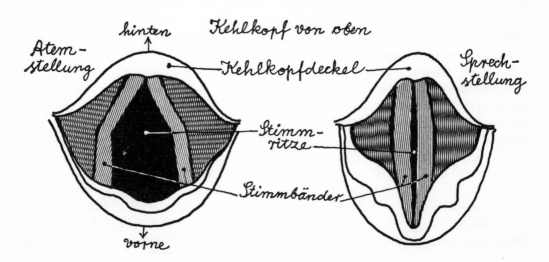

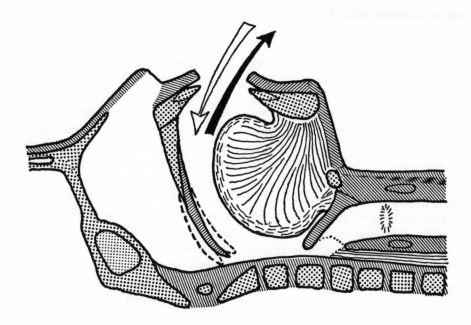

die Lungen, zum andern die Nasen- und die Mundhöhle. Besonders wichtig ist dabei die Mundhöhle, weil man durch das hinten herabhängende Gaumensegel mit dem Zäpfchen und durch die Zunge die Größe des Resonanzraumes verändern kann.

Nach all dem wird es nun überraschen, daß das Schnarchen *nicht* durch die Stimmbänder erzeugt wird. Trotzdem haben wir aber unsere Zeit nicht nutzlos vergeudet, denn die Erzeugung des Schnarchtons geht nach dem gleichen Prinzip vor sich. Wenn wir tief schlafen, sind die Muskeln des Gaumensegels, das den Mundraum gegen den Rachen abschließt, ganz erschlafft. Atmen wir durch den Mund ein und aus, so wird das Gaumensegel und damit die Luft in Schwingungen versetzt, und es entsteht dadurch ein Geräusch. Da das Gaumensegel relativ groß und schwer ist, wird es auch nur langsam schwingen und deshalb vor allem tiefe Geräusche erzeugen.

Wichtig ist dabei, daß das Gaumensegel direkt in dem freien Luftstrom hängt und dadurch dessen Weg einengt. Deshalb schnarchen wir vor allem dann, wenn wir auf dem Rücken liegen und durch den geöffneten Mund atmen. Normalerweise atmen wir aber gottlob bei geschlossenem Mund durch die Nase. Besonders bei Kindern kommt es jedoch vor, daß eine vergrößerte Rachenmandel die Atmung durch die Nase erschwert. In diesem Fall ist das Schnarchen ein Hinweis auf eine Krankheit.

Warum muß man schlafen?

Kein Mensch kann leben, ohne zu schlafen. Im Schlaf erholt sich der Mensch: Er baut abgenutzte und verbrauchte Stoffe wieder auf und speichert neue Energiereserven. Wenn wir aber bedenken, daß Herz, Lunge, Gehirn und die anderen Organe auch im Schlaf weiterarbeiten, freilich etwas langsamer, so stellt uns das eben Gesagte doch nicht mehr ganz zufrieden. Tatsächlich haben die Untersuchungen darüber, was unseren Schlaf steuert und warum wir überhaupt schlafen, zu den vielfältigsten Ergebnissen geführt. Trotzdem ist die Wissenschaft heute noch weit davon entfernt, diese Vorgänge zu verstehen.

In jenem Bereich des Gehirns, der die lebenswichtigen Funktionen steuert, gibt es ein Zentrum, das unseren Schlaf regelt. (Man hat bei Katzen an dieser Stelle eine feine Nadel eingestochen und mit leichten elektrischen Strömen die Nervenzellen gereizt. Dadurch konnte man die Katze sofort zum Einschlafen bringen und auch wieder aufwecken.) Dieses Zentrum steuert den Schlafrhythmus. Es ist eine Art innere Uhr. Wird sie zerstört, tritt der Schlaf nur noch ganz unregelmäßig ein.

Wahrscheinlich sammeln sich im Laufe des Tages im Körper bestimmte Ermüdungsstoffe an, die auf das Schlafzentrum einwirken. Wenn man nämlich einem ausgeschlafenen Hund Blutserum injiziert, das von einem todmüden, aber künstlich wachgehaltenen Hund stammt, so schläft der ausgeruhte Hund sofort ein. Was da für Stoffe wirken und woher sie stammen, weiß man aber noch nicht.

Es gibt noch andere Faktoren, die den Schlaf begünstigen oder erschweren. Ist es ruhig um uns, so schlafen wir leicht ein. Bei Lärm oder Aufregung können wir keinen Schlaf finden. Auch vermag unser Gehirn selbst während des Schlafs noch unsere Aufmerksamkeit zum Teil wachzuhalten: Eine Mutter hört zwar den Lärm von der Straße nicht, schon der leiseste Laut ihres Babys kann sie aber aufwecken.

Wenn man einen Menschen über einige Tage hinweg vollkommen am Schlafen hindert, so treten bald geistige Störungen auf. Etwas höchst Überraschendes aber geschieht, wenn man ihn am Träumen hindert. Wenn ein Mensch träumt, so läßt sich dies an seinen Augenbewegungen erkennen. Man hat nun Versuchspersonen immer dann aufgeweckt, wenn sie träumten. Obwohl die verbliebene Schlafzeit insgesamt durchaus normal und ausreichend war, zeigten sich die Personen schon nach wenigen Tagen ängstlich, reizbar und verwirrt, und schließlich bekamen sie Wahnvorstellungen, so daß der Versuch abgebrochen werden mußte. Also ist auch das Träumen ein biologisch nützlicher, ja unerläßlicher Vorgang.

Aus der Tierwelt kennen wir noch eine andere Art des Schlafes: den Winterschlaf. Bei manchen Tieren verringert die Schilddrüse im Winter die Hormonabgabe. Dadurch verlangsamen sich die Stoffwechselvorgänge, und die Tiere schlafen an einem geschützten Platz lange Zeit ununterbrochen. Ihr Herz schlägt dabei nur noch sehr langsam, sie atmen ganz wenig, ihre Körpertemperatur sinkt ab. Um nämlich die harten Wintermonate zu überstehen, schaltet ihr Körper auf Sparflamme und braucht in vielen Fällen nicht einmal Nahrung.

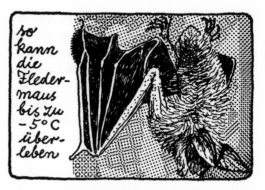

so kann die Fledermaus bis zu −5°C überleben

Warum niest man?

Wir niesen, um irgend etwas aus unseren Luftwegen, im besonderen aus unserer Nase, zu entfernen. Auch Dämpfe sowie ein kalter Luftzug können den Niesreiz auslösen. Wir spüren ein kurzes Prickeln in der Nase, und schon müssen wir niesen. Der Reiz ist so stark, daß wir ihn kaum unterdrücken können. Er geht von den empfindlichen Nervenendigungen unserer Nasenschleimhaut aus. Von dort wird er sofort in das sogenannte verlängerte Mark im Gehirn gemeldet. Das ist jener Teil des Gehirns, der so lebenswichtige Funktionen wie Atmung und Blutdruck regelt. Dort also ist auch das Zentrum, das den Niesvorgang steuert und die dazu notwendigen Muskelbewegungen anregt.

Das Niesen selbst – ein ziemlich komplizierter Vorgang – geht so: Der regelmäßige Rhythmus der Atmung wird unterbrochen, und wir atmen außerordentlich tief ein. Der Mund wird geschlossen und auch der Weg zur Nasenhöhle durch das hochgezogene Gaumensegel abgedichtet. Dann pressen unsere Atemmuskeln und die Muskeln der Bauchdecke den Inhalt des Brustkorbs und damit die Lungen stark zusammen, bis die Luft durch den Überdruck den Verschluß der Nasenhöhle ruckartig aufsprengt und die Fremdkörper, die sich in der Nase befinden, mit hinausreißt. Die Geschwindigkeit des Luftstoßes in diesem kurzen Moment ist außerordentlich hoch. Sie beträgt am Kehlkopfausgang 180 bis 400 km/h!

Ein Orkan der Windstärke 12 ist dagegen direkt harmlos, denn als Orkane bezeichnet man Stürme ab 120 km/h.

Ebenso wie das Husten hält das Niesen die Atemwege von störenden oder sogar zerstörenden Verunreinigungen frei. Beides läuft vollkommen automatisch und ohne unser Zutun ab. Man nennt so etwas »Schutzreflex«. Da der Reflex nicht schon durch den kleinsten Reiz – zum Beispiel die durchströmende Atemluft – ausgelöst werden soll, werden die Nerven dauernd ein wenig in ihrer Erregbarkeit gedämpft. Es müssen mehrere kleine Reize eine Zeitlang zusammenwirken, bis plötzlich der Reflex ausgelöst wird: Es kribbelt ein Weilchen in unserer Nase, bis wir niesen müssen. Doch ist es möglich, durch starke Erregung anderer Nerven den Niesnerv sozusagen zu betäuben. Beispielsweise kann man das Niesen unterdrücken, indem man ganz fest auf die Oberlippe beißt. Der dabei auftretende Schmerz macht sozusagen die Nase für das Kribbeln unempfindlich.

Zum Schluß noch eine geschichtliche Anmerkung zum Niesen. Noch heute ist es weithin üblich, dem Niesenden »Gesundheit« oder »Helf Gott« zuzurufen. Dieser Brauch soll aus den Pestzeiten des Mittelalters stammen. Man glaubte damals, daß das Niesen ein Vorzeichen für Pesterkrankung sei. Das war sicher ein sehr triftiger Grund, für diesen Menschen um Gesundheit und Gottes Hilfe zu bitten.

Warum bekommt man in der Kälte eine rote Nase?

Wie alle Körperorgane, so ist auch die Haut von kleinen Blutgefäßen durchzogen. Sie führen das Blut heran, das in den Geweben seine Nahrungsstoffe abgibt und dafür die Abfallstoffe aufnimmt. Ihr roter Inhalt scheint durch die Haut hindurch und beeinflußt so unsere Hautfarbe: Ist die Haut stark durchblutet, so rötet sie sich; ist sie dagegen schwach durchblutet, so wird sie blaß.

Das Blut dient aber nicht nur der Ernährung der Organe, sondern ist auch für die Wärmeverteilung im Körper verantwortlich. Diese Funktion ist enorm wichtig, weil nämlich viele Organe nur bei einer konstanten Temperatur von 37 Grad normal arbeiten und leben können. Auch die Haut wird vom Blut auf Temperatur gehalten und so ihre Zellstruktur vor Zerstörung bewahrt. Man kann das Blut mit dem warmen Wasser vergleichen, das in einer Zentralheizung fließt.

Wie stark sich unsere Haut abkühlt, hängt nicht nur von der Temperatur der umgebenden Luft, sondern auch von deren Feuchtigkeitsgehalt ab: Feuchte Luft entzieht dem Körper mehr Wärme als trockene Luft. Aber auch durch Wind wird unsere Haut stark abgekühlt, wie jeder weiß.

In winterlicher Kälte ist unser Körper nun vor eine höchst komplizierte Aufgabe gestellt. Einerseits soll so wenig wie möglich Wärme über die Haut verlorengehen, andererseits muß aber die Haut durch das Blut ernährt und auch erwärmt werden. Wie löst der Körper diese Aufgabe?

Kühlt sich die Haut ab, so wird dies dort von winzigen kälteempfindlichen Zellen gemessen und dem Gehirn gemeldet. Im Gehirn wird aber auch die Temperatur des Blutes gemessen, das sich an der Körperoberfläche abgekühlt hat. Das Kältezentrum gibt nun die Befehle für zwei Reaktionen, die zur selben Zeit ablaufen: Einerseits beginnen wir zu zittern, wobei unsere Muskeln Wärme produzieren; und andererseits ziehen sich die kleinen Blutgefäße der Haut zusammen, um die Durchblutung und damit den Wärmeverlust zu vermindern. An der blassen Farbe der Haut erkennt man dann, daß sie kaum durchblutet wird. Ihre Temperatur darf dabei bis auf 22 Grad absinken! An besonders gefährdeten Stellen kann diese Temperatur aber noch unterschritten werden. Vor allem Nase, Ohren und Finger verlieren zu viel Wärme. So setzt in diesen Hautgebieten wieder eine stärkere Durchblutung ein: Wir bekommen eine rote Nase!

Nun kann aber durch anhaltende starke Kälte der Wärmeverlust in diesen Körperteilen so stark werden, daß die Wärmeproduktion des Körpers ihn nicht ausgleichen kann. Jetzt wird die Durchblutung wieder herabgesetzt. Die Hauttemperatur sinkt weiter ab! Die Haut wird dort schließlich gefühllos. Man empfindet an diesen unterkühlten Stellen keine Kälte und auch keine

41

Schmerzen mehr. Der Körper gibt also diese Gebiete verloren und setzt sie dem Erfrierungstod aus. Damit soll das Absinken der gesamten Körpertemperatur verhindert werden. Kühlen sich nämlich erst einmal Herz und Gehirn unter 25 Grad ab, so setzen Herzschlag und Atmung aus: Der Mensch stirbt.

Haben sich aber bestimmte Hautpartien oder ganze Gliedmaßen so stark abgekühlt, daß sie schmerzunempfindlich geworden sind, so sind sie zwar erfroren, aber erstaunlicherweise noch nicht abgestorben. Durch die Unterkühlung laufen dort nämlich alle Stoffwechselreaktionen nur noch ganz langsam ab, und der Sauerstoffverbrauch der Zellen wird entsprechend ganz gering. Obwohl also die Gewebe nicht mehr durchblutet werden, leiden sie nicht unter Sauerstoff- oder Nahrungsmangel.

Werden diese erfrorenen Körperteile in warmem Wasser schnell erwärmt, so läuft der Stoffwechsel in den Zellen wieder schneller ab, und der Sauerstoffverbrauch steigt sofort sprunghaft an. Da sich aber das Blut im Körper nicht so schnell erwärmt, befiehlt das Gehirn, die Hautgefäße weiterhin geschlossen zu halten. Erst jetzt also werden die Zellen zu wenig mit Sauerstoff versorgt – erst jetzt sterben sie ab. So sind die Zellen zwar in der Kälte erfroren, aber erst durch die Wiedererwärmung gestorben. Und darum darf man erfrorene Glieder niemals in warmes Wasser stecken oder an den warmen Ofen halten, sondern man muß sie ganz, ganz langsam »auftauen«. Am besten geschieht das, indem man den ganzen Körper in ein warmes Bad steckt, jedoch gleichzeitig das erfrorene Glied kühlt. Hat sich das Blut wieder erwärmt, so öffnen sich an der erfrorenen Stelle die kleinen Hautgefäße, und das Gewebe wird von innen her aufgetaut und sofort wieder mit Sauerstoff versorgt.

Warum knurrt der Magen?

Im Vergleich zu den Maschinen, die der Mensch bis heute gebaut hat, arbeiten unsere Organe sehr leise. Um ihre schwachen Geräusche dennoch hören zu können, benutzen die Ärzte seit etwa 150 Jahren ein Hörrohr, das Stethoskop. Aus der Art der Geräusche, welche Herz und Lunge von sich geben, kann man nämlich Rückschlüsse auf ihre normale oder krankhafte Funktion ziehen.

Auch die Tätigkeit unserer Verdauungsorgane, von der Speiseröhre bis zum Darm, ist mit Geräuschen verbunden. Diese können manchmal so laut sein, daß sie durch die Bauchdecke hindurch ohne Stethoskop zu hören sind.

Der Magen ist zwischen Speiseröhre und Dünndarm eingeschaltet. Er dient als Speicherorgan und füllt sich beim Essen langsam mit Speisebrei. Kleine Drüsen in seiner Wand beginnen sauren Magensaft abzusondern, durch den schon hier die Nahrung teilweise verdaut wird. Wie in der Speiseröhre, so wird auch in Magen und Darm der Inhalt durch fortlaufende Zusammenziehungen der Muskelwand weiterbefördert. Etwa alle 20 Sekunden läuft eine solche »Kontraktionswelle« vom Mageneingang aus über den Magen hinweg. Dadurch wird die äußerste Schicht des Mageninhalts, die schon mit Magensaft durchtränkt ist, abgestreift und in den Dünndarm gedrückt. Bei diesen Bewegungen werden der Mageninhalt und die beim Essen mitverschluckte Luft gegeneinander verschoben, und das erzeugt die manchmal hörbaren Knurr- und Gurgelgeräusche. Besonders laut sind die Geräusche, die durch Hungerkontraktionen des Magens ausgelöst werden. Sie entstehen dadurch, daß sich zudem noch die Magenwände aneinander reiben: Der Magen knurrt!

Das Hungergefühl selbst wird im Gehirn durch bestimmte Zellen ausgelöst. Diese Zellen überwachen den Zuckergehalt und damit den Energievorrat des Blutes und der Gewebe. Ganz sicher aber wirken dabei noch andere Faktoren mit, die jedoch bis heute unbekannt sind.

Der ordnungsgemäße Ablauf der Magen- und Darmkontraktionen wird durch Nervenzellen in ihrer Muskelwand gesteuert. In diesen Regelmechanismus greift aber auch das Gehirn ein. Und zwar gibt es da-

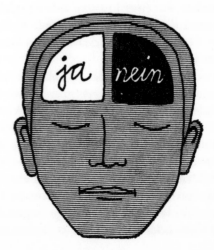

für zwei »Kommandostellen«. Die eine sorgt immer für möglichst hohe Leistungsfähigkeit des Körpers: Herz, Atmung und Kreislauf werden beschleunigt, die Verdauungsvorgänge dagegen gebremst. Die zweite hat die entgegengesetzte Funktion: Sie fördert alle Vorgänge, die der Erholung dienen, und wirkt deshalb auf die Verdauungsvorgänge anregend. Bei *kurzzeitiger* Angst und starkem Erschrecken, wenn also unser Körper im Moment in höchste Leistungsbereitschaft versetzt werden soll, hat die verdauungs*hemmende* Kommandostelle die Oberhand. Also wird die Verdauung vollständig stillgelegt. Auch der Magen zieht sich dann nicht mehr zusammen. Durch diese außerordentlich sinnreiche Steuerung wird im Ernstfall jeder unnötige Kraftverbrauch verhindert. Befinden wir uns aber in einem *lange* dauernden Angstzustand – vor einer Prüfung zum Beispiel –, so kann das verdauungs*fördernde* System die Oberhand gewinnen: Der Magen knurrt dann vor Aufregung.

An diesen höchst widersprüchlichen Vorgängen können wir erkennen, daß die Steuerung unserer Organe sehr stark von unseren bewußten und unbewußten Gefühlen und Stimmungen abhängt. Dieses ungeheuer vielfältige Zusammenwirken von Gefühlen und Organfunktionen ist aber bis heute nur ganz unzureichend erforscht. Die Mechanismen dieser Vorgänge liegen für uns leider noch im Dunkeln.

Warum müssen wir beim Zwiebelschneiden weinen?

Hinter dem oberen Augenlid liegt in der Augenhöhle, außen zwischen dem Augapfel und der knöchernen Wand, die Tränendrüse verborgen. Sie wiegt nur 1 bis 2 Gramm und entleert ihr Produkt über ungefähr 10 kleine Ausführungsgänge hinter dem oberen Lid. Pro Tag werden nur etwa 15 Tropfen Tränenflüssigkeit abgegeben. Es ist Wasser, das salzig schmeckt, weil Kochsalz darin gelöst ist. Außerdem enthält es Spuren von Eiweiß und von einem Enzym, das manche Bakterien aufzulösen vermag.

Diese Flüssigkeit hat viele Aufgaben. Sie dient als Schmiermittel, um die Reibung zwischen Augapfel und Lid zu vermindern; sie sorgt für den Feuchtigkeitsgehalt der Hornhaut, damit sie durchsichtig bleibt; und wahrscheinlich ernährt sie die Hornhaut und versorgt sie mit Sauerstoff. Vor allem aber wird die Hornhaut durch diese Flüssigkeit immer wieder abgespült und gereinigt. Das Ganze findet bei jedem Blinzeln statt, was wir ja ständig unbewußt tun. Ein kompliziert aufgebauter Muskelapparat zieht dabei das Oberlid nach unten und beide Lider ein wenig zur Nase hin, bis sie sich schließen. Dabei gleiten sie über den Augapfel und verteilen die Tränenflüssigkeit gleichmäßig auf seiner Oberfläche. Durch viele winzige Drüsen werden gleichzeitig die Lidränder dauernd eingefettet. Diese wasserabstoßende Fettschicht verhindert so normalerweise, daß die Tränenflüssigkeit über die Lidränder auf die Wangen abfließt.

Durch die Bewegung der Lider in Richtung zur Nase wird auch die Flüssigkeit mehr nach dieser Richtung hin geschwemmt. Dort ist der Lidwinkel ein wenig erweitert, und die Tränenflüssigkeit sammelt sich im sogenannten Tränensee. Mit zwei winzigen Buckeln tauchen die Augenlider von oben und unten in diesen See ein. Hier setzen zwei Tränenkanälchen an, die durch einen Pumpmechanismus die Tränenflüssigkeit absaugen. Sie führen in den Tränensack, welcher in die Nase mündet. Das Wasser, das seinen Dienst getan hat, wird also vom Auge durch die Kanäle in die Nase abgeleitet. So kommt es, daß wir uns die Nase putzen müssen, wenn wir weinen. Andererseits kann aber dieser Abfluß zuschwellen, zum Beispiel wenn wir Schnupfen haben. Dann wird schon die normale Tränenmenge nicht mehr ganz in die Nase abgeleitet, und uns laufen die Augen über.

Bei großer Erregung – sei es Freude oder Schmerz – kann die Tränendrüse so viel Flüssigkeit produzieren, daß diese von den Tränenkanälchen nicht mehr abgesaugt werden kann. Der Tränensee läuft über, und die Flüssigkeit rinnt über die Lidränder und schließlich über die Backen ab. Wir weinen! Aber auch aus anderen Gründen kann die Tränenproduktion zunehmen. Wird unsere Hornhaut durch einen kleinen Fremdkörper, zum Beispiel eine Wimper, gereizt, geht sofort eine Meldung zum Gehirn. Der Tränenfluß, der dann ausgelöst wird, soll den

Fremdkörper aus dem Auge schwemmen. Ähnlich ist es bei anderen für das Auge schädlichen Reizen, etwa Kälte, Wind oder blendendes Licht. In all solchen Fällen ist verstärkter Tränenfluß eine Schutzreaktion. Jetzt wird es verständlich, warum auch chemische Stoffe diese Reaktion auslösen können. Wird die Hornhaut durch ätzende Stoffe gereizt, sollen sie durch viel Tränenflüssigkeit verdünnt und ausgeschwemmt werden, damit sie die Hornhaut nicht angreifen. Solche ätzende Stoffe sind in der Küchenzwiebel enthalten. Durch das Aufschneiden der Zwiebel verdunsten sie und gelangen damit auch ins Auge. Es handelt sich um Senföle, die unsere Haut – besonders unsere Schleimhäute – angreifen und dadurch reizen. Diese Stoffe brennen in den Augen und führen dadurch sofort automatisch zur schützenden Flüssigkeitsabgabe. Senföle kann man auch aus den Samen des schwarzen Senfs gewinnen. Wie schon ihr Name sagt, werden sie bei der Senfherstellung verwendet. Da nun der Tränenschutzreflex nicht nur über die Hornhaut, sondern auch über die Nasenschleimhaut ausgelöst werden kann, kommt es vor, daß uns ein scharfer Senf die Tränen in die Augen treibt.

Die Eigenschaft der Senföle, unsere Haut leicht anzugreifen und zu reizen, haben die Ärzte früher zur Behandlung der verschiedensten Leiden ausgenutzt. Sie machten feuchte Umschläge mit Senfsamen, durch die dann die Haut gereizt und somit stärker durchblutet wurde.

Tagsüber wird die Tränendrüse durch Impulse vom Gehirn fortwährend zur Flüssigkeitsabgabe angeregt. Am Abend, wenn wir müde werden, nehmen diese Impulse ab. Dadurch trocknen die Augen etwas aus und brennen ein wenig. Die Mutter sagt zum Kind: »Das Sandmännchen hat dir Sand in die Augen gestreut.« Wenn wir dann schließlich schlafen, wird überhaupt keine Tränenflüssigkeit mehr erzeugt. Wozu auch, die Augen sind ja geschlossen.

Warum gerinnt das Blut?

Unser ganzer Körper ist von einem Adersystem durchzogen, durch das die Gewebe mit Blut versorgt werden. Fast überall fließt dabei das Blut in abgeschlossenen Adern. Nur wenn eine solche Ader verletzt oder zerstört wird, kann das Blut in die Körperhöhlen oder die Gewebe oder auch nach außen abfließen. Je nachdem, wie groß die verletzten Adern sind, wären wir innerhalb kurzer oder längerer Zeit verblutet, wenn das Blut nicht gerinnen würde.

Aber die Blutgerinnung soll uns nicht nur vor dem Verbluten bewahren, sie soll auch sofort die Voraussetzungen für eine Heilung schaffen. »Heilung« heißt in diesem Fall in erster Linie, daß neue Blutgefäße in die Wunde einwachsen und daß wieder neues Gewebe aufgebaut werden kann.

Es ist eine unerhört komplizierte Folge von Reaktionen, die abläuft, bis eine Wunde von rötlichem geronnenem Blut bedeckt ist und dann aufhört zu bluten. In groben Zügen kann man den Ablauf etwa so beschreiben:

Haben wir uns verletzt, so zieht sich die Wand der verletzten Ader zusammen, so daß die Öffnung, aus der wir Blut verlieren, nur noch ein Drittel der ursprünglichen Größe hat. Nunmehr beginnen sofort winzige Zellstückchen, die im Blut schwimmen, nämlich die »Blutplättchen«, sich an die Fasern des zerstörten Gewebes anzuheften und es so zu verkleben. Obwohl diese Blutplättchen so winzigklein sind, daß in einem Kubikmillimeter etwa 300 000 Stück davon schwimmen, bilden sie innerhalb von drei Minuten einen Pfropf, der das gerissene Loch verschließt und damit die Blutung zum Stillstand bringt.

Diesen Pfropf würde aber schon nach kurzer Zeit der zunehmende Blutdruck wieder aus der Wunde pressen, würde er nicht durch die bei der Blutgerinnung entstehenden Eiweißfäden zusammengehalten und im Gewebe verankert werden. Bei diesem Gerinnungsvorgang bilden die im Blut gelösten Eiweißstoffe nämlich ein verfilztes Netzwerk, das die Wunde vollkommen abdichtet.

Auf die Frage aber, warum gerade bei einer Verletzung und nur dann die doch immer im Blut vorhandenen Stoffe so reagieren, haben wir bisher noch keine Antwort erhalten. Immerhin hat man herausgebracht, daß sich die Eiweißfäden über zwei verschiedene Reaktionssysteme bilden können: Im schnelleren der beiden Systeme wird die Reaktionskette durch einen Stoff ausgelöst, der aus den zerstörten Zellen frei wird; die zweite Reaktionskette wird durch Veränderungen an der sonst ganz glatten Aderwand ausgelöst. An beiden Gerinnungssystemen sind zusammen dreizehn Stoffe beteiligt. Fehlt davon auch nur einer, so ist der Gerinnungsvorgang erheblich gestört.

Man hat aber festgestellt, daß auch in den unverletzten Gefäßen in geringem Maße solche Gerinnungsvorgänge ablaufen, und zwar dauernd. Man vermutet sogar, daß erst dadurch die kleinsten Äderchen dicht gemacht werden. Natürlich muß der Körper dafür sorgen, daß diese dauernd stattfindende Gerinnung nicht überhand nimmt. Durch Bildung von größeren Blutgerinnseln könnten ja die Adern blockiert und somit das leben*erhaltende* System ins Gegenteil verkehrt werden. Deshalb gibt es im Körper ein ebenso schnell reagierendes System, das die Aufgabe hat, ein entstandenes Gerinnsel sofort wieder aufzulösen. Darüber hinaus gibt es noch Stoffe, die jeden einzelnen der dreizehn an der Gerinnung beteiligten Stoffe unwirksam machen können, so daß es gar nicht erst zur Gerinnung kommt. Wenn wir dieses unerhört komplizierte Zusammenspiel der gerinnungsfördernden und gerinnungshemmenden Systeme betrachten, so will es uns beinahe als ein Wunder erscheinen, daß im entscheidenden Moment die lebensrettenden Vorgänge doch ganz automatisch richtig und sicher ablaufen.

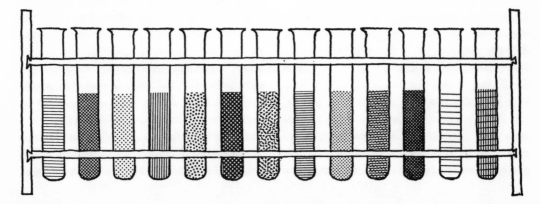

Warum bekommt man zweimal Zähne?

Vergleichen wir das Milchzahngebiß eines Kindes mit dem Gebiß eines Erwachsenen, so scheint die Antwort klar auf der Hand zu liegen: Wir bekommen zweimal Zähne, weil in dem kleinen kindlichen Kiefer nicht genug Platz ist für die großen Zähne des Erwachsenen.

Warum können nun aber gerade die Zähne nicht mit dem übrigen Körper mitwachsen, so wie sich die Knochen über Jahre hin vergrößern? Um diese Frage zu beantworten, müssen wir uns die Bildung der Zähne genauer betrachten.

Die Zahnbildung beginnt schon bei dem 3 bis 4 Zentimeter großen Embryo im Mutterleib. Die Anlage dazu entsteht aus der Mundschleimhaut, die sich in das Gewebe der zukünftigen Kiefer einstülpt. Zwei Zellschichten davon legen sich wie ein Mantel um die Form der zukünftig entstehenden Zahnkrone herum. Und nun sondern die beiden Zellschichten das Zahnmaterial in den Raum hinein ab, den sie umschließen. Die innere Zellschicht bildet das knochenähnliche Zahnbein, die äußere den extrem harten Zahnschmelz. So wird die ganze Zahnkrone schon jetzt in ihrer endgültigen Form im Kiefer fertiggestellt und dann, indem sich nach und nach die Wurzel bildet, durch die Haut hinausgeschoben. Da der dünne, harte Zahnschmelz *von außen* auf den Zahn aufgelegt wird, ist eine weitere Vergrößerung des Zahnes unmöglich. Er kann nicht weiterwachsen.

Schon während der ersten Lebensjahre werden auf dieselbe Weise die Zahnkronen des bleibenden Gebisses hergestellt. Wenn sie ihre Wurzel dann bilden, schieben sie sich auf die Milchzähne zu. Dies ist ein Signal für bestimmte Zellen, die Wurzeln der Milchzähne abzubauen, so daß diese ausfallen. Doch ist im kindlichen Kiefer an der Durchbruchstelle nicht immer genügend Platz für die großen zweiten Zähne. Mancher von ihnen muß deshalb eine Wanderung von seinem eigentlichen Bildungsort zu einem günstigeren Standplatz durchmachen.

Der erste Milchzahn erscheint im sechsten bis achten Lebensmonat des Kindes, und nach zweieinhalb Jahren sind alle 20 Milchzähne durchgebrochen. Das Gebiß des Erwachsenen hat dagegen 32 Zähne, die etwa zwischen dem sechsten und sechzehnten Lebensjahr erscheinen. In der Zahl der Zähne und ihren Erscheinungszeiten gibt es aber sehr große Variationsmöglichkeiten. Unser letzter Backenzahn – man nennt ihn auch »Weisheitszahn« – kann bis zum fünfunddreißigsten Lebensjahr auf sich warten lassen, oder er kann auch ganz ausbleiben. Dagegen haben die australischen Ureinwohner und in Einzelfällen auch andere Menschen in jeder Kieferhälfte noch einen zusätzlichen Backenzahn.

Unter 10 000 Babys hat eines schon bei der Geburt ganz winzige Schneidezähnchen, die aber nur locker mit der Schleimhaut verwachsen sind und nach einigen Tagen wieder ausfallen. Auch diese Kinder bekommen dann später ganz normal die Milchzähne und die bleibenden Zähne. Andererseits ist auch schon von Erwachsenen berichtet worden, die, nachdem ihnen die Zähne des bleibenden Gebisses ausgefallen waren, zum drittenmal Zähne bekommen haben.

Manche dieser Sonderfälle können wir besser verstehen, wenn wir die Gebißformen der Tiere betrachten. So kann bei den Fischen die gesamte Mundschleimheit Zähne bilden. Sie sind zwar relativ locker in der Haut verankert, dafür können verlorene Zähne zeitlebens ersetzt werden. Die Nagetiere besitzen eine hoch spezialisierte Zahnart: die Nagezähne. Diese stecken tief im Kiefer, haben aber keine Wurzel und werden durch dauerndes Wachstum pro Tag etwa einen halben Millimeter nach außen geschoben. Auf ihrer Vorderseite befindet sich eine dicke, auf der Hinterseite eine dünne Schmelzschicht. Durch die unterschiedliche Abnutzung bekommt der Zahn dann eine scharfe, meißelförmige Schneide.

Eine der seltsamsten Variationen der Gebißform zeigt der Elefant: Die zwei oberen Schneidezähne haben sich zu Stoßzähnen umgebildet, und in jeder Kieferhälfte sitzt nur noch ein einziger mächtiger Backenzahn, der aber während des Lebens sechsmal ersetzt werden kann, wenn er abgenutzt ist.

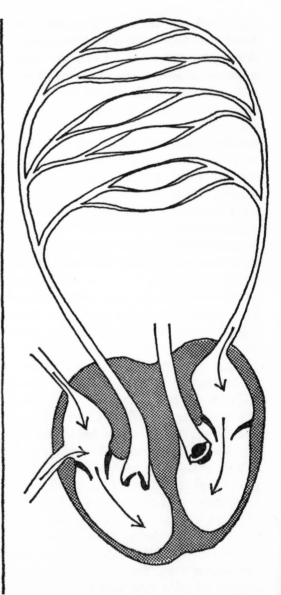

Warum hört man das Herz schlagen?

Die Arbeit des Herzens ist von ganz typischen Geräuschen begleitet, die normalerweise ganz leise sind. Das Abhören dieser Herztöne erlaubt es dem Arzt, die normale oder krankhafte Funktion dieses lebenswichtigen Organs zu beurteilen.

Das etwa faustgroße Herz ist eine Pumpe, die das kontinuierliche Strömen des Blutes in unseren Adern aufrecht erhält. Es besteht fast nur aus einer hochspezialisierten Muskulatur und ist in vier Räume unterteilt, nämlich zwei Vor- und zwei Hauptkammern. Aus dem ganzen Körper strömt das sauerstoffverarmte Blut durch die Venen in die rechte Vorkammer und von dort in die rechte Hauptkammer, die es dann in die Lungenarterien preßt. Hat das Blut die Lungen durchströmt und sich dabei mit Sauerstoff angereichert, so kommt es in die linke Vorkammer und von dieser in die linke Hauptkammer. Diese Hauptkammer preßt jetzt dieses frische Blut in die Körperarterien.

Normalerweise ziehen sich die beiden Vorkammern und die beiden Hauptkammern immer zur selben Zeit zusammen und pumpen jeweils eine gleich große Blutmenge weiter. Aber das Herz soll ja das Blut nicht nur einfach »irgendwie« weiterpumpen, es muß den Blutstrom auch in die richtige

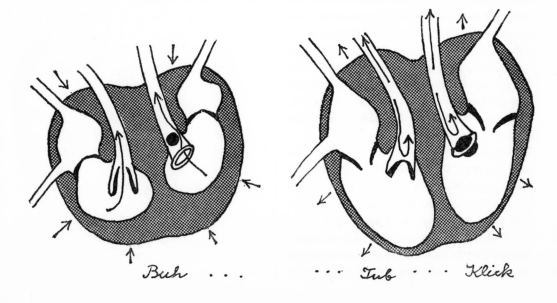

Buh . . .   . . . Tub . . . Klick

Richtung lenken. Deshalb wird beim Sich-zusammenziehen der Hauptkammern durch dünne, hautartige Ventilklappen der Rück-fluß des Blutes in die Vorkammern verhin-dert. Und ebenso müssen beim Wiederent-spannen der Hauptkammern zwei solche Ventile verhindern, daß das Blut aus den Lungen- und Körperarterien in die Haupt-kammer zurückfließt.

Wenn man nun das Ohr direkt auf die Brustwand auflegt oder, wie es der Arzt tut, ein Hörrohr zur Hilfe nimmt, kann man normalerweise zwei Herztöne hören. Diese Töne klingen wie ein dumpf gesprochenes »Buh – Tub«. Dem ersten Herzton ent-spricht dabei das Buh, dem zweiten das Tub. Durch komplizierte Schall- und Druckmes-sungen hat man herausgefunden, daß der erste Herzton dann zu hören ist, wenn sich die gefüllten Hauptkammern zusammenzu-ziehen beginnen. Der zweite Herzton setzt immer dann ein, wenn die Hauptkammern das Blut in die Lungen- und Körperarterien gepreßt haben und nun wieder erschlaffen. In diesem Augenblick nämlich möchte das Blut aus den Arterien in das Herz zurück-fließen; es prallt aber gegen die nunmehr geschlossenen Ventilklappen, und eben dies macht das Tub.

Es ist nun leicht verständlich, daß sich die Geräusche verändern und auch zusätzliche Geräusche entstehen, wenn der normale Ablauf der Herzarbeit gestört ist, wenn zum Beispiel die Herzklappen nicht mehr dicht schließen oder wenn sie verengt sind. Auch Löcher zwischen den Kammerwänden oder den großen Arterien, durch die sich frisches und verbrauchtes Blut vermischen, erzeugen solche Zusatzgeräusche. Es ist natürlich sehr wichtig, solche Herzfehler rechtzeitig zu er-kennen, zumal es heute ja möglich ist, die meisten davon durch eine Operation zu kor-rigieren. So kann man eine nicht normal arbeitende Klappe durch ein künstliches Ventil ersetzen. Es besteht aus einem klei-nen Kunststoffball, der durch das zurück-strömende Blut auf einen Metallring ge-drückt wird und so den Rückfluß des Blutes verhindert. Ist eine solche Herzklappe ein-gesetzt, hören sich die Herztöne ganz an-ders an: Immer dann, wenn sich die Klappe schließt, ertönt ein helles, kurzes Klick.

Von Tieren und Pflanzen

Warum leuchten die Glühwürmchen?

Sie glühen, um sich gegenseitig zu finden! Die knapp 1 Zentimeter langen Käfer beginnen ihre Hochzeitsflüge in später Dämmerung und beenden sie meist nach kurzer Zeit erfolgreich. Ohne Lichtsignale müßten sie weit länger oder sogar vergeblich suchen, denn ihre Partnerinnen sitzen einzeln und sehr verstreut im Dunkel der Bodenpflanzen. Sie haben keine Flügel und sehen aus wie bleiche Maden. Beginnt die Nacht, dann dreht jedes Glühwürmchen-Weibchen den Unterkörper so, daß seine 10 Leuchtorgane nach oben strahlen. Die beiden Leuchtplättchen der Männchen liegen am Hinterleibsende und funkeln abwärts. Entdeckt der niedrig fliegende Käfer die Signale eines Weibchens, dann stürzt er sich darauf, und sofort erlöschen alle Lichter. Sie haben ihren Zweck erfüllt, nämlich die Partner zusammengeführt.

Doch an diesem Licht bleibt uns noch manches dunkel. Vor allem: Es macht sie auch ihren Feinden weithin sichtbar, zumal die Käfer ihre Lichter unnötig lange glühen lassen. Ein kurzes Zublinken von Zeit zu Zeit würde doch genügen! Und so geschieht es auch bei einigen amerikanischen Leuchtkäferarten. Ferner: Die Laternen der Männchen sind doch eigentlich ganz überflüssig; die der Weibchen würden vollauf genügen. Ein noch ungeklärtes Rätsel!

In Siam sitzen die Leuchtkäfer zu Hunderten vereint auf Bäumen und schalten ihre Lichter gemeinsam ein oder aus – ein prachtvolles Feuerwerk. Kubanische Leuchtkäfer, die viermal größer sind als unsere, leuchten so stark, daß man sie zu mehreren in Käfige sperrt und als lebende Lampe beim Zeitunglesen benutzt.

Bei unseren Glühwürmchen – den »Johanniskäfern« – liegen die leuchtenden Gewebe unter durchsichtigen Hautstellen. Hier wird kaltes Licht chemisch auf insgesamt 2 bis 4 Quadratmillimeter Fläche erzeugt. Die Lichtmenge ist tausendmal geringer als die einer Kerze, doch immerhin 20 Meter weit sichtbar. Der leuchtende Stoff, das sogenannte Luciferin, liegt in einer Fettschicht, die von auffallend vielen Luftröhrchen durchzogen ist. Offenbar wird zur Lichterzeugung Luftsauerstoff verwendet. Als Auslöser der chemischen Reaktion dient ein Katalysator, die Luciferase. Isoliert man diese beiden Grundstoffe und bringt sie im Labor zusammen, dann entsteht das Licht auch ohne Glühwürmchen. Es wäre uns für viele Zwecke willkommen, doch können wir Luciferin und Luciferase bisher noch nicht künstlich herstellen.

Ganz geklärt ist auch nicht, ob die Käfer ihre Lampen aus eigenem Willen ein- und ausschalten. Vermutlich geschieht das automatisch auf Reize von außen, etwa Temperatur, Luftfeuchtigkeit, Helligkeit oder Schreck. Ebenfalls völlig unklar bleibt, warum sogar die Eier, Larven und Puppen dieser Käfer dauernd glimmen, wenn auch sehr schwach.

Bei uns verwenden nur 3 Käferarten Leucht-organe. In anderen Ländern, vorwiegend in den Tropen, sind es einige hundert. Vergli-chen mit der Gesamtzahl aller Landtiere ist das natürlich sehr, sehr wenig. Dagegen werden die ewig dunklen Tiefen der Welt-meere von 10 Prozent aller dort lebenden Fische, Krebse und Kopffüßler erhellt. Ihr Licht dient wohl dem gleichen Zweck wie bei den Käfern. Manche Garnelen – das sind Krebsarten – verwenden es jedoch zur Verteidigung: Sie sprühen ihren Verfolgern Wolken einer feurig funkelnden Flüssigkeit entgegen.

Viele Fische leuchten mit geborgtem Licht gewisser Bakterien, die sich bei ihnen an Haut oder Zähnen ansiedeln. Die Mehrzahl aber strahlt an Kopf oder Körper, an Flos-sen oder fühlerartigen Auswüchsen durch selbsterzeugtes Licht. Soweit bisher er-forscht, besteht hier die Leuchtsubstanz aus denselben Grundstoffen wie die der Glüh-würmchen.

Warum fällt die Fliege an der Decke nicht herunter?

Es steht in allen Schulbüchern, daß Fliegen an den Füßen Haftballen tragen, die wie Saugnäpfe wirken. So können sie spielend an senkrechten Wänden und sogar an Zimmerdecken landen und dort herumlaufen oder sich ausruhen, zumal sie so klein sind und nur etwa 0,07 Gramm wiegen.

Doch diese Erklärung stimmt nicht ganz. Mit ihren sich ansaugenden Haftlappen könnte die Fliege schwerlich mit den Beinen nach oben an der Zimmerdecke landen und dort so rasant herumrennen. Einen Saugnapf, und sei er noch so winzig, muß man andrücken, damit die Luft darin entweicht; nur so kann er haften. Das erfordert einen festen Gegenhalt. Oder die Fliege müßte sich mit der Gewalt eines Bolzens gegen die Decke oder die Fensterscheibe schleudern. So viel Kraft besitzt aber das winzige Tierchen nicht, und außerdem würden dabei mit Sicherheit seine unheimlich dünnen Beinchen brechen.

Also hat man die Fußballen der Fliege genauer betrachtet und fand dort 1100 kleinste Härchen. Ihre Spitzen spalten sich in zwei sichelförmige Fasern. Zwischen diesen Fasern tritt durch eine Pore klebrige Flüssigkeit aus – zwar nur ein Hauch, doch bei dem dichten Haarwuchs genug, daß sich die Fliege damit überall und augenblicklich anheften kann. Die Haftballen sorgen dann nur noch für erhöhte Sicherheit.

Allerdings würden für dieses Kunststück zwei oder vier Beine nicht genügen. Mit sechs Füßen aber geht es kinderleicht! Beim Landen werden alle zugleich eingesetzt, während des Laufens jeweils drei, nämlich das linke Vorder- und Hinterbein sowie das rechte Mittelbein – oder umgekehrt. Die Beine sind so gestreckt, daß das Körpergewicht immer auf drei möglichst weit voneinander entfernte Haftpunkte verteilt wird.

Natürlich ist die Haftflüssigkeit nicht zäh wie Leim, sondern gerade so dünn, daß sie ein ungehindertes Laufen gestattet, einen Absturz dagegen verhindert. Als Notbremse dienen bei Gefahr dann die Sauglappen, bei leicht angerauhten Flächen auch die beiden Krallen an jedem Fuß.

Übrigens: Warum rennt eigentlich die Stubenfliege überall dauernd herum, weit mehr als andere Insekten?

Weil sie Hunger hat und ihre Nahrung mit den Füßen nicht nur sucht, sondern zugleich auch abschmeckt. Der Mensch trägt seine Geschmacksorgane auf der Zunge, die Fliege aber an den Fußspitzen. Legt man einer Fliege auf dem Tisch Salzkörnchen hin, so rennt sie achtlos darüber hinweg; sind es Zuckerstäubchen, dann hält sie sofort an, verflüssigt den Fund mit Speichel und saugt dann die Lösung mit ihrem stempelförmigen Rüssel ein.

Warum brennt die Brennessel?

Ein Pelz aus winzigen und ganz harmlosen Härchen bedeckt Blätter und Stiele der Brennesseln. Doch dazwischen ragen zahlreiche größere, wenn auch nur 2 Millimeter lange, weißliche Haare hervor. Das sind die Brennhaare! Jedes besteht aus einer einzigen Zelle und bildet eine mit Gift gefüllte Ampulle. Sobald wir solche Haarspitzen leicht berühren, brennt uns die Haut. Deshalb zählen unsere beiden Brennnesselarten – die große und die kleine – zu den wenigen Pflanzen, die jeder sofort erkennt. Greift man nun aber derb und mit der Hand nach oben streifend zu, dann juckt die Nessel *nicht*. Die Brennhaare sind nämlich an den Stengeln stets aufwärts, an den Blättern gegen die Blattspitze zu gerichtet.

Das Gift wird in dem verdickten Kolben am Blattgrund gebraut und aufbewahrt. Es steht dabei dauernd unter einem gewissen Druck. Der nach oben sich rasch verengende hohle Haarschaft ist durch kohlensauren Kalk versteift und endet oben in einem schräg abstehenden Knöpfchen. Dort verläuft eine brüchige Nahtstelle, so daß bei der leisesten Berührung das Knöpfchen abbricht. In diesem Moment wird die Ampulle zur Injektionsspritze: Die schräge und deshalb scharf zugespitzte Bruchnaht ritzt die Haut des Angreifers, und durch die nun offene Nadel spritzt infolge des Innendruckes sofort der brennende Saft in die Wunde.

Der Saft enthält Giftstoffe, die denen der Bienen, Vipern und Ameisen nahestehen, wegen ihrer geringen Menge jedoch nur harmlose Quaddeln hervorrufen. Bei Gicht und Rheumaleiden sollen sie sogar heilend wirken. Dagegen haben – besonders in tropischen Ländern – andere Pflanzen sehr gefährliche Brennhaare. So schmerzt das Berühren des Teufelsblattes auf den Sunda-Inseln derart heftig, daß man gellend aufschreit. Es entstehen dann schwere Entzündungen und Gliederlähmungen, die jahrelang anhalten können.

Der biologische Zweck der Brennhaare ist es, die Pflanze vor Tierfraß zu schützen, so wie manche Gewächse sich durch Dornen oder Stacheln schützen. Freilich sind die Brennhaare viel zu kurz, als daß sie in die Haut behaarter Weidetiere eindringen könnten; abschreckend wirken sie erst auf der Zunge. Ein gebranntes Tier wird späterhin natürlich solche Pflanzen meiden. Dagegen sind unter den kleinen Geschöpfen viele gegen dieses Gift unempfindlich. Schnecken zum Beispiel fressen Brennesselblätter ebenso gerne wie andere Blätter. Das mag an ihren hornigen Raspelzungen liegen. Auch viele Raupenarten nähren sich vorwiegend von diesen gifthaltigen Blättern. Ein völliger Schutz für die Pflanze sind ihre Brennhaare also nicht.

57

Warum sticht die Biene?

Allein in Deutschland gibt es über 1000 Arten von Bienen und Stechwespen. Bei allen sind die Männchen harmlos, nur die Weibchen tragen einen Giftstachel. Meist wird er lediglich dazu verwendet, Beutetiere zu lähmen. *Staatenbildende* Arten wie Wespen und Honigbienen gebrauchen ihre Stachel allerdings auch als Waffe.

Das Gift der Bienen enthält ähnliche Stoffe wie das der Giftschlangen. Doch ist die beim Stich abgesonderte Menge wesentlich geringer: Beim Kreuzotterbiß sind's 0,12 Gramm, bei der Honigbiene 0,0003 Gramm oder noch weniger. Das Gift der Honigbiene bildet und sammelt sich in einem verknäulten, etwa 20 Millimeter langen Drüsenschlauch. Wenn die Biene zusticht, fließt es in die Stachelrinne, worin die beiden 2 Millimeter langen Stechborsten abwechselnd vor- und zurückgleiten. An ihren Spitzen sitzen je 10 kräftige Widerhaken, die das Eindringen in die Wunde erleichtern.

Ein vereinzelter Bienenstich wird uns zwar lästig, aber nicht gefährlich. Das Brennen läßt rasch nach, und binnen zwei Tagen ist die Schwellung verschwunden. Die Biene aber, die uns stach, stirbt sofort. Denn in unserem elastischen Hautgewebe verfangen sich die Widerhaken, und der Stachel sitzt fest wie angenagelt. Gewaltsam zerrt die Biene, und dabei reißt sie sich Stachel samt Giftblase aus ihrem Körper. Für den Gestochenen hat das zur Folge, daß auch ohne Biene nun immer noch mehr Gift aus der Blase unter die Haut gelangt. Man sollte deshalb den Stachel sofort entfernen – aber niemals durch einfaches Herausziehen, weil man sich dabei nämlich auch noch den Rest des vorhandenen Giftes einspritzt, sondern dadurch, daß man den Stachel mit der Kante eines Fingernagels gegen die Stichrichtung aus der Haut drückt.

Kann eine Waffe, die den Angegriffenen nur leicht verletzt, aber den Angreifer unfehlbar tötet, sinnvoll sein?

In diesem besonderen Falle: ja! Das Leben der sogenannten Arbeitsbienen, der unfruchtbaren Bienen also, dient ausschließlich der Brutfürsorge. Sie bauen Waben, schaffen Nahrung herbei und füttern damit die jungen Bienenlarven. Ihren Stachel tragen sie nur, um die Brut schützen zu können. Wird eine Biene, die fern vom Stock Blütenstaub und Honig sammelt, belästigt, dann wehrt sie sich. Doch ist das keine »Selbstverteidigung«. Sie sticht, weil man sie hindert, lebensnotwendige Aufgaben für ihr Volk zu erfüllen. Sie stirbt dabei nicht sinnlos. Der Angreifer wird sich späterhin vor Bienen hüten! Versucht ein Feind in den Stock einzudringen, dann werden ihn wenige Stiche nicht davon abhalten können; verletzen ihn aber Hunderte, so muß er fliehen oder sterben. Daß die ihn stechenden Bienen dabei sich selbst töten, ist unwichtig, wenn nur das Volk als Ganzes weiterbesteht. Sticht aber die Biene andere Insekten, etwa eine Wespe, so ist das für die Angreiferin ungefährlich. Denn die Widerhaken verfangen sich in der starren Insektenhaut nicht. Sie kann also ihren Stachel gefahrlos wieder herausziehen.

Bei Menschen wirkt Bienengift unterschiedlich. Jeder Zehnte ist verhältnismäßig unempfindlich; selbst nach mehreren Stichen zeigen sich nur leichte Rötungen und geringer Juckreiz. Jeder Sechste reagiert überempfindlich: Die Stichstellen schmerzen sehr und schwellen stark an. Diese Allergie kann sich mit der Zeit mindern, etwa bei Imkern, die sich an das Gift gewöhnen. Sie kann sich aber auch verstärken, und mancher Bienenvater mußte sich deshalb von seinen Völkern trennen. Die Überempfindlichkeit ist mitunter enorm. Bei einem Vierzehnjährigen führte ein einziger Bienenstich zwischen die Zehen zu verschwollenen Augen, Kehlkopfschwellung und Atemnot!

Stiche im Gesicht, besonders in Augennähe oder in die Lippengegend, sind auch für Normalempfindliche sehr schmerzhaft und verursachen starke Schwellungen. Ein Stich in die Mundhöhle, die Zunge oder am Vorderhals kann gar zu Atemnot, Erstickungsanfällen und zum Tod führen, wenn nicht schnellstens ein Arzt hilft.

Übrigens, nicht alle Bienen stechen uns, nur die staatenbildenden Honigbienen. Neben dieser Art leben in Deutschland noch 500 Arten von Bienen, die keine Völker bilden, sondern einsam hausen. Sie greifen uns niemals an.

Es stechen uns auch nicht alle Honigbienen! Die Männchen haben überhaupt keinen Stachel, und bei den Jungbienen füllt sich die Giftblase erst nach zwei bis drei Wochen. Sammelnde Arbeitsbienen dagegen sind immer wehrfähig.

Wie viele andere Gifte, dient auch das der Honigbiene als Heilmittel. In Zuchtanstalten wird es den Tieren durch ein besonderes Verfahren abgezapft. Vor allem bei Rheumaleiden hat es sich schon oft bewährt – ein Leiden, das Imker nur selten quält.

Warum wirft der Hirsch alljährlich sein Geweih ab?

Die Geweihe starker Hirsche wiegen meist über 12 Kilogramm. Sie erreichen 1 Meter Länge und gabeln sich in 12 oder noch mehr Enden. Im März werden sie regelmäßig abgeworfen. Zurück bleiben dann nur die »Rosenstöcke«, zwei kurze Zapfen vom Durchmesser eines Fünfmarkstücks. Aus ihnen wächst nach und nach ein neues Geweih, das aber erst im September als Waffe brauchbar wird. Von den Hufen abgesehen, ist daher der Hirsch die Hälfte seines Lebens ebenso wehrlos wie die stets geweihlosen weiblichen Tiere. (Bei Hornträgern sind immer beide Geschlechter dauernd bewaffnet.)

Geweihe sind Knochen. Während des Wachstums sind sie umhüllt von einer behaarten Haut, dem »Bast«. Er enthält zahlreiche Blutgefäße, die dem Knochen Aufbaustoffe zuführen, und darf deshalb nicht verletzt werden. Hat das Geweih die dem Alter des Hirsches entsprechende Größe und Form erreicht, dann hört die Blutzufuhr auf, die Stangen verkalken, die Haut vertrocknet. Weil dies juckt, fegt der Hirsch den in Fetzen herunterhängenden Bast an Baumstämmen restlos ab. Erst dann ist das Geweih zum Kampf tauglich. Doch spätestens nach sechs Monaten verlieren die nun freiliegenden Knochen ihre Härte. Sie müssen

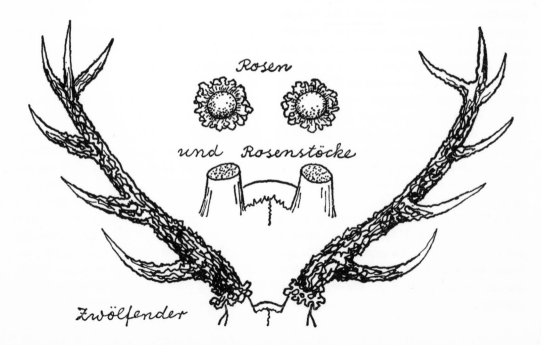

Rosen

und Rosenstöcke

Zwölfender

alle Jahre abgeworfen werden, damit sich immer wieder neue, harte Knochenstangen bilden können.

Hörner dagegen sind hohl und bestehen, wie Raubtierkrallen, aus sehr hartem Horn. Sie bilden sich langsamer als Knochen, ohne nährende Haut, und werden nie mürbe. Sie wachsen durch Nachschieben neuer Hornzellen vom Stirnbeinzapfen aus. Bei Steinböcken werden sie 1 Meter lang und 15 Kilogramm schwer.

Alle 240 Hirscharten der Erde tragen Geweihe. Für den Weidmann ist allerdings nur der Edelhirsch »geweiht«, die Rehböcke dagegen sind für ihn »gehörnt«. Sachlich stimmt das so wenig wie der Name »Hirschhornsalz«. Auch sagen manche, das Hirschgeweih sei mit seinen Stoß- und Abwehrstangen die vollkommenste Waffe in der Natur. Sicher ist aber, daß es den Hirsch, ein Tier des Waldes, mit seiner Sperrigkeit und seiner Spannweite von gut 1 Meter im Lauf und auch beim Kampf stark behindert. Wir wissen aus vorgeschichtlichen Funden, daß die Urhirsche unserer Heimat nur unverzweigte, gerade Stangen besaßen. Wie sehr diese den Geweihen überlegen sind, beweisen noch heute die »Schadhirsche«. Das sind Hirsche, bei denen die Basthaut erkrankt oder schwer verletzt ist und sich dadurch die Krone nicht mehr gleichmäßig ausbilden kann. Meist entsteht dann eine armlange spitze Einzelstange, mit der das Tier die kapitalsten Böcke mühelos mor-

Schadhirsch

den kann, so daß es zum Schrecken des Reviers wird.

Längst haben unsere heimischen Hirsche keine natürlichen Feinde mehr. Sie benützen ihre Waffen, die kurz vor der Paarungszeit einsatzfähig werden, nur noch im Streit gegen ihresgleichen um das Rudel. Doch auch hier zeigen sich die Nachteile der sperrigen Geweihe: Sie verhaken sich mitunter so fest, daß die Kämpfer erst nach langen Bemühungen oder gar durch Stangenbruch wieder frei werden oder aber, wenn dies nicht gelingt, gemeinsam jämmerlich verhungern.

Übrigens kommt es in der Natur gar nicht selten vor, daß sich Waffen, die überflüssig wurden, zu bloßem Hochzeitsschmuck entwickeln, so bei den Hirschkäfern, deren »Geweihe« auch nur mehr Symbole männlicher Kraft sind.

Warum ziehen viele Vögel über Länder und Meere?

Allein in unserer Heimat fliegen alljährlich im Herbst Millionen Vögel weit nach Süden und kehren im Frühjahr wieder zurück. Etwa die Hälfte unserer rund 400 Vogelarten muß solche Flugreisen unternehmen, und ähnlich geschieht es in allen gemäßigten oder kalten Zonen der Erde.

Es ist aber nicht die Kälte, es ist weder Frost noch Schnee, was die Zugvögel nach Süden treibt. Ihr Gefieder bildet einen ausgezeichneten Kälteschutz. Das sehen wir ja an den auch im Winter verbleibenden Vögeln. Nun, diese »Standvögel« finden das ganze Jahr über ihre Nahrung: Samen, Früchte, allerlei Abfälle und, soweit es Greifvögel sind, genügend Beutetiere. Jene aber, die ausschließlich von Insekten, Würmern, Schnecken oder Lurchen leben müssen, würden im Winter bei uns verhungern. Deshalb wandern sie als Zugvögel dorthin, wo sie noch Nahrung finden.

Warum aber fliegen manche Arten so endlos weit, bis Kapstadt oder Indien, wenn ihnen doch, wie anderen Zugvögeln auch, schon die Mittelmeerländer ausreichend Futter für den ganzen Winter bieten? Das mag wohl an den für sie notwendigen Umweltbedingungen liegen, die bei den einzelnen Arten sehr verschieden sein können.

Warum treffen Stare und andere Zugvögel oft so früh in ihren nördlichen Brutgebieten wieder ein, daß viele deshalb erfrieren oder verhungern? Nun, sie können wohl so wenig wie wir Menschen die Wetterlage und die Wetterentwicklung in weit entfernten Gebieten vorausahnen.

Erstaunlich ist auch, daß manche Arten – etwa die jungen Kuckucke – schon im Juli nach Süden fliegen, wenn es hierzulande noch von Raupen wimmelt. Das geschieht, weil die Reise lange währt und weil sie dabei überall das ihnen gewohnte Futter vorfinden müssen. Denn die meisten Zugvögel bummeln, wenn sie zu ihren Winterquartieren wandern.

Heimwärts zu ihren Brutgebieten dagegen fliegen sie meist rasch und legen oft erstaunliche Strecken täglich zurück. Von einer japanischen Bekassinenart ist nachgewiesen, daß sie in zwei Tagen 5000 Kilometer weit fliegt, und zwar über dem Ozean im Nonstopflug mit einer Geschwindigkeit von 100 km/h. Der Dünnschnabel-Sturmtaucher wandert von seinen Brutgebieten in Australien und Tasmanien nach Kamtschatka und zum Beringmeer. Hin und zurück, Umwege mit eingerechnet, ist das eine Flugleistung von 25 000 Kilometer. Und das Jahr für Jahr! Nordamerikanische Küstenseeschwalben fliegen den umgekehrten Weg von der Arktis bis zur Antarktis und zurück, insgesamt 35 000 Kilometer. Im Rekordtempo reist auch der westatlantische Goldregenpfeifer: von Labrador nach Brasilien 5500 Kilometer in 48 Stunden. Und unsere Störche fliegen 9000 Kilometer weit nach Südafrika, Rohrsänger, Rotkehlchen, Pirole und andere immerhin noch 5000 Kilometer. Einige begnügen sich mit 500 bis 1000 Kilometer, so die Rotschwänze, die Stare und die Kiebitze.

Zu diesen echten Zugvögeln gesellen sich noch die »Strichvögel«, Zeisige etwa, Buchfinken und Bussarde, denen schon rund 100 Kilometer genügen. Und in beiden Gruppen gibt es Arten, bei denen vorwiegend die Weibchen ziehen, während die Männchen meist in ihren Brutrevieren überwintern, wie Amseln, Ringeltauben und auch Rotkehlchen.

Sehr beliebt ist bei den Zug- und den Strichvögeln der Gesellschaftsflug, wobei sich oft verschiedene Arten vereinen. Größere Vögel wie Kraniche, Störche und Wildgänse fliegen tagsüber, Kleinvögel häufig in der Nacht. Unterschiedlich ist auch die Flughöhe: Gänse, Saatkrähen, Ringeltauben und Kraniche erreichen 2000 bis 3000 Meter, Kiebitze kaum mehr als 600 und Stare meist nur 500 Meter.

Der Reisetrieb wird instinktiv ausgelöst, wenn die Zugvögel ihre Körper in Hochform gebracht haben und sie über ausreichende Fettvorräte verfügen. Woran sie ihre Reiseroute erkennen, wie sie ihre Ziele so sicher finden, ist uns noch nicht klar. Wenn die Jungen mit den Alten fliegen, lernen sie die Strecke kennen. Bei vielen Arten ziehen jedoch die Jungvögel allein, oft viele Wochen vor den Eltern, und erreichen trotzdem auf den gleichen Wegen ihr Ziel. Ein Ziel, das sie noch nie gesehen haben! Selbst ein etwa

angeborener Orientierungssinn nützt jenen Arten nichts, die, wie die meisten unserer Insektenfresser, nur nachts fliegen.

Die Flugwege der einzelnen Arten bleiben sich stets gleich. Von Seevögeln abgesehen, wird der Flug über das Festland bevorzugt; Meeresstrecken werden so kurz wie möglich genommen. Deshalb führen die drei großen Zugrichtungen Europas über Gibraltar, über Italien – Sizilien und über die Dardanellen. Meist fliegen die Jungvögel mit den Eltern und lernen dabei Weg und Ziel kennen. Doch bei Kuckucken und einigen Regenpfeiferarten finden die Neulinge die genaue Richtung instinktiv; sie fliegen ohne Begleitung der Altvögel und auch zu anderen Zeiten.

Warum aber bleiben solche Zugvögel nicht gleich im Süden, wo sie *immer* Nahrung finden? Warum kehren sie zu uns zurück?

Nun, dazu zwingt sie ihr ererbter Instinkt der Brutfürsorge. Nur in ihren nördlichen Sommerrevieren finden sie nämlich das artgemäße Nistmaterial, die geeigneten Niststätten und das den Jungvögeln bekömmliche Futter. Nur hier also ist die Nachkommenschaft gesichert.

Warum werden die Blätter im Herbst bunt?

Nicht so sehr die nächtlichen Fröste verfärben im Herbst das Laub vieler Bäume; sie helfen nur ein wenig nach, und das auch erst ganz zuletzt. Ursprünglich entsteht der Farbwechsel als Folge der abnehmenden Sonneneinstrahlung an den nun immer kürzer werdenden Tagen. Licht- und Wärmemangel sind die Ursachen der Verfärbung. Bei Lichtmangel beginnt nämlich der grüne Blattfarbstoff, das Chlorophyll, sich abzubauen. So wird ja Gras auch im Sommer fahl, wenn wochenlang ein Brett darauf liegt; aber es ergrünt wieder, sobald man das Brett entfernt. Dazu kommt im Herbst noch der Wärmemangel: Er beschleunigt wesentlich den dann endgültigen Abbau des Grüns in den Blättern.

Aber warum werden sie dann gelb, orange, rötlich oder braun, warum nicht farblos? Nun, neben dem Grün, das zwei Drittel der Blattfarbe ausmacht, enthalten die Blätter von Bäumen und Büschen auch rote, blaue oder gelbe Farbstoffe; die aber werden erst dann sichtbar, wenn das vorherrschende Grün abgebaut ist. Linden und Birken zum Beispiel leuchten nun gelb, weil 23 Prozent ihrer Blattfarbstoffe aus dem gelben Xantophyll bestehen. Andere Blattarten enthalten gelbrotes Carotin, das auch den Möhren ihre Farbe gibt. Anthozyan wiederum färbt die Buchenblätter und den wilden Wein dunkelrot.

Die schwarzen Tupfen auf vergilbten Ahornblättern hingegen stammen nicht von Farbstoffen, sondern von einem Schlauchpilz, dem Ahornrunzelschorf. Oft zerstören ja schon während des Sommers viele winzige Parasiten und Pilze, die in oder auf den Blättern leben, deren Zellgewebe, was dann zu teilweisen Verfärbungen führen kann.

Die Blätter der meisten unserer Waldbäume vergilben nicht. Sie bleiben auch im Winter immer grün. Sowohl ihre Nadelform als auch ihr hoher Gehalt an Harz verhindern das Verdunsten des Gewebewassers. (Siehe auch das Kapitel »Warum fallen im Herbst die Blätter?« auf Seite 83.)

Warum kann der Wasserläufer auf dem Wasser laufen?

In Deutschland leben 10 Arten der Wasserläufer. Es sind 8 bis 17 Millimeter lange, schlanke Wanzen mit flach nach den Seiten gestreckten Mittel- und Hinterbeinen, die beinahe die doppelte Körperlänge erreichen. Mit solchen Beinen kann man weder laufen noch schwimmen oder tauchen! Auf dem Land bewegen sich deshalb solche Tiere nur mühsam, im Wasser überhaupt nicht, dort ertrinken sie sofort. Sie verbringen ihr Dasein allein auf der Oberfläche des Wassers. Und das können sie, weil sich die Oberfläche von Wasser wie ein elastisches Häutchen verhält. Man nennt das »Oberflächenspannung«. Die Festigkeit dieses unsichtbaren Häutchens gegen Druck und Stoß ist allerdings äußerst gering. Nun, ein Wasserläufer wiegt nur etwa 0,07 Gramm; außerdem liegen seine langgestreckten Füße flach wie Skier auf und verteilen so das Gewicht auf vier verhältnismäßig weit abliegende Stützpunkte.

Dazu kommen aber noch andere Anpassungen des Körpers an dieses Leben auf der Wasseroberfläche. Wie alle Insekten trägt der Wasserläufer an den äußersten Enden der Füßchen spitze Krallen, womit er seine Beute – kleinere Wasserinsekten – greift und festhält. Weil diese Krallen die zarte Wasserhaut sofort aufreißen würden, liegen sie versenkt in besonderen Kerben hinter der Fußspitze. Sie berühren also das Wasser überhaupt nicht. Ferner trägt der Wasserläufer an Körper, Beinen und Füßen einen Pelz feinster Härchen, der fleißig eingefettet wird. Die Öldrüse sitzt allerdings vorn am Schnabel. Deshalb kann das Fett nur mit den kurzen Vorderbeinen entnommen werden. Sie verteilen es dann auf die Mittel- und diese auf die Hinterbeine. Eine recht umständliche, doch lebensnotwendige Arbeit! Denn Öl stößt Wasser ab. (Sogar eine weit schwerere Nähnadel schwimmt, wenn man sie vorher einfettet.) So wird der Körper des Wasserläufers nicht benetzt, und die gefetteten Füße gleiten fast reibungslos über den Wasserspiegel. Mit einem einzigen Ruck kann das Tier einen Meter weit rutschen, also das Hundertfache seiner Körperlänge.

Bei der Jagd auf Mückenlarven, besonders bei scharfen Wendungen, stoßen sich diese gewandten Wassersportler mitunter von der Oberfläche plötzlich ab und »landen« nach einer blitzschnellen Drehung, ohne einzusinken oder auch nur naß zu werden. Wind und Wellenschlag dagegen sind ihnen gefährlich; sie flüchten dann schnellstens in die Nähe des Ufers. Doch gibt es auch robustere Arten, die ihr ganzes Leben viele hundert Kilometer vom Land entfernt auf hoher See verbringen, trotz Regen und Sturm.

Warum hechelt der Hund?

Harter Sport oder schwere Arbeit machen heiß, und solche innere Erhitzung kann die Blutwärme gefährlich steigern. Deshalb hat unsere Haut ein Kühlsystem von etwa 2 Millionen Drüsen, die dann sofort reichlich Schweiß absondern. Dieser Schweiß verteilt sich über die Haut und kühlt sie durch Verdunsten ab. (Siehe hierzu das Kapitel »Warum schwitzt man?« auf Seite 10.)

Der Hund besitzt verhältnismäßig wenig Schweißdrüsen. Mehr würden ihm auch nicht viel nützen, denn sein dichter Haarpelz verhindert ein schnelles Abkühlen. Weit besser eignet sich dazu seine nasse Zunge! Sie wird soweit als möglich aus dem Maul gestreckt, und durch ruckartiges Aus- und Einatmen wird ein starker Luftstrom darübergeleitet. Der Hund »hechelt«. Dabei verwendet er als Kühlwasser statt Schweiß Speichel, der genauso rasch verdunstet und das Blut in Zunge, Lippen und Mundhöhle abkühlt. Die Kühlfläche ist hier allerdings wesentlich kleiner als die unserer Haut, aber dieser Nachteil wird durch das fortgesetzte heftige Hecheln ausgeglichen.

Alle hetzend jagenden Raubtiere verwenden vorwiegend ihre Zungen als Kühler. Weniger oder überhaupt nicht tun das die schleichenden Raubtiere, etwa unsere Katzen. Wohl tragen auch sie ein dichtes Fell; doch bewegen sie sich meist so langsam, daß sie sich nicht wesentlich erhitzen. Dagegen müssen sich Vögel, die im Flug ihre Muskeln stark beanspruchen, häufig durch weit aufgesperrte Schnäbel und starkes Atmen ähnlich abkühlen wie Hunde. Und sie tun das auch dann, wenn während des Brutgeschäfts die Sonne ihre Nester oder ihre Nistkästen stark erhitzt.

Dicke schwitzen mehr als Dünne. Denn je umfangreicher ein Geschöpf ist, desto kleiner wird im Verhältnis dazu die Kühlanlage, die Hautoberfläche. Bei jungen Elefanten reicht sie gerade noch aus, doch bei den ausgewachsenen Kolossen nicht mehr – sie müssen sich zusätzliche Kühlung verschaffen. Afrikanische Elefantenherden, die unter glühender Sonne weiden, beginnen plötzlich heftig mit ihren riesigen Ohrlappen zu wedeln. Dicht unter der Ohrenhaut liegen nämlich zahlreiche Blutgefäße, die sich während des Wedelns abwechselnd zusammenziehen und erweitern. Dadurch kühlt sich das Blut auf einer verhältnismäßig großen Fläche ab. Wird die Hitze noch quälender, dann erfrischen sich die Elefanten durch ein Brausebad. Sie haben im Rachen einen Vorratsbeutel, der beim Trinken regelmäßig mit Wasser gefüllt wird. Dies saugen sie notfalls mit dem Rüssel heraus und verspritzen es über Kopf und Schultern.

Ob der Mensch schwitzt, der Hund hechelt, der Elefant wedelt – der Zweck ist immer der gleiche.

Warum fliegen die Schwalben vor Schlechtwetter tief?

Man sagt: Wenn die Schwalben tief fliegen, kommt Regen. Doch das stimmt nur teilweise. Auch bei Hochflug kann Regen bevorstehen.

Nicht die Schwalben selbst spüren den Wetterumschlag voraus. Ihre Flughöhe ist eine Magenfrage! Sie segeln stets dort, wo die meisten Insekten fliegen. Denn Schwalben können ihre Beute nicht am Boden ergreifen, sondern nur im Flug. Nun besteht ihre Nahrung vorwiegend aus Mücken — und diese sind es, die gewisse Veränderungen in der Luft vor einem kommenden Regen vorausfühlen.

Wir Menschen kennen meist nur solche Mücken, die uns stechen. Das sind aber geradezu seltene Tiere gegenüber den gewaltigen Scharen anderer, etwa der Zuckmücken. In lockeren Haufen oder in dichten Wolken tanzen sie bei ihren Hochzeitsflügen auf und nieder, und zwar meist an Gewässern oder über Bäumen, weil nämlich bei heißem Wetter dort viel Wasserdampf emporsteigt. Ihm folgen die Mücken, denn sie vertragen keine Trockenheit. Und deshalb fliegen dann auch die hungrigen Schwalben hoch.

Naht nun eine Schlechtwetterfront, so gerät in höheren Lagen die Luft in Bewegung. Solchen Strömungen können die zart gebauten Mücken nicht standhalten. Sie verziehen sich nach unten, in den Windschatten von Bäumen, Hecken und Hügeln. Und ihnen folgen natürlich wieder die Schwalben. Werden die Winde stärker, dann verkriechen sich alle Mücken. Nun jagen die Schwalben nach den robusteren Fliegen, Motten und ähnlichem Kleinzeug, das sowieso immer in Bodennähe fliegt.

Also könnte die Bauernregel *doch* stimmen! Fragt man jedoch einen Meteorologen, dann hört man, daß der Wechsel von Sonnenschein zu Regen von vielerlei Ursachen abhängt — nicht nur von Windbewegungen, sondern auch von Stau, Föhn, Dampfdruck, Kondensation usw. Daher kann es auch einmal regnen, wenn die Schwalben hoch fliegen; und es kann sein, daß es nicht regnet, obwohl sie tief fliegen.

Warum bleibt die Spinne nicht in ihrem eigenen Netz hängen?

Insekten, die wesentlich kräftiger sind als die Spinnen – etwa Heuschrecken und Wespen –, verfangen sich in deren Netzen oder bleiben an den Leimfäden hilflos kleben. Doch die Spinne selbst, mag sie noch so hastig, so scheinbar unvorsichtig in dem tükkischen Gewebe herumturnen, verstrickt sich darin niemals.

In erster Linie liegt das an der Bauart ihrer Füße. Spinnen tragen an allen acht Fußspitzen je drei einwärts gekrümmte bewegliche Krallen mit eng gekerbten Kämmen an den Innenkanten. Jeweils die mittlere, etwas flachere Kralle dient beim Laufen als Greifer: Durch einen ihrer Kammzähne läuft der Faden, den die Spinne so eng gegen den Fuß drückt, daß sie daran Halt findet. Doch dies genügt noch nicht. Der Faden könnte sich in der engen Kerbe leicht verklemmen, und die Spinne würde ihn dann gewaltsam zerreißen. Darum stehen dicht vor den Krallen einige starke gezähnte Borsten, die automatisch mit dem Faden in die Kerbe geklemmt werden. Sie wirken sozusagen als »Auswerfer«! Sie federn nämlich zurück, sobald die Spinne ihre Klaue öffnet, und schleudern so den Faden aus dem Kamm.

Die 8 Augen der Netzspinne taugen nicht viel. Doch ihr hochentwickelter Tastsinn und die 24 Kämme an den Beinen ermöglichen es ihr, sich in ihrem Netz so sicher zu bewegen, daß die Fäden niemals zerreißen. Dazu genügen sogar allein die vier Mittelklauen der beiden hinteren Bein-

paare; alle übrigen werden nur beim Spinnen oder Ausbessern des Netzes gebraucht. Spinnen, die ihre Fangfäden mit Leim bestreichen, müssen sich davor zusätzlich schützen. In den bekannten Geweben der Kreuzspinne liegen die Leimfäden in engen Spiralen nur im Kern des Netzes. Die Netzteile weiter außen, die Randfäden und auch die zahlreichen zur Mitte laufenden Speichenfäden sind immer frei von Leim. Nur

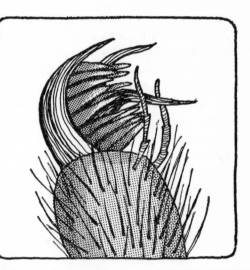

Während die Spinne alle Tücken ihres Netzes genau kennt und sich gefahrlos darauf bewegt, erschrickt jedes Insekt, das sich darin verstrickt. Es tut dann genau das, was beim Bau des Netzes mit eingeplant war: Es strampelt mit den Beinen, zappelt mit den Flügeln und verstrickt oder verklebt sich dadurch immer mehr.

Spinnen sind allerdings immer nur ihren arteigenen Netzen so genau angepaßt. Im Netz einer fremden Art bewegen sie sich ungeschickt und können von der Besitzerin leicht überwältigt werden. So etwas kommt in freier Natur aber kaum vor. Finden wir in den Fäden trotzdem die Haut einer ausgesaugten Spinne, dann stammt sie von einem unvorsichtigen Hochzeiter. Er kam, als seine Freundin gerade heftigen Hunger verspürte.

auf diesen aber, und niemals auf dem klebrigen Gespinst, bewegt sich die Spinne! Überwältigt sie allerdings eine dort haftende Beute, läßt sich das Berühren der Leimtröpfchen nicht vermeiden. Deshalb tragen die Beine eine Ölschicht, die das Festkleben verhindert. Pinselt man das Öl mit lösenden Flüssigkeiten ab und setzt dann die Spinne auf ihre Fangfäden, so bleibt sie, genau wie ihre Beute, daran haften.

Warum verdurstet das Kamel in der Wüste nicht?

Selbstverständlich kann auch ein Kamel verdursten, nur nicht so rasch wie manches andere Tier. Dies voraus.

Es gibt, abgesehen von den höckerlosen Lamas in Südamerika, zweierlei Kamele: das einhöckerige afrikanische Dromedar und das zweihöckerige asiatische Trampeltier. Seit Jahrtausenden sind das die anspruchslosesten und ausdauerndsten Reit- und Tragtiere aller Völker in den riesigen Wüsten und Steppen von der Sahara bis zur Mongolei, und noch vor drei Jahrzehnten schätzte man ihre Zahl auf über sechs Millionen. Heute werden sie durch Kraftfahrzeuge immer mehr verdrängt.

Ein hochbeiniges Reitdromedar trabt, mit Ausnahme der Mittagsstunden, vier Tage lang vom frühen Morgen bis in die späte Nacht in stets gleichbleibendem Tempo und legt dabei bis zu 600 Kilometer zurück. Das Pferd dagegen läuft anfangs wohl rascher, ermüdet aber schnell. Ein schweres Lastkamel schleppt täglich 200 bis 400 Kilogramm 50 bis 80 Kilometer weit, und das sechs Tage lang. Dann erst braucht es einen Tag Erholung und gar erst nach einem Monat eine Woche Ruhe auf nahrhaften Weiden. Hier füllt es nun seine Höcker mit bis zu 30 Kilogramm Speck wieder auf, nicht, wie viele glauben, mit Wasser. Dieses Fett ist neuer Notproviant!

Während der Reise leben diese großen Tiere äußerst genügsam. Neben den spärlichen, oft dornigen oder scharfkantigen Wüstenpflanzen, die sie sich selbst suchen, erhalten sie täglich nur einige Hände voll Datteln oder Getreide. Unter Umständen fressen sie sogar alte Strohmatten oder zerschlissene Körbe. Allerdings schwinden dann die Höcker zusehends.

Ähnlich sparsam verfahren sie mit dem Wasser, das sie, wie alle Tiere, keineswegs wochenlang entbehren können. Fehlt es dennoch lange, dann bringt die Rettung meist die Nacht: Mögen die Tage noch so glühendheiß sein – nachts kühlt die Luft regelmäßig so stark ab, daß sich Tau bildet, und zwar oft derart reichlich, daß er von den Karawanen auf großen Leinwandbahnen als Vorrat gesammelt wird. Wenn dann frühmorgens die Herden äsen, sind die Wüstenpflanzen naß, und die Kamele stillen daran – wie alle Wüstentiere – ihren Durst. So brauchen sie nur scheinbar monatelang kein Trinkwasser.

In einer pflanzenlosen Wüste kann das Kamel höchstens fünf Tage lang völlig dursten. Doch dann muß es unbedingt Wasser trinken. Nun säuft es, falls vorhanden, eine volle Badewanne leer! Kamele haben übrigens eine äußerst feine Witterung für verborgene Wasserstellen. Es kommt vor, daß sich verdurstende Beduinen am Bauch ihres Dromedars festbinden und das Tier nach seinem Willen laufen lassen. Es rennt dann viele Kilometer weit direkt zu einer versteckten, sandüberwehten Grundwasserstelle.

Verdurstende Reisende sollen sich angeblich gerettet haben, indem sie ein Kamel schlachteten und das Wasser seines Magensacks tranken. Das ist ein Märchen! Kamele haben keine Wassersäcke im Bauch, nur einige wasserführende Zellschichten in den Magenwänden und sehr viel Feuchtigkeit in dem Nahrungsbrei, den sie verdauen. Diese Brühe, die entsetzlich stinkt, kann niemand trinken.

Das Kamel ist gewiß ein Durstkünstler, aber zwischendurch muß es immer wieder – und nicht zu knapp – Wasser saufen. Es gibt aber auf der Erde Tiere, die zeitlebens keinen Tropfen Wasser trinken; die sich sogar angewidert abwenden, wenn man es ihnen »unter die Nase« hält. So etwa die Bücherlaus, die in Opas Bibliothek Schillers Werke fleißig nach winzigen Pilzen – ihrer Nahrung – durchstöbert. Die Luftfeuchtigkeit genügt ihr, den Durst zu stillen. Zudem mißt dieses Tier ja nur zwei Millimeter.

Ähnlich winzig ist der Holzwurm, oft »Totenuhr« genannt, dessen Larven in Omas Barocktruhe oder in holzgeschnitzten Heiligenfiguren eifrig Gänge bohren. In ihrer Nahrung, dem staubtrockenen Holzmehl, findet sich keine Spur von Feuchtigkeit, und auch das bißchen Luft in ihren millimeterengen Gängen wird ziemlich trocken sein. Sie leben also tatsächlich ohne jede Spur von Wasser.

Warum singen die Vögel?

Betrachten wir als Beispiel den Star, den jeder kennt: Er steht auf dem Nistkasten, in dem sein Weibchen brütet, dreht den Kopf heftig hin und her, reißt den Schnabel auf und singt, gurgelt, schnalzt, schnattert drauf los und schlägt mit den Schwingen den Takt dazu. Das sieht und hört sich so fröhlich an, daß man an einen Kavalier denkt, der seiner Liebsten ein Ständchen bringt. Gewiß singt dieser Vogel aus Lust am Leben und um sein Weibchen zu erfreuen.

»Stimmt nicht!« sagen die Vogelforscher. Das Vogellied hat einen ganz anderen Zweck: Es ist eine scharfgeschliffene Waffe, womit das Männchen sein Brutrevier verteidigt und jeden Eindringling seiner Art deutlich warnt. Es will ja auch keinesfalls etwa der Pirol durch seinen Gesang ein Weibchen anlocken. Denn ahmt man seine Töne nach, so kommt durchaus nicht *sie* herbeigeflogen, sondern sehr rasch *er*, um nämlich den vermeintlichen Artgenossen zu vertreiben.

Das klingt einleuchtend. Jedes Brutpaar benötigt ja zur Aufzucht seiner Jungen eine bestimmte Futtermenge und kann deshalb den dazu erforderlichen Lebensraum nicht mit einem zweiten Brutpaar der gleichen Art teilen, ohne die eigene Brut zu gefährden. Der Umfang des jeweilig notwendigen Reviers hängt bei den einzelnen Vögeln von ihrer Größe, der Zahl ihrer Nachkommen und ihrer speziellen Nahrung ab. Beispielsweise braucht ein Lerchenpärchen für sich und seine Brut ein Feld oder eine Wiese von mindestens 200 Meter im Geviert.

Ja, aber warum singen viele Stubenvögel in ihren engen Käfigen oft so unermüdlich, obwohl doch kein Weibchen vorhanden, kein Brutrevier zu verteidigen ist? Und warum singen manche Wildvögel, etwa das Rotkehlchen, an sonnigen Tagen am Waldrand oft mitten im Winter? Der Kreuzschnabel läßt seinen Gesang auf den Fichtenwipfeln zur Weihnachtszeit vernehmen. Zwar brütet dann mitunter noch sein Weibchen, aber singen dürfte er dennoch nicht, da diese Vögel kein Revier zu verteidigen haben. Sie nähren sich von Fichtensamen, und in den Wäldern hängen so viele Zapfen, daß kein Kreuzschnabel jemals hungern muß.

Die Erklärung, daß eben der Instinkt alle männlichen Vögel zwinge, zu bestimmten Zeiten zu singen, befriedigt nicht. Erstens singen manche Singvögel in Gefangenschaft niemals, zweitens hätte dann das Vogellied jeden tieferen Sinn verloren. Es muß aber einen haben, denn in der Natur geschieht nichts ohne Zweck. Aber die Forschung ist hier noch nicht am Ende. Vielleicht ist dieser Gesang doch die instinktive Sehnsucht nach einem Partner oder auch der Wettbewerb mit einem Artgenossen. Hat etwa ein Vogelzüchter in seinen Gehegen lauter faule Sänger, die kaum den Schnabel aufmachen wollen, dann setzt er ihnen einen guten Sänger hinzu. In kurzer Zeit schmettert der ganze Verein lauthals seine Lieder.

Warum schließen sich die Blüten abends?

Nun, die Pflanzen werden müde sein und nachts schlafen wollen wie andere Geschöpfe auch.

Diese Antwort liegt nahe. Doch sind gerade die einfachsten Fragen oft die verzwicktesten. So auch hier.

Viele Blumen schließen sich auch während des Tages, nämlich bevor es zu regnen anfängt. Einige verhüllen sich sogar, wenn eine Wolke vorübergehend die Sonne verdunkelt. Das sind jene, bei denen die Nektarquellen für die kurzrüßligen Fliegen und auch die Staubfäden mit dem Blütenstaub offen liegen. Beiden aber ist Nässe schädlich. Solche Blumen müssen ihre Pollenkörnchen trocken halten und verhindern, daß ihr Nektar durch Wasser verpanscht wird. Darum verhüllen sie ihre Blüte, noch ehe der Regen beginnt. Bei Blumen, deren Glocken abwärts hängen oder seitwärts stehen und auch bei solchen mit tiefen Kelchröhren ist das nicht notwendig. Abends allerdings schließen sich auch viele von ihnen, weil sonst Nachttau, Nebel und Kälte tief eindringen und empfindliche Blütenteile gefährden könnten.

Manchmal geschieht jedoch auch das Entgegengesetzte: Der allbekannte Löwenzahn öffnet sich frühmorgens und verbleibt so den ganzen Tag, wenn das Wetter trüb, der Himmel bedeckt ist. Bei starkem Sonnenschein hingegen schließt er sich bereits am frühen Nachmittag. Seine Blüten scheinen also gegen Hitze empfindlich zu sein.

Die indische Lotosblume öffnet sich überhaupt nur nachts und bleibt tagsüber geschlossen. Die Nachtkerze blüht zwar tagsüber, entfaltet aber ihre Knospe erstmals nur in später Dämmerung, und zwar meist innerhalb von 30 Sekunden. Sie bleibt dann Tag und Nacht geöffnet und verströmt ihre stärksten Düfte im Dunkeln, denn ihre Besucher sind ausschließlich nachts fliegende Schwärmer. Ebenso verhalten sich die Blüten des Geißbartes, der weißen Narzisse und der Riemenzunge. Ihr Duft ist für uns nicht sehr angenehm, er gleicht dem des Ziegenbocks. Vermutlich lockt die Pflanze damit nächtlich fliegende Motten an.

So sind die »Geschäftszeiten« der Blumen nicht nur vom Wetter, sondern auch sehr von den Gewohnheiten ihrer Besucher abhängig.

Wir wissen sogar, wie das Krümmen der Blumen- und Kelchblätter zustande kommt. Nahe am Blattgrund liegen sich Zellschichten verschiedener Größe und mit unterschiedlich dicken Wänden gegenüber. Sie wirken als mechanische Gelenke. Durch zunehmende Wärme, morgens also, steigt der Druck des Zellsaftes in den größeren Zellen der Blattoberseite stärker an als in den kleineren der entgegengesetzten Seite. So dehnen sich die größeren stärker aus und krümmen dadurch das Blatt nach außen. Zieht sich bei Abkühlung der Zellinhalt wieder zusammen, dann krümmt sich das Blatt einwärts.

Warum gibt es Albinos?

Ein Mensch, der von Jugend an weiße Haare, eine blasse Hautfarbe und Augen mit rötlicher oder bläulicher Iris hat, ist ein »Albino«, ein Weißling. Auch bei Tieren kommen solche Abweichungen von der natürlichen Färbung vor: der weiße Rabe etwa, oder umgekehrt das schwarze Schaf, ein »Melano«, ein Schwärzling.

Albinismus kann nur bei Geschöpfen auftreten, in deren Haut, Schuppen, Haaren oder Federn normalerweise arteigene Farbstoffe eingelagert sind. Die Ursache von Albinismus ist stets eine Veränderung jener Erbfaktoren, welche die Färbung hervorrufen. Das geschieht sprunghaft, spontan durch irgendwelche Reize, die auf die Keimzelle einwirken. Aus Experimenten wissen wir, daß dazu radioaktive Strahlen und extreme Hitze oder Kälte zählen. Solche Abweichungen (»Mutationen«) können dann vererbt werden, allerdings nur, wenn *beide* Elternteile den Erbfaktor der Nichtfärbung besitzen. Sie brauchen durchaus nicht selbst Albinos zu sein; es genügt, wenn in den vorhergegangenen Generationen jeweils ein Ahne diese Eigenschaft besessen hat. Trotzdem kommt unter wildlebenden Tieren ein solches Zusammentreffen äußerst selten vor; und wenn, dann wird der sehr auffallende junge Albino entweder bereits von den Eltern oder von natürlichen Feinden frühzeitig ausgemerzt.

Bei Haustieren allerdings – Katzen, Meerschweinchen, Kaninchen und anderen – wer-

den Weißlinge häufig absichtlich gezüchtet und hoch geschätzt. Keine Albinos sind dagegen jene Arten, bei denen alle Tiere regelmäßig Weiß tragen, etwa die weißen Wale oder die Höckerschwäne. Hier gibt es als Ausnahmen nur Schwärzlinge.

Warum verändert das Chamäleon seine Farbe?

Nicht nur das Chamäleon kann sich verfärben. Wir finden diese Fähigkeit auch bei Tintenfischen, Schollen, Rochen, Krebsen und einigen Lurchen. Nur zeigt sie sich am auffallendsten eben bei den Chamäleons, jenen überhaupt sehr seltsamen Schuppenkriechtieren Afrikas. Sie können prächtiger nach allen Seiten schielen als irgendein anderes Geschöpf; sie haben fabelhafte Schleuderzungen, die oft die halbe Körperlänge übertreffen; an ihren Füßen sind die Zehen so miteinander verwachsen, daß sie wie Zangenbacken die Zweige der Bäume umkrallen können; sie leben auf Bäumen und bewegen sich wippend im Zeitlupentempo, ähnlich wie Faultiere. Von den 90 Chamäleonarten erreichen einige einen halben Meter Länge, andere nur knapp vier Zentimeter. Und so unterschiedlich wie ihre Gestalten sind auch Farben und Farbwechsel der einzelnen Arten. Normalerweise färben sie sich im Laub grün, am Boden bräunlich oder grau. Bei starker Erregung oder wenn sich Licht oder Wärme ändern, kann auch das Umgekehrte eintreten. Dazu kommen bei manchen Arten noch weiße, himmelblaue und schwarze Streifen, gelbe Punkte oder rote Flecken, die sich oft rasch wieder verfärben. Ein gereiztes Chamäleon kann sich buchstäblich schwarzärgern! Die Zellen der Chamäleonhaut enthalten die Grundfarbstoffe getrennt, jeweils in zahllosen mikroskopisch kleinen Klümpchen. In diesem Zustand sind sie unsichtbar, weil nicht der Oberhaut anliegend. Ausgelöst durch nervöse Reize verteilen sich Körnchen bestimmter Farben strahlenförmig an den Zellenoberseiten, während alle anderen sich am Grunde der Zellen zusammenballen. Sitzt das Tier im Laub, ist seine Hautfarbe vorwiegend grün; klettert es zu Boden, wird es braun, weil sich nun die grünen Körnchen am Zellgrund zusammenballen und braune sich an der Oberfläche ausbreiten. So entsteht und verschwindet die jeweilige Färbung, häufig noch verstärkt durch unterschiedliche Lichtbrechungen in den Oberhautzellen. Wahrgenommen werden die auslösenden Reize von den Augen der Tiere – ein blindes Chamäleon ändert seine Farbe nie.

Außer der Tarnung – der Anpassung an den jeweiligen Untergrund – wird der Farbwechsel oft auch zur Abschreckung verwendet. Chamäleons sind völlig wehrlos und fluchtunfähig. Ein vom Feind gesehenes Chamäleon ist, wie man sagt, ein totes Chamäleon. Darum bleibt ihm bei Gefahr nur ein Bluff: Es bläht sich auf, stellt seine Lappen und Hörner hoch und erstrahlt in grellen Farben, die rasch wechseln. Angreifern, die den Trick noch nicht kennen, kommt dies unheimlich vor, und sie ziehen ab.

Die Männchen verwenden ihr Farbenspiel aber auch zur Paarungszeit. Da glüht ihr Körper in rasch wechselnden, geradezu huschenden Farben – ein prachtvoller Anblick, besonders für die Weibchen.

Warum duften die Blumen?

Jede Blüte ist ein Meisterstück der Werbekunst, und alles, was sie hat, setzt sie dafür ein. Ihre Gestalt, die auffallenden Farben und vor allem die starken Düfte, die sie verströmt, dienen nur einem Zweck: Besucher anzulocken, nämlich Insekten. Kommen sie, dann setzt sofort der Dienst am Kunden ein: Jeder Gast darf gratis süßen Nektar schlürfen, soviel er will. Die Duftstoffe und die Getränke müssen während der wochenlangen Blütezeit dauernd von den Pflanzen erzeugt und angeboten werden. Immerhin, dieser Luxus ist lebensnotwendig, weil nur so die Vermehrung der Pflanzen garantiert wird.

Ursprünglich, als es noch keine Insekten gab, übernahm den Transport des Blütenstaubs der Wind. Bei Nadelhölzern und anderen »Windblütlern« geschieht das heute noch. Allerdings werden dabei ungeheure Pollenmengen sinnlos verstreut, und nur durch Zufall gelingt die erstrebte Bestäubung. Vor rund 100 Millionen Jahren mögen sich dann die ersten Käfer von Blütenstaub ernährt haben. Stäubchen, die dabei an ihren Köpfen haftenblieben, wurden so – immer noch zufällig – zu gleichartigen Blumen verschleppt.

Erst als Fliegen, Bienen und Falter auftauchten und die Blüten Nektar ausschieden, begann ein gezielter Transport von Blüte zu Blüte der gleichen Art. Wenn ein Insekt etwa in einer Löwenzahnblüte Nektar vorfindet, fliegt es anschließend sofort zum nächsten Löwenzahn. Heute haben sich Blütenpflanzen und höhere Insekten so sehr voneinander abhängig gemacht, daß sie nur mehr miteinander lebensfähig sind.

Alle Blütendüfte bestehen aus flüchtigen, sogenannten ätherischen Ölen, die im Gegensatz zu fetten Ölen an der Luft restlos verdunsten. Sie entstehen im Innern der zarthäutigen Blumenblätter in besonderen Ölzellen oder in Drüsenhaaren an der Blattoberfläche. Schon geringste Spuren solcher Öle werden weithin deutlich riechbar. 6 Kilogramm Rosenblütenblätter enthalten 1 Gramm Rosenöl, 25 000 Jasminblüten (= 2,5 Kilogramm) 1 Gramm Jasminöl. Da jede duftende Pflanzenart ihren eigenen Geruch erzeugt, geht die Zahl der ätherischen Öle in die Tausende. Unsere Nase kann sie nicht in jedem Fall auseinanderhalten, wohl aber können das die Fühler vieler Insekten. Manche von ihnen besitzen an die 100 000 Riechkegel und Riechplatten!

Die Blüten passen sich den Lebensgewohnheiten ihrer Gäste genau an. So der Geißbart, der wegen seines tief verborgenen Nektars fast nur von langrüßligen Nachtschwärmern besucht wird: Tagsüber duften diese Blüten nur schwach, zwischen 18 und 24 Uhr dagegen sehr stark. Manche Pflanzen, zum Beispiel der Aronstab und viele Doldenblütler, locken mit Düften, die wir Menschen als stinkend empfinden. Der Diptam der trockenen Bergwälder, eine unserer schönsten, ziemlich seltenen Wildpflanzen mit oft meterhohen Stengeln, umhüllt sich bei Sonnenschein und Windstille mit einer Wolke starken Wohlgeruchs. Sie kann so dicht werden, daß die flüchtigen Öle wie Spiritus aufflammen und verbrennen, wenn man sie anzündet. Zum Anlokken von Insekten bedarf es einer solch enormen Dunstglocke gewiß nicht. Vielleicht dient sie der Pflanze als Schutzmittel gegen sengende Hitze oder als Abschreckung gegen Weidetiere.

Warum ist das Gras grün?

Es grünt bei uns auf der Erde so viel, daß wir an diesem Farbstoff nichts Außergewöhnliches finden können. Doch würden wir mächtig staunen, entdeckten wir – was durchaus denkbar ist – auf anderen Planeten Gewächse, die mit Hilfe eines roten, gelben oder blauen Farbstoffes aus einer anders zusammengefügten Luft- oder besser gesagt Gashülle Totes in Leben verwandeln. Genau dies schafft ja das Chlorophyll, das Blattgrün unserer Gräser und Blätter. Und so ist es zweifellos der wertvollste Stoff, den unsere Erde besitzt. Aus dem Kohlenoxyd der Luft, aus Wasser und Bodensalzen schafft es Stärke, Zucker und Eiweißstoffe. Davon leben die Pflanzen und mit ihnen, durch sie, alle Menschen und Tiere. Die notwendige Energie für diese chemischen Umwandlungen liefern die Sonnenstrahlen.

Die Zellen dicht unter der Haut aller Gräser und Blätter sind mit Blattgrünkörnchen dicht gefüllt. Sie geben der Pflanzenwelt ihre grüne Farbe. Ihr Anteil am Gesamtgewicht der Pflanze beträgt bei Gras 2 Prozent, bei Kräutern wie Brennesseln 5 Prozent. Das ist nicht wenig! Trägt doch eine ausgewachsene Fichte 15 Millionen Nadelblätter, wovon jedes 0,065 Gramm wiegt. So hat der Baum 100 Kilogramm Nadeln, die etwa 3 Kilo Blattgrün enthalten. Milliarden Bäume bedecken die Länder. Dazu kommen unzählbare Sträucher, Stauden, Kräuter, Blumen und Gräser, aber auch die Pflanzen, die wir auf Äckern und Feldern anbauen, sowie die riesigen Mengen von Tang und Algen in den Weltmeeren. Von all diesen Gewächsen werden jährlich Millionen Tonnen Blattgrün erzeugt.

Je mehr Licht und Wärme den Blattfarbstoff erreicht, desto mehr Kohlendioxyd wird verwandelt. Tatsächlich gedeihen etwa die Krautköpfe in der Nähe von Hochöfen kräftiger als anderswo, weil eben dort die Luft stärker mit Kohlendioxyd angereichert ist. So entgiftet Blattgrün nebenbei auch die von Abgasen übersättigte Luft der Großstädte und Autobahnen.

Warum fressen manche Pflanzen Tiere?

Es war schon immer so: Tiere müssen sich von Pflanzen nähren; entweder *nur* von ihnen oder mittelbar, indem sie weidende Tiere fressen. Irgendwo beginnt jede Nahrungskette bei der Pflanze. Denn nur sie, nicht aber das Tier, kann von Luft und Erde leben. Doch beweisen 400 Pflanzenarten (12 davon bei uns), daß auch sie sehr wohl Tiere fangen, töten und verzehren können. Sie müssen das sogar, denn fleischfressende Pflanzen wachsen vorwiegend auf Böden, die keine Nährstoffe enthalten, nämlich in Mooren, Sümpfen und Morasten oder freischwimmend im Wasser. Um dort nicht zu verhungern, formten sich ihre Blätter zu Tierfallen.

Unsere heimischen Arten sind klein und mit bescheidenen Fanggeräten ausgestattet. Der Sonnentau, eine Moorpflanze, arbeitet mit knapp pfenniggroßen, faltbaren Blättern. Sie tragen zahlreiche Drüsenhärchen, an deren Spitzen Safttropfen austreten. Dadurch werden Mücken und kleine Fliegen angelockt, die an den stark klebrigen Säften haftenbleiben. Die umliegenden Drüsenhaare neigen sich ihnen zu, das zappelnde Opfer wird von immer mehr Leimtröpfchen festgehalten. Langsam schließt sich das Blatt völlig. Jetzt beginnen die Säfte, das Fleisch der Beute zu zersetzen. Sie verwandeln es in eine Brühe, die von den Blattporen aufgesogen wird.

Eine etwas größere Art, die Venusfliegenfalle Nordamerikas, verwendet keinen Leim.

Ihre Blattrippen wirken als blitzschnell zuschnappende Scharniere. Unser wurzelloser Wasserschlauch, eine Schwimmpflanze, die in stehenden Gewässern gedeiht, hat viele pfefferkorngroße Fallen, nämlich hohle Bläschen mit einer sich nur nach innen öffnenden Klappe. Darin fangen sich winzige Krebschen, frisch ausgeschlüpfte Fischchen und ähnliche Wassertiere. Das allerdings in Massen: In den Blasen eines solchen Gewirres von etwa 2 Meter Länge hat man einmal 150 000 erbeutete Tierchen gezählt! Fallgruben bis zu 50 Zentimeter Länge bilden die Blätter der Kannenpflanzen in den tropischen Regenwäldern Asiens. Sie locken wie Blüten mit bunten Farben und Honig. Vor Regen wird die bis zu 10 Zentimeter breite Öffnung der Kanne durch einen Deckel geschützt. Ähnlich ausgestattet und bis zu 1 Meter lang sind die trompetenförmigen Fallgruben der Sarazenien in Nordamerika. Aus solchen Fallen können die Gefangenen wegen der steilen und glatten Wände nicht mehr entkommen; sie ertrinken in der zersetzenden Brühe, die den Boden bedeckt. Zu den Beutetieren, deren unverdauliche Reste sich in den Kannen oft 20 Zentimeter hoch anhäufen, zählen hier auch Mäuse und Kleinvögel! Die weitverbreitete Annahme, solche pflanzlichen Tierfallen seien nur mechanisch arbeitende Automaten, wurde schon 1875 von Darwin durch Versuche am Sonnentau widerlegt. Legt man auf das Blatt einen Holz-

oder Glassplitter, so krümmen sich ihm zwar die umstehenden Haare leicht entgegen, richten sich aber rasch wieder hoch. Das Blatt selbst faltet sich dabei überhaupt nicht. Solches »Betasten« geschieht immer, wenn der Gegenstand schwerer ist als 0,0008 Gramm; es endet aber sofort, wenn er ungenießbar ist. Diese Pflanzen müssen also ähnlich hochempfindliche Geschmacksorgane besitzen wie die Tiere.

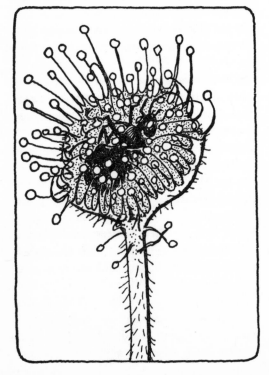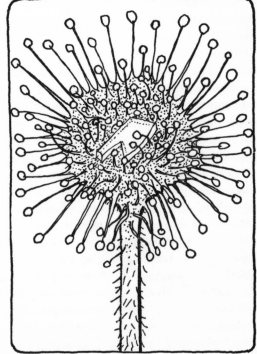

Warum müssen die Insekten aus der Haut fahren?

Die Haut, in der wir Menschen stecken, paßt sich dem zunehmenden Körperumfang an. Ihr weiches Zellgewebe wächst mit uns und erreicht je nach Größe ein Gewicht von 10 bis 15 Kilogramm. Da aber die Körperorgane an dieser Haut keinen festen Halt finden, müssen wir zusätzlich noch ein Knochengerüst mit herumschleppen. Das bleibt den Insekten erspart. Ihre starre Oberhaut dient zugleich als tragendes Skelett. Ein Vorteil immerhin, doch auch ein Nachteil: Sobald ihre Leibesfülle merklich zunimmt, müssen sie einen neuen, größeren Hautpanzer bilden und aus dem alten herausschlüpfen.

Voll erwachsene Insekten, also Käfer, Fliegen, Falter und dergleichen, häuten sich nicht mehr; denn ihr Körperumfang ändert sich nur geringfügig, und das gleichen die dehnbaren Hautfalten zwischen den Panzerringen aus. Dagegen wachsen die aus den Eiern schlüpfenden und dauernd fressenden Larven erheblich. Ihnen wird die Haut bald – und dann mehrmals – zu eng. Ebenso ergeht es den jungen Grillen und Heuschrecken, die sich ohne Puppenruhe, ohne Verwandlung also, entwickeln.

Durch den zunehmenden Druck der inneren Organe veranlaßt, stellt das Insekt zunächst die Nahrungsaufnahme eine Weile ein. Sein Umfang verringert sich jetzt ein wenig. Inzwischen bildet sich unter der alten Haut eine neue, vorerst noch weiche und teilweise gefaltete Hautschicht. Nun platzt (meist am Rücken) der starke, drückende Panzer. Das Insekt zieht zunächst seinen Kopf heraus und zwängt und schiebt dann mühsam und vorsichtig den Körper aus der alten Hülle. Dazu gehören auch die winzigen Mundteile, die zerbrechlichen Beine samt Füßen und Krallen, oft sogar Fühler und Flügelstummel – eine recht verzwickte, langwierige Angelegenheit. Die neue, sehr empfindliche Haut braucht nun einige Stunden, um sich zu strecken und auszuhärten. In dieser Zeit sind die Tiere bewegungsunfähig und ihren Feinden schutzlos preisgegeben.

Wie oft sich heranwachsende Insekten häuten müssen, hängt von der Art ab. Bei einigen Ur-Insekten geschieht es nur einmal, bei den Eintagsfliegen, deren Larvenzeit 1 bis 3 Jahre währt, bis zu zwanzigmal. Raupen häuten sich drei- bis neunmal, die Larven der Honigbienen sechsmal.

Abgeworfen wird stets nur die obere, harte Hautschicht, die oft kaum 0,02 Millimeter dick ist. Das darunter liegende Hautgewebe bleibt erhalten; es bildet jeweils den neuen Panzer.

Außer den Insekten werfen auch Spinnen und Krebse mehrmals ihre Haut ab, ebenso die Schlangen ihr Schuppenkleid.

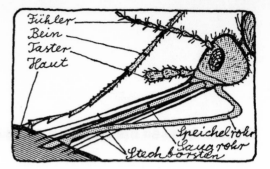

Warum stechen die Mücken?

Blutsaugende Insekten – also Flöhe, Wanzen, Läuse – stechen, weil sie Hunger haben, weil eben Blut ihre Nahrung ist. Bei den Mücken ist das anders. Die meisten Arten haben nur einen Saugrüssel und nähren sich von Blütensäften. Aber es gibt auch stechende Arten – in Deutschland 40, auf der Erde 1800. Zwar sind die Männchen dieser Stechmücken wie alle anderen Mücken Vegetarier und stechen deshalb nicht. Die Weibchen aber saugen beim Stich Blut, doch nicht zur eigenen Ernährung, sondern als zusätzliche Kraftnahrung für die Entwicklung ihrer Eier. Diese Mückenweibchen durchstoßen mit zwei Paar Stechborsten von je 3 Millimeter Länge die Haut ihres Opfers und zugleich die Zellwand eines darunter liegenden Blutgefäßes. Dabei gleiten auch das Saug- und das Speichelrohr in die Blutader. Der gesamte Apparat hat einen Durchmesser von nur 0,05 Millimeter; er ist so fein, daß wir den Einstich gar nicht spüren. Was uns nachher brennt, ist der Saft, der aus der Speicheldrüse in die Wunde fließt. Er verhindert das Gerinnen des Blutes in der engen Saugröhre.

Wird die Mücke beim Saugen nicht gestört, dann schwillt ihr Leib um das Dreifache an. Fliegt sie dann ab, so taumelt sie zu Boden, weil ihre Flügel die Last nicht mehr tragen. Und mit diesem Blutvorrat entwickelt die Mücke etwa 400 Eier, denen in wenigen Wochen ebenso viele junge Stechmücken entschlüpfen.

Stechmücken wären eine zwar sehr lästige, doch eigentlich harmlose Plage, gäbe es darunter nicht einige Dutzend Arten, die furchtbare Seuchen übertragen. Die Mücke selbst erkrankt dabei nicht, sie ist nur der zufällige Transporteur für tödliche Bakterien. Hier nur ein Beispiel: Die in warmen Ländern weitverbreitete Malaria wird von Urtierchen hervorgerufen, sogenannten Protozoën; sie sind nur wenige Tausendstel Millimeter groß, vermehren sich rasch in unserem Blut und zerfressen die roten Blutkörperchen. Das führt zu heftigen Fieberanfällen und oft zum Tod. Stechmücken nun, die das Blut eines Erkrankten einsaugen, entnehmen dabei auch die darin enthaltenen Krankheitserreger. Beim nächsten Stich der Mücke gelangen sie in die Blutbahn eines anderen Menschen, der daraufhin ebenfalls an Malaria erkrankt.

Solche Stechmückenarten waren immer schon und sind noch heute die gefährlichsten Tiere der Erde. Noch jetzt erkranken in feuchtwarmen Ländern alljährlich Millionen Menschen allein an Malaria. Drei Arten dieser lebensbedrohenden Malariamücken sind übrigens auch bei uns häufig vertreten, vor allem an Gewässern und in feuchten Wäldern. Da aber hierzulande die Krankheitserreger fehlen und somit auch nicht übertragen werden können, bleiben die Stiche dieser Mücken so harmlos wie die aller anderen heimischen Arten.

Warum fallen im Herbst die Blätter?

Doch wohl, weil sie dürr und welk geworden sind?

Daß dies nicht immer stimmt, beweisen die Buchen und Eichen, die ihre welken Blätter meist bis ins Frühjahr hinein tragen. Andererseits werfen die Eschen oft ihre noch saftig grünen Blätter ab, lange ehe sie verwelkt sind. Wann und wie die Blätter fallen, ist also unwichtig; *daß* sie aber – früher oder später – fallen müssen, ist für den Fortbestand der Bäume lebensnotwendig.

Im Sommer brauchen die Blätter, um aus der Luft Nährstoffe aufbauen zu können, Wasser. Viel Wasser! Die Blattzellen entnehmen ihm alle für sie notwendigen Salze und verdunsten das überschüssige Wasser durch ihre Poren – 400 Liter täglich bei Birken, noch weit mehr bei den Buchen. Jeder Baum besitzt ein weitverzweigtes System zahlloser Röhrchen, die das Wasser von den Wurzeln bis hinauf zum höchsten Blatt – und zu jedem einzelnen Blatt – hochsaugen. Dieses Saftsteigen in den Stämmen endet, wenn im Winter das Grundwasser gefriert. Könnte nun die in den Zellen vorhandene Feuchtigkeit verdunsten, müßte der Baum austrocknen. Das geschieht unfehlbar, wenn die Wasserleitungen zu den Blättern oder auch zu den Stielansätzen offen bleiben. Die Röhrchen müssen also abgedichtet werden! Vorher aber wandern die in den Blättern vorhandenen Nährstoffe in die Wachstumsschichten des Holzes. Dann erst bildet sich dort, wo der Blattstiel dem Zweig entspringt, eine Schicht von Korkzellen und eine Bruchnaht, die früher oder später mürbe wird. Den Rest besorgt der Wind. Die Blätter fallen! Aber selbst wenn sie noch verbleiben, sind nun doch alle Leitungsöffnungen so gut verkorkt, daß kein Tröpfchen Wasser verdunsten kann.

Nadelhölzer und andere immergrüne Pflanzen werfen ihre Blätter im Winter nicht ab. Die Nadeln sind frostsicher gestaltet und mit Wachs- oder Harzschichten überzogen, die das Verdunsten unterbinden.

Physik um uns

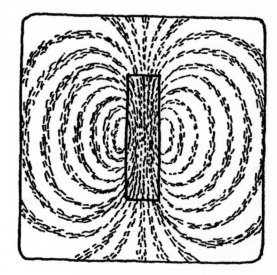

Warum schwimmt Eis?

Das ist in der Tat etwas sehr Seltsames. Nur weil wir es so gewohnt sind, wundern wir uns nicht darüber. Jedoch: Bei allen anderen Stoffen – bei den Metallen, bei Butter, bei Schokolade, bei Teer und Pech usw. – sinken während des Schmelzvorganges die noch festen Brocken im Flüssigen unter; nur beim Wasser schwimmt das Feste, eben das Eis, obenauf. Das liegt natürlich daran, daß Eis leichter ist als Wasser, wogegen bei allen anderen Stoffen das Feste schwerer ist als das Flüssige. Aber *warum* ist das beim Wasser so?

Nun, Wasser ist – neben den Metallen Wismut und Gallium – der einzige Stoff, der sich beim Erstarren nicht zusammenzieht, sondern ausdehnt. Im Eis ist die Materie sozusagen lockerer gepackt, sind die Moleküle weiter auseinandergerückt als im Wasser. Somit ist Eis leichter als Wasser. Was aber leichter ist, das schwimmt.

Diese Ausdehnung des Wassers beim Gefrieren macht sogar ziemlich viel aus: 9,1 Prozent. Aus 1000 ccm Wasser werden 1091 ccm Eis. Damit wird auch klar, warum eine wassergefüllte verschlossene Flasche platzt, wenn man sie in den Frost hinausstellt, und warum zu Hause das Wasserrohr reißt, wenn das Wasser darin gefriert. Wo sollen denn die 91 Mehr-Kubikzentimeter pro Liter hin? (Siehe hierzu auch das Kapitel »Warum kann man auf Eis Schlittschuh laufen?«)

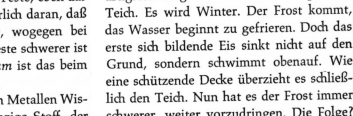

Das Schwimmen des leichteren Eises auf dem schwereren Wasser, dieser Seitensprung der Natur sozusagen, hat die großartigsten Folgen. Da ist zum Beispiel ein Teich. Es wird Winter. Der Frost kommt, das Wasser beginnt zu gefrieren. Doch das erste sich bildende Eis sinkt nicht auf den Grund, sondern schwimmt obenauf. Wie eine schützende Decke überzieht es schließlich den Teich. Nun hat es der Frost immer schwerer, weiter vorzudringen. Die Folge? Oben ist alles fest, und wir können Schlittschuh fahren; unten aber geht das Leben im flüssigen Wasser weiter. Wohl kann die Dicke der Eisschicht bei anhaltendem Frost zunehmen, aber bis zum Grund wächst sie doch nur sehr, sehr selten und nur bei sehr flachen Gewässern. Wäre es anders, würde also das Eis zum Boden sinken – das Leben wäre bald erdrückt. Die ungehindert eindringende Kälte würde auch tiefere Seen bis zum Grunde erstarren lassen und alles Getier vernichten.

Und dann im Frühjahr: Wenn die Sonne wieder an Kraft gewinnt, vermag sie die ihr zugewandte schwimmende Eisschicht rasch abzuschmelzen und das Gewässer wieder zu öffnen. Läge das Eis am Grunde, so würde dafür der ganze Sommer kaum ausreichen.

Warum kann man auf Eis Schlittschuh laufen?

Spontane Antwort: Weil's so glatt ist. Doch das ist gar nicht der Grund. Selbst auf sehr rauhem Eis kann man ohne weiteres Schlittschuh fahren. Außerdem: Wäre allein die Glätte maßgebend, dann müßte man auf einem Glasspiegel oder auf poliertem Metall ganz besonders gut Schlittschuh laufen können. Aber da geht es überhaupt nicht, keinen Meter käme man auf Glas und Metall voran.

Nein, der Schlittschuh rutscht auf Eis aus einem ganz anderen Grund: weil sich nämlich zwischen Eis und Kufe fortwährend eine dünne Schicht Wasser bildet, die als Schmiermittel wirkt.

Wasserbildung? Aha, wird mancher sagen, Reibungswärme!

Aber daran liegt es nicht. An dieser Wasserbildung ist eine Eigenschaft des Eises schuld, die außer den Metallen Wismut und Gallium kein anderer Stoff der Natur hat: die Eigenschaft, sich beim Schmelzen nicht auszudehnen, sondern zusammenzuziehen. (Siehe hierzu auch das vorige Kapitel.) Wenn also Eis schmilzt, so schrumpft es. Aus 1000 Kubikzentimeter Eis werden 917 Kubikzentimeter Wasser.

Jetzt der Schlittschuh! Er steht auf dem Eis, und auf der schmalen Kufe lastet das ganze Gewicht des Läufers. Das gibt an der Kufenfläche einen hohen Druck. Das Eis wird hier stark zusammengepreßt. Pressung bedeutet aber: kleineres Volumen. Und kleineres Volumen bedeutet bei Eis: Umformung in Wasser. Und da haben wir die Schmierschicht! Nicht die Reibungswärme ist also schuld an dem Schmelzvorgang unter der Kufe, sondern die reine Druckwirkung. Beweis: Auch wenn man regungslos stehenbleibt mit den Schlittschuhen und also überhaupt keine Reibungswärme entsteht, bildet sich unter den Kufen Wasser; und wenn man Zeit genug hat, wird man erleben, daß man fortlaufend – wenn auch langsam – mit den Schlittschuhen immer tiefer einsinkt. (Kleines Experiment: Lege über einen Eisblock eine Schnur und binde unten ein Gewicht an: Durch den Auflagedruck wandert die Schnur langsam durch den Block hindurch, wobei das gebildete Wasser über der Schnur natürlich gleich wieder einfriert, bis die Schnur ganz hindurch ist und das Gewicht zu Boden fällt.) Glas und Metalle dagegen werden unter Druck nicht flüssig, sondern eher *noch* fester. Deshalb kann man auf Glas und Metall nicht Schlittschuh laufen.

Übrigens, bei sehr großer Kälte kann es passieren, daß der Schlittschuhläufer nicht vorankommt. Denn das Eis ist dann so stark abgekühlt, daß der Druck der Schlittschuhkufe nicht ausreicht, eine schmierende Wasserschicht zu erzeugen.

Warum bleibt Wasser im Tonkrug auch bei Hitze kühl?

Gebrannter Ton ist porös. Er läßt immer ein bißchen von dem flüssigen Inhalt durch. Dieses Durchgedrungene verdunstet dann an der Außenfläche des Kruges. Verdunstung aber bringt Kühle. Probe: Finger naßmachen und dagegen blasen. Der Finger wird kalt! Denn für die Verwandlung einer Flüssigkeit in Dunst oder Dampf oder Gas ist immer Energie nötig, und diese Energie liefert die Umgebung, indem sie Wärme opfert. So kühlt sich auch die durchfeuchtete Tonkrugwand ab und hält dadurch den restlichen Inhalt frisch.

Das wäre die Erklärung im Groben. Doch im Feinen ist noch einiges hinzuzufügen.

Zunächst die Frage: Wieso kann die Flüssigkeit eigentlich durch den Ton hindurch? Da sind doch keine durchlaufenden Kanäle, sondern nur Poren!

Richtig. Gebrannter Ton ist ähnlich wie Schwamm oder Brot: Es sind lauter Löcher drin – kleinere natürlich als bei einem Schwamm, viel, viel kleinere. Diese winzigen Hohlräume sind jeweils in sich abgeschlossen, sind nicht miteinander durch Gänge und Kanäle verbunden. Dennoch kriecht die Flüssigkeit durch den Ton hindurch. Die Wände zwischen den Poren sind nämlich so dünn, daß die Flüssigkeit sie durchdringen kann, wenn auch nur sehr, sehr langsam. So wandert das Flüssige von Pore zu Pore, bis es schließlich außen angekommen ist und dort verdunstet.

Doch da ist noch eine andere Frage: War-

um quält sich die Flüssigkeit überhaupt durch die Wand hindurch, weshalb strebt sie nach außen, wieso bleibt sie nicht drin im Gefäß?

Nun, das liegt an den Druckverhältnissen. Durch das Gewicht der Füllung herrscht an der Innenwand ein höherer Druck als an der Außenwand. Das ergibt von außen her eine Art Sog. Und *das* ist die Kraft, welche die Flüssigkeit durch die Wand hindurchzwingt.

Die Menschen in heißen Gegenden wissen diese ganze Erscheinung wohl zu nutzen. Sie decken ihre tönernen Wasserkrüge bei Sonne nicht etwa zu, sondern lassen sie an der freien Luft. Sie wissen: Der Inhalt bleibt dann wegen der besseren Verdunstung kühler.

Daß Gefäße zum kühlen Aufbewahren von Flüssigkeiten nicht glasiert sein dürfen, ist ja wohl klar. Glasur würde die Poren an der Oberfläche schließen, würde das Gefäß mit einer dichten Haut umhüllen, und nichts vom Inhalt könnte hindurchdringen.

Warum hat der Tropfen Tropfenform?

Mit »Tropfenform« meint man gewöhnlich ein Gebilde etwa von Birnengestalt: vorn dick und rund, hinten spitz zulaufend. Diese Form hat ein Tropfen normalerweise aber gar nicht! Er hat sie nur kurz vorm Abtropfen – etwa der Wassertropfen am Hahnauslauf oder der Honigtropfen am Löffelrand oder der Stearintropfen, der von der Kerze abtropfen möchte. Doch diese Birnenform ändert sich sofort, wenn der Tropfen abgerissen ist. Dann strebt er nämlich Kugelgestalt an. Das liegt an der »Oberflächenspannung«. So bezeichnet man die Kräfte, die daher rühren, daß sich in einem Tropfen die Flüssigkeitsmoleküle gegenseitig anziehen. Infolge dieser inneren Anziehungskräfte ist ein Tropfen immer bestrebt, möglichst eng beisammenzubleiben. Es ist geradezu, als ob der Tropfen von einem unsichtbaren gespannten Häutchen umhüllt sei. Solche Umspannung führt automatisch zur Kugelform.

Sobald aber auf den Tropfen äußere Kräfte einwirken, verändert er seine Form. Fällt er zum Beispiel durch die Luft nach unten, so ergibt sich durch den Luftwiderstand eine Abplattung der Kugel. Es wird ein linsenförmiges Gebilde daraus! Von der sogenannten Tropfenform ist also bei fallenden Tropfen weit und breit nichts zu bemerken. Auch Regentropfen haben keine »Tropfenform«, sondern sind abgeplattete Kugeln. Wenn sie dem Auge strichförmig erscheinen, dann liegt das nur an der schnellen Bewegung. Und ein Tropfen, der auf einem Brett liegt, hat erst recht keine Tropfenform, sondern er ist – infolge seiner Gewichtslast – ein unten abgeplattetes Elipsoid, wenn er nicht überhaupt breitläuft, weil er zu wenig Oberflächenspannung hat (Benzin, Alkohol, Spiritus).

Wir sehen: Was man als »tropfenförmig« bezeichnet, findet sich nur an Tropfen kurz vorm Abfallen, wenn also die Masse des Tropfens schon hinuntergedrängt und nur noch das letzte Bißchen fast fadenförmig oben am Ablauf hängt. Daß man gerade diesen Zustand als »Tropfenform« benannt hat, liegt wohl daran, daß man so einen noch hängenden Tropfen am deutlichsten beobachten kann. Wer erkennt schon die Form eines *fallenden* Tropfens?

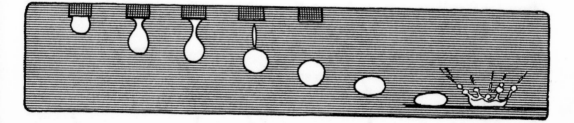

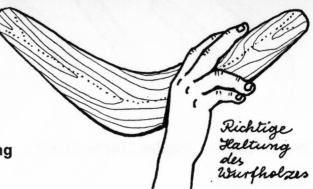

Richtige
Haltung
des
Wurfholzes

Warum kommt der Bumerang zurück?

Zunächst einmal: Der Name »Bumerang« ist nicht präzise. Er entstand aus dem australischen Wort »Woomera«, was so viel wie »Wurfbrett« bedeutet. Der Bumerang ist aber kein Brett, sondern ein längliches, in der Form an ein Krummschwert erinnerndes Holz mit einer Biegung oder einem Knick etwa in der Mitte. Die Länge liegt gewöhnlich bei etwa 60 Zentimeter, doch gibt es auch kleinere und größere Bumerangs. Ebenso ist der Winkel, den die beiden Schenkel bilden, nicht einheitlich; er schwankt äußerstenfalls zwischen 70 und 140 Grad, normal aber zwischen 90 und 120 Grad.

Doch jetzt kommen die drei Tricks beim Schnitzen einer solchen »Kehrwiederkeule«, wie man den Bumerang auch nennt. Erstens: Die Unterseite muß flach, die Oberseite gewölbt sein. Zweitens: Der eine Schenkel **muß eine Kleinigkeit länger, darf aber** nicht schwerer sein als der andere. Und drittens: Im Knickpunkt müssen die beiden Schenkel wie die Arme eines Flugzeugpropellers gegeneinander etwas verdreht, etwas verwunden sein.

Soll das Wurfholz im Flug wieder zum Werfer zurückkehren, so muß seine Dreh-ebene beim Abwerfen einen ganz bestimmten Winkel bekommen. Rotiert das Holz waagerecht oder fast waagerecht, etwa wie der Rotor eines Hubschraubers, so nimmt es seine Bahn zu stark nach der Seite; wird es senkrecht rotierend abgeworfen, in der Lage eines Windmühlenflügels, so bleibt die Flugbahn zu sehr vorwärtsgestreckt. Man muß dem Bumerang eine ziemlich steile, aber doch nicht ganz senkrechte Drehlage geben.

Was nun beginnt, ist ein recht merkwürdiges Zusammenspiel von Auftriebskräften, Schwerkraft, Luftwiderstand und Kreiselkräften. Einen Auftrieb bekommt der Bumerang durch sein flugzeugflügel-ähnliches Profil (Oberseite gewölbt, Unterseite flach). Weil das Holz aber mehr senkrecht als horizontal rotierend abschwirrt, wirkt der Auftrieb nicht nur nach oben, sondern auch nach der Seite hin, und zwar nach der Seite mit der gewölbten Fläche. Der Bumerang fliegt also einen leichten Bogen. Dabei sorgen die Kreiselkräfte – hervorgerufen durch das wirbelnde Rotieren des Holzes – für einen stabilen Flug.

Infolge des Luftwiderstandes wird aber natürlich der Flug allmählich langsamer und

Flugbahnen
von oben
gesehen
etwa 1 : 1000

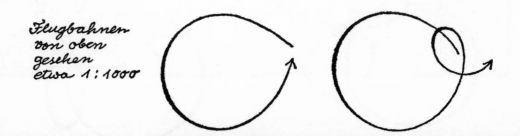

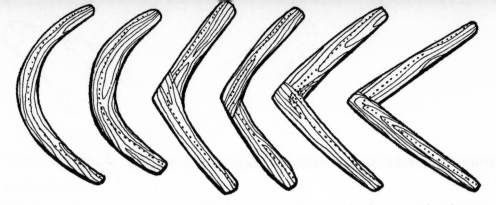

langsamer. Nun kommt ein Augenblick, wo der Auftrieb nicht mehr ausreicht, den Bumerang weiter nach oben zu tragen. Die Schwerkraft beginnt zu überwiegen und das Holz herunterzuziehen. Noch aber sind die Kreiselkräfte voll wirksam. Deshalb fällt der Bumerang nicht einfach senkrecht zu Boden, sondern er kreiselt auf kurviger Bahn abwärts, ungefähr wieder in Richtung zum Werfer. Wahrscheinlich wird er dort dann auf den Boden aufschlagen. (Geschickte Werfer können ihn mit den Händen auffangen.) Hatte der Bumerang aber zuvor eine große Höhe erreicht – das können glatt 40 bis 45 Meter sein! – und auch eine schnelle Rotation mitbekommen, so gewinnt er beim Wiederherunterschwirren erneut so viel an Geschwindigkeit, daß die Auftriebskräfte am Tragflügelprofil wieder stark zunehmen. Das bedeutet: Der Bumerang zieht nochmals hoch! Eine zweite, wenn auch kleinere, engere Kreisbahn wird durchlaufen.

Der Witz am Bumerangwerfen ist das richtige Verhältnis von Abwurfwinkel, Abwurfgeschwindigkeit und Rotation, also Drehzahl. Die Eingeborenen Australiens, die ja absolute Meister im Bumerangwerfen sind, können durch entsprechendes, natürlich rein gefühlsmäßiges Ändern dieser Größen ihren Kehrwiederkeulen die seltsamsten Flugbahnen aufzwingen. Sie betreiben das regelrecht als Sport. Zum Beispiel können sie es so einrichten, daß das Gerät sekundenlang an einem Punkt schwirrend verharrt, ehe es wieder Fahrt aufnimmt; oder sie lassen es über ihrem Kopfe kreisen und dann spiralig auf sie niedersinken; oder sie werfen es so, daß es in großer Entfernung – über 100 Meter! – knapp um einen Baum kurvt und dann zu ihnen zurückkehrt. Wen wundert es da noch, daß sie auf der Jagd sogar einen Vogel im Fluge treffen?

Übrigens haben in alten Zeiten auch andere Völker derartige Wurfhölzer benutzt, so die Ägypter, die Assyrer, die Menschen in Südindien und auch die Pueblo-Indianer. Doch kannten sie noch nicht den Kehr-Wieder-Trick. Ihre Hölzer waren auf beiden Seiten glattflächig gearbeitet. So flogen sie zwar mit hoher Geschwindigkeit, und auch die Treffsicherheit wurde durch die gekrümmte Form des Holzes verbessert. Doch wieder zurückfliegen konnten diese reinen Kampf- und Jagdhölzer nicht.

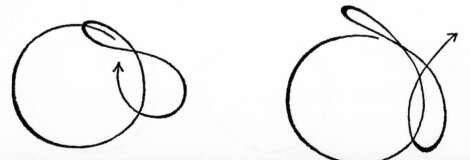

Warum kann man brennendes Öl niemals mit Wasser löschen?

Zunächst liegt die Antwort nahe: Weil Öl leichter als Wasser ist; es schwimmt somit obenauf und brennt auf der Wasserfläche fröhlich weiter. Richtig! Und das Schlimmste dabei ist, daß sich auf diese Weise die Brandfläche sogar noch vergrößert. Je mehr Wasser man spritzt, desto weiter breitet sich das Flammenmeer aus.

Aber diese Erklärung reicht noch nicht hin. Nehmen wir einmal Alkohol: Auch Alkohol ist leichter als Wasser und brennt sehr gut. Dennoch kann man brennenden Alkohol durchaus mit Wasser löschen. Denn: Das Wasser *mischt* sich mit dem Alkohol, kühlt ihn dadurch ab, verdünnt ihn auch, und schließlich ist die Mischung so kühl und so dünn geworden, daß die Flammen einschlafen. Öl dagegen mischt sich mit Wasser nicht! Es kommt also zu keiner Verdünnung und auch nicht zu ausreichender Abkühlung; die Temperatur des Öls bleibt immer über der Entflammungstemperatur.

Brennendes Öl kann man nur durch *Ersticken* löschen. Für kleinere Brände gibt es dafür Löschgeräte mit einer Trockenpulverladung, größeren Bränden geht die Feuerwehr mit Schaum zu Leibe. Beides – Schaum wie Pulver – deckt die brennende Ölfläche zu, das Öl bekommt keine Luft mehr, und da ohne den Sauerstoff der Luft nichts brennen kann, verlöscht das Feuer. Also: Hat sich in der häuslichen Bratpfanne einmal Öl oder Fett entzündet, dann kein Wasser hinein, sondern einfach einen Topfdeckel darauf, und das Feuer erlischt!

Warum hat der Wettkampfläufer Spikes?

Spikes – nagelartige Metalldornen – unter der Schuhsohle haben zunächst einmal den Zweck, dem Läufer festeren Halt bei der Vorwärtsbewegung zu geben, das heißt beim Starten, Rennen und Stoppen. Ebenso wichtig sind sie aber beim Kurvenlauf, wo sie sich den nach außen drängenden Fliehkräften entgegenstemmen. Ohne Spikes würde das Tempo in den Kurven wesentlich geringer sein. Diese Dornen sind etwas kegelförmig und am Ende sehr spitz. So dringen sie leicht in den Boden ein und ziehen sich beim Abheben des Fußes auch leicht und mit wenig Kraftverlust wieder heraus. Nur bei Golfschuhen, die dem Spieler ja speziell beim Schlagen aus dem Stand heraus festen Halt bieten sollen, gibt es abgestumpfte Dornen.

Früher hatten alle Rennschuhe im Vorderteil der Sohle sechs Spikes. Nun spielt aber für den Rennläufer das Gewicht seiner Laufschuhe eine enorme Rolle. So war es für ihn ein spürbarer Gewinn, als es vor etwa zehn Jahren gelang, einen Rennschuh mit nur vier Spikes zu fertigen, der dennoch den gleichen Halt bot.

Sehr wichtig ist aber auch die *Länge* der Dornen. Sie richtet sich nach der Art der Bahn. Tatsächlich gibt es fünf verschiedene Spike-Längen: 6 mm für Hallenbahnen, 9 mm für die neuen Bitumen- und Gummibahnen, 12 mm für harte Bahnen, 15 mm für normale Bahnen, 18 mm für weiche Bahnen. Also müßte ein Allround-Läufer fünf Paar Rennschuhe haben. Da erfand man den Schuh mit Schraubdorn. Jetzt braucht der Läufer nur noch *ein* Paar Schuhe mit fünf Satz Spikes. Leider waren diese Schuhe sehr schwer: 220 bis 250 Gramm pro Schuh. Deshalb gaben viele Leichtathleten doch wieder dem Schuh mit festen Dornen den Vorzug, der nur 170 bis 180 Gramm wog. Bis es vor fünf Jahren gelang, durch Verwendung von Nylon und von anderen Ledersorten sowie von neuartigen Gewindeeinsätzen Schraubdorn-Rennschuhe im Gewicht von nur 140 Gramm herzustellen. Das war damals natürlich eine Sensation.

Doch nicht nur die Läufer benutzen Sportschuhe mit Spikes, sondern zum Beispiel auch die Hochspringer. Zu den vier Dornen im Vorderteil der Sohle kommen hier noch zwei weitere Dornen in der Hacke. Ein Hochspringer muß nämlich die Vorwärtsbewegung des Anlaufs fast ruckartig in eine Aufwärtsbewegung umsetzen. In diesem Moment kommt es sehr darauf an, daß auch der Hacken des Fußes festen Halt findet. Dafür also die beiden Hackendornen. Das Hochschnellen selbst geht dann natürlich vom Ballen aus.

Wieder anders das Schuhwerk des Speerwerfers: Der Schuh selbst ist mehr schon ein Stiefel, und die Dornen sind wegen des weichen Bodens extrem lang. Doch gibt es auch hier zwei Hackendornen, denn der Speerwerfer muß ja kurz vorm Abwurf seine Anlaufgeschwindigkeit sehr rasch abbremsen.

Kugelstoßer, Diskuswerfer und Hammerwerfer tragen Schuhe ohne Dornen, weil sie an der Sohle Drehbewegungen ausführen müssen und aus einem Betonkreis werfen. Auch der Schuh des Gehers und des Marathonläufers hat keine Dornen, denn das Rennen geht hier über Asphaltstraßen.

Warum flirrt bei Hitze die Luft?

Luft ist normalerweise nicht sichtbar. An heißen Sommertagen jedoch, besonders wenn
die Sonne auf den Boden oder auf Steine
brennt, beobachtet man ein Flirren, ein unregelmäßiges Zittern der Luft über dem erwärmten Untergrund. Und im Winter kann
man über einem Heizkörper, über dem ein
Fenster offensteht, die Luft ebenfalls flirren
sehen.

Für gewöhnlich sieht man Luft überhaupt
nicht, wie ja auch ein Taucher das ihn umgebende Wasser nicht sieht. Dies liegt daran, daß in überall gleichförmiger Luft oder
überall gleichförmigem Wasser alle Lichtstrahlen ungestört geradlinig verlaufen, wie
sie es auch im völlig leeren Raum tun würden. Anders, wenn die Lichtstrahlen vom
einen durchsichtigen Medium in ein anderes treten, etwa von Luft durch eine Wasseroberfläche ins Wasser, oder wenn sie gar
auf die Oberfläche eines undurchsichtigen
festen Stoffes treffen. Dann werden die
Strahlen in ihrem Lauf verändert, wodurch

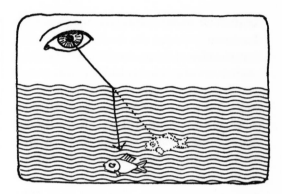

die Grenzfläche oder die Oberfläche sich dem
Auge verrät. Was wir also »sehen«, sind
stets Flächen, in denen zwei verschiedene
Stoffe aneinandergrenzen: Luft an Holz,
Luft an Wasser, Wasser an einen darinlie-
genden Stein usw.

Jedoch auch dann, wenn ein durchsichtiger
Stoff nicht an allen Stellen genau gleich be-

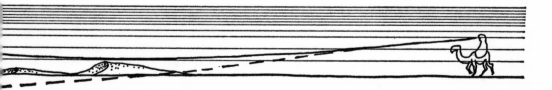

schaffen ist (nicht »homogen« ist, wie man das nennt), werden die durch ihn gehenden Lichtstrahlen in ihrem Lauf beeinflußt. Sehr schön kann man das beobachten, wenn man auf den Grund eines Glases Wasser ein Stück Zucker legt und nach einiger Zeit ganz leicht umrührt. Es sind dann bewegte Schlieren zu sehen. Sie entstehen dadurch, daß die Zuckerlösung nicht überall gleich konzentriert ist – nahe am Zucker stärker als in größerer Entfernung, und daß beim Umrühren Flüssigkeitsschichten verschiedener Konzentration, also Stoffe etwas verschiedener Eigenschaften, durcheinanderwirbeln. Ganz ähnlich verhält es sich mit der über dem Boden erhitzten Luft. Direkt über dem heißen Untergrund ist sie wärmer als weiter weg. Dadurch hat sie hier und dort unterschiedliche optische Eigenschaften, nämlich etwas unterschiedliche Brechzahlen. Weil nun heiße Luft leichter ist, steigt sie in einer Art Bläschen nach oben in die kühleren Schichten. Ähnlich wie in der Zuckerlösung entstehen dadurch bewegte Schlieren, die dem Auge sichtbar sind. Voraussetzung für solches Flirren ist demnach nicht die Hitze als solche, sondern stets ein starker Temperaturunterschied zwischen der erhitzten (und aufsteigenden) Luft unmittelbar am Boden und der kühleren (heruntersinkenden) höher oben oder auch zwischen der heißen Luft am Heizkörper und der kühlen Luft, die durch das offene Fenster hereinfließt.

Eine verwandte Erscheinung hat an heißen, sonnigen Sommertagen schon jeder Autofahrer beobachtet: Obwohl der Himmel wolkenlos ist, erscheint die Asphaltstraße ein gutes Stück vor dem Wagen klatschnaß. Erreicht man die »nasse« Stelle, ist sie völlig trocken; dafür sieht jetzt eine weiter entfernte Stelle naß aus. Die Erklärung findet sich auch hier in einer heißen Luftschicht, die dem erhitzten Asphalt unmittelbar aufliegt und nach oben in kühlere Luftschichten übergeht. Durch diese Schichtung von Luft verschiedener Temperatur, also auch wieder verschiedener Brechzahl, werden flach von vorn auf die Straße einfallende Lichtstrahlen ein wenig nach oben abgelenkt, gerade so, als wären sie an einer nassen Asphaltfläche gespiegelt worden. Für das Auge hat die heiße Luftschicht deswegen das Aussehen einer nassen Straßenfläche. Da die Lichtstrahlen jedoch nur um einen kleinen Winkel abgelenkt werden, verschwindet die Erscheinung sofort, wenn man der Stelle näherkommt und steiler auf die Straße blickt. Sie ist immer nur in einer gewissen Entfernung vom Beobachter zu sehen. Dieselbe Ursache wie dieses auch in unserer Gegend sehr häufig zu beobachtende Phänomen hat übrigens, in größerem Ausmaß, die Fata Morgana in der Wüste.

Warum beschlägt das Fenster?

An kalten Wintertagen »beschlagen« die Fenster bewohnter Räume leicht. Das heißt, sie bedecken sich an ihrer Innenseite mit unzähligen winzig kleinen Wassertröpfchen, die in ihrer Gesamtheit die Fensterscheibe nahezu undurchsichtig machen. Auch sonst findet man vielfach ein Beschlagen: Brillengläser beschlagen, wenn der Brillenträger aus der Kälte in einen warmen Raum kommt, und zwar häufig sogar auf beiden Seiten; die Scheibe einer Tauchermaske beschlägt (natürlich nur innen, denn außen ist sie ja vom Wasser umspült). Besonders störend ist das Beschlagen der Autoscheiben, meist innen, doch manchmal auch außen. Dies alles ist ein gar nicht so ganz einfach zu verstehender Vorgang.

Wesentlich ist zunächst, daß Luft stets einen gewissen Anteil Wasserdampf enthält. Völlig trockene Luft kommt in der Natur nirgends vor. Jedoch vermag Luft nicht beliebig viel Wasserdampf aufzunehmen, sondern nur einen bestimmten Prozentsatz, der um so höher ist, je wärmer die Luft ist. Bei 10 Grad Kälte (und normalem Druck) kann 1 Kubikmeter Luft maximal nur 0,2 Gramm Wasserdampf enthalten, bei 0 Grad schon 0,5 Gramm, bei + 10 Grad nahezu 1 Gramm, bei 20 Grad etwa 1,8 und bei 30 Grad rund 3,1 Gramm. Luft, die gerade so viel Wasserdampf enthält, wie sie bei der betreffenden Temperatur aufnehmen kann, heißt »gesättigt«. Versucht man ihr mehr Wasserdampf beizumischen, gelingt dies

nicht. Der Überschuß »kondensiert« zu Tröpfchen flüssigen Wassers. Aber auch wenn man feuchte Luft abkühlt, kommt sie immer näher an den Sättigungszustand heran, den sie bei der Temperatur des sogenannten Taupunkts erreicht. Unterschreitet man diese Temperatur, so muß die feuchte Luft jenen Teil ihres Wassers, den sie nun nicht mehr in Dampfform halten kann, in Form von flüssigen Tröpfchen abgeben.

In der Natur entstehen bei einer ausreichenden Abkühlung feuchter Luft Wolken oder

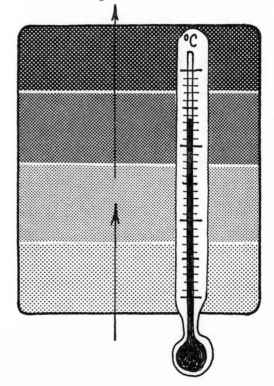

Nebel. Besonders leicht – leichter als im freien Luftmeer – schlagen sich aber Wassertröpfchen an festen Körpern nieder. Dies führt zur Ablagerung des Wasserdampfes als Tautröpfchen am Erdboden und seinen Pflanzen, aber auch zur Kondensation etwa an Glasscheiben. Die Scheibe »beschlägt«!

Zum Beschlagen ist daher stets erforderlich, daß ausreichend feuchte Luft ausreichend stark abgekühlt wird. Betritt ein Brillenträger aus der Kälte einen wärmeren Raum, so schlagen sich an seiner kalten Brille aus der feuchten Luft des Raumes feine Wassertröpfchen nieder, und zwar an der Innenseite der Brille meist leichter, weil dort vom Gesicht her höhere Luftfeuchtigkeit herrscht. Die Taucherbrille beschlägt innen durch die vom Körper her feuchte Luft bei Abkühlung durch das kältere Wasser. Auch die Fensterscheiben beschlagen normalerweise innen, weil im bewohnten Zimmer die wärmere Luft viel Wasserdampf enthält, den sie bei Abkühlung von außen her nicht mehr halten kann. Ähnlich ist es im Auto, besonders wenn durch den Atem der Insassen die Innenluft mit Feuchtigkeit angereichert ist. (Gegenmittel: auf beiden Seiten die Scheiben etwas herunterkurbeln, weil dann die durchströmende Außenluft den Wasserdampf wegführt. Das ist aber bei kaltem Wetter natürlich nicht sehr angenehm.) Kommt es allerdings durch Wetterumschlag zu Abkühlung der Außenluft, so können

Scheiben auch außen beschlagen.

Warum ist Radium gefährlich?

Nicht nur Radium ist gefährlich, sondern alle sogenannten radioaktiven Stoffe. Und zwar sind sie gefährlich durch die mehr oder weniger durchdringenden Strahlen, die sie aussenden – Strahlen, welche die Zellen von Lebewesen zu schädigen und sogar zu töten vermögen.

Radioaktive Stoffe sind Elemente, deren Atomkerne nicht stabil sind. Sie wandeln sich unter Aussendung von Strahlen von selbst in andere Atomkerne um. Diese Umwandlung, häufig auch als radioaktiver Zerfall bezeichnet, ist unaufhaltsam und durch nichts zu beeinflussen, auch nicht durch die stärksten Gegenkräfte. Sie geschieht in einem für jeden derartigen Stoff charakteristischen Tempo, und zwar so, daß immer innerhalb einer bestimmten Zeit, der sogenannten Halbwertszeit des Stoffes, die Hälfte der zu Anfang dieser Zeitspanne vorhandenen Atomkerne zerfällt. Das heißt: Hat ein radioaktiver Stoff eine Halbwertszeit von 3 Jahren, so sind von 10 Gramm nach 3 Jahren noch 5 Gramm da, nach weiteren 3 Jahren noch 2½ Gramm, nach abermals 3 Jahren 1¼ Gramm, und immer so weiter und so fort. Die Halbwertszeiten der verschiedenen Stoffe sind aber außerordentlich verschieden. Beim Uran zum Beispiel beträgt sie 4 Milliarden Jahre, beim Radium 1580 Jahre, beim Mesothorium 6,7 Jahre, bei dem aus dem Radium entstehenden radioaktiven Gas, der Radiumemanation, rund 4 Tage. Man kennt jedoch auch radioaktive Stoffe, die eine Halbwertszeit von nur einem winzigen Bruchteil einer Sekunde haben.

Die verschiedenen Atomkerne wandeln sich nicht alle nach derselben Art um. Es gibt solche, die bei ihrem Zerfall einen Teil ihrer Materie als sogenannte Alphateilchen ausschleudern. Diese Teilchen bilden die »Alphastrahlen«. Sie können nur Bruchteile eines Millimeters in feste Stoffe eindringen, trotzdem aber beim Menschen auf der Haut gefährliche Verbrennungen hervorrufen. Andere Atomkerne schleudern die sehr viel leichteren Elektronen aus, welche die schon wesentlich tiefer eindringenden »Betastrahlen« bilden. Neben Alpha- und Betastrahlen erzeugen viele radioaktive Atomkerne auch noch »Gammastrahlen«, die von den dreien die härtesten und durchdringendsten sind. Hunderte von Metern weit können sie durch die Luft schießen und – ähnlich den Röntgenstrahlen – den ganzen menschlichen Körper durchdringen. Die Hauptgefahr der radioaktiven Stoffe rührt von diesen Gammastrahlen, doch darf man auch die Gefährdung durch Alpha- und Betastrahlen nicht außer acht lassen.

Alle drei Strahlenarten wirken dadurch, daß sie in den Stoffen, in die sie eindringen, die Atome »ionisieren«: Sie spalten von ihnen Elektronen ab, wodurch aus den neutralen Atomen elektrisch geladene Teilchen werden, sogenannte Ionen. In der lebenden Zelle setzen diese Ionen komplizierte chemische Prozesse in Gang, die die

99

Zelle schädigen und meist zerstören. Zwar benutzt man diese Wirkung auch im positiven Sinn, etwa zur Sterilisierung von Nahrungsmitteln durch Abtöten der Bakterien und auch im menschlichen Körper zur Zerstörung der wild wuchernden Zellen bösartiger Geschwülste. Das Problem dabei ist aber immer, nicht zu viele gesunde Zellen zu schädigen. Alle Personen, die beruflich mit radioaktiven Stoffen zu tun haben, sind durch Strahlenschutzgesetze zu besonderen, sehr strengen Vorsichtsmaßnahmen verpflichtet.

Früher war das Radium der weitaus wichtigste Vertreter der radioaktiven Stoffe. Es kommt als winzige Beimengung des Urans in der Natur vor. Viele Tonnen Uranerz sind nötig, um in äußerst mühsamen Prozessen 1 Gramm Radium zu gewinnen. Seit 1935 kennt man aber die »künstliche Radioaktivität«. Es werden da ganz gewöhnliche, nicht radioaktive Elemente durch Bestrahlung mit Alphateilchen oder mit Neutronenstrahlen aus Kernreaktoren in Elemente umgewandelt, deren Kerne radioaktiv sind. So gibt es heute radioaktiven Kohlenstoff, radioaktiven Phosphor, radioaktives Strontium, radioaktives Kobalt, radioaktives Gold usw., insgesamt weit über tausend künstlich erzeugbare radioaktive Atomkernarten. Viele davon spielen jetzt auch in der medizinischen Therapie sowie in zahlreichen technischen und pflanzenbiologischen Bereichen eine große Rolle.

Warum trägt der Seiltänzer eine Balancierstange?

Kaum jemand ist sich bewußt, daß er beim Stehen und beim Gehen fortwährend einen sehr komplizierten Balanceakt vollführt. Die hierfür notwendigen Bewegungen lernt man im frühesten Alter als Kleinkind. Diese Bewegungen laufen dann rein reflektorisch und so selbstverständlich ab, daß man nicht mehr an sie denkt, ja sie nicht einmal mehr empfindet.

Um im Stand nicht umzukippen, muß der Mensch seinen Schwerpunkt senkrecht über der Unterstützungsfläche halten, also über der verhältnismäßig kleinen Fläche der beiden Fußsohlen. Beim Stehen auf einem Bein oder gar auf den Zehenspitzen wird die Stützfläche noch wesentlich kleiner. Deswegen ist hierbei das Balancehalten viel schwieriger und gelingt durchaus nicht mehr jedem. Man kann nämlich den Schwerpunkt des Körpers nicht völlig starr festhalten. Seine unvermeidlichen Bewegungen müssen daher so gesteuert werden, daß er sich nicht aus der sehr kleinen, für das Gleichgewicht zulässigen Zone entfernt.

Viel verwickelter sind die Dinge noch beim Gehen. Hier treten durch die Bewegung des Körpers sogenannte Trägheitskräfte auf. Dadurch ist es nicht mehr nötig, daß der Schwerpunkt dauernd senkrecht über der Stützfläche liegt. Am deutlichsten wird dies beim Laufen, wo ja in bestimmten Augenblicken beide Füße den Boden verlassen, also gar keine Unterstützungsfläche mehr haben. Der frei fliegende Körper muß aber dann jedesmal von dem Fuß, der zuerst den Boden berührt, in der richtigen Weise aufgefangen werden.

Außer alten oder gebrechlichen Menschen macht das gewöhnliche Stehen, Gehen und Laufen niemand Schwierigkeiten. Dies wird sofort anders, wenn erschwerende Anforderungen gestellt werden, wenn zum Beispiel als Stand- oder Gehfläche nur eine schmale Leiste oder gar nur ein schwankendes Seil zur Verfügung steht. Dabei macht es für die Schwierigkeit der Bewegung keinen Unterschied, ob das Seil unmittelbar über dem Erdboden oder sehr hoch oben gespannt ist. Nur die psychische Belastung ist im zweiten Fall ungleich größer.

Seiltänzer benutzen nun oft eine viele Meter lange Balancierstange. Wozu nützt sie? Offenbar erleichtert sie die für das Gleichgewichthalten nötigen Bewegungen.

Betrachten wir einmal das langsame Vorwärtsgehen auf dem Seil. Wir setzen voraus, daß der Seiltänzer keine Schwierigkeiten hat, seinen Fuß jeweils genau auf das Seil zu setzen und nicht danebenzutreten. Auch die Vor-Rückwärts-Balance ist nicht kritisch; sie ist dieselbe wie beim normalen Gehen. Kritisch ist aber ein mögliches Umkippen nach der Seite. Und dies zu vermeiden, hilft die Balancierstange!

Nehmen wir an, der Seiltänzer spürt, daß er nach links zu kippen beginnt. Man könnte nun vielleicht denken, er müsse die Stange rasch etwas nach rechts schieben, da-

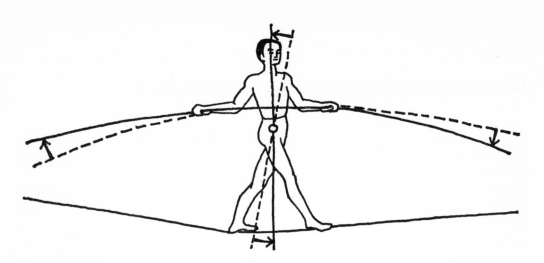

mit rechts ein Übergewicht entsteht. Das wäre aber genau verkehrt, denn durch ein Rechtsschieben der Stange würde er den Schwerpunkt seines Körpers noch weiter nach links drücken. Nein, er muß vielmehr durch eine *Dreh*bewegung der Balancierstange entgegen dem Uhrzeigersinn (linkes Ende senken, rechtes Ende heben) seinem Körper ein Drehmoment *im* Uhrzeigersinn erteilen, und das richtet den Körper wieder auf. Natürlich muß diese Stangenbewegung schon im allerersten Augenblick des Kippens ausgeführt werden, sonst kommt sie zu spät. Und sie ist um so wirksamer, je schwerer und länger die Balancierstange, je größer ihr sogenanntes Trägheitsmoment ist.

Übrigens werden bei schwieriger Hochseilakrobatik manchmal Stangen benutzt, die besonders lang sind und so elastisch, daß sie sich weit nach unten durchbiegen. Diese Durchbiegung ist ein Trick! Sie bringt nämlich den Gesamtschwerpunkt vom Mensch plus Stange tiefer herunter. Dadurch wird das Kippmoment des Akrobaten geringer. Sein Gang über das Seil ist von vornherein

stabiler, und es genügen zum Ausgleich von Schwankungen geringere Gegenbewegungen.

Balancierstangen sind meist sehr schwer. Das ist, wie gesagt, kein Nachteil, sondern gerade ein Vorteil. Durch ihr hohes Gewicht »beruhigt« sie gewissermaßen die Haltung des Akrobaten und seinen Gang über das Seil. Je schwerer die Stange, um so stabiler die Position. Ja man kann geradezu sagen: Der Akrobat »hält sich an der Balancierstange fest«. Ist sie doch durch ihr Gewicht so träge, daß sich der Seiltänzer von ihr nach links oder rechts »abstoßen« kann, ohne daß sie nennenswert aus ihrer Lage kommt. Den einzigen Nachteil einer langen, schweren Stange – daß man sie nämlich halten und tragen muß – nimmt der Akrobat gern in Kauf.

Moderne Gleichgewichtskünstler arbeiten allerdings ganz ohne Balancierstange. Sie ersetzen die Bewegung der Stange durch oft kaum merkliche Bewegungen ihrer Arme. Das stellt aber natürlich ungleich höhere Anforderungen an die Kunst der Körperbeherrschung.

Warum zeigt die Kompaßnadel immer nach Norden?

Zunächst einmal: Es ist gar nicht wahr, daß die Kompaßnadel immer genau nach Norden zeigt. Es gibt da eine sogenannte Mißweisung, eine Nadelabweichung von der geographischen Nordrichtung, die an jeder Stelle der Erde anders ist und zum Beispiel beim Kurshalten eines Schiffes in Rechnung gestellt werden muß. Die Abweichung beträgt zwar in den meisten Gebieten nur wenige Winkelgrade, ist aber in den Polarzonen teilweise viel größer. Dort gibt es Stellen, an denen dasjenige Ende der Kompaßnadel, das normalerweise ungefähr nach Norden weist, nach Westen, nach Osten, ja sogar nach Süden zeigt.

Immerhin bleibt eines bestehen: An jeder Stelle der Erde (mit Ausnahme von zwei Punkten, den »magnetischen Polen«) nimmt die Kompaßnadel, nachdem etwaige Schwingungen abgeklungen sind, eine ganz bestimmte Richtung ein, wobei das eine Ende der Nadel, das ihren magnetischen Nordpol darstellt (und oft blau gefärbt wird), in die Nähe der geographischen Nordrichtung weist. Die Magnetnadel ist ja selbst ein kleiner Stahlmagnet, der in der einen Spitze einen Nord-, in der anderen einen Südpol besitzt und so gelagert ist, daß er sich leicht in der Horizontale drehen kann.

Solch ein drehbar gelagertes Magnetchen hat nur dann das Bestreben, sich in eine bestimmte Richtung einzustellen, wenn es sich in einem sogenannten magnetischen Feld befindet. Es zeigt dann durch seine Lage die Richtung des an dieser Stelle herrschenden magnetischen Feldes an.

Ein Magnetfeld kann seine Quelle in anderen Dauermagneten (Stabmagneten, Hufeisenmagneten usw.) haben, die sich in der Nähe befinden. Es kann auch einfach durch zunächst unmagnetische eiserne Gegenstände bedingt sein, die von der Magnetnadel aus vorübergehend magnetisiert werden: Nähert man der Kompaßnadel einen Magneten oder auch nur einen eisernen Schlüssel, so wird sie aus ihrer ursprünglichen Richtung abgelenkt. Weiterhin entsteht ein Magnetfeld in der Umgebung von Drähten, die von einem elektrischen Strom durchflossen werden, besonders stark in der Nähe von stromdurchflossenen Spulen.

Nur wenn alle diese Fremdeinflüsse auf die Kompaßnadel fehlen, nimmt sie ihre »normale« Richtung ein. Daß sie dies tut, zeigt, daß auch dann noch ein Magnetfeld vorhanden ist. Dies ist das Magnetfeld der Erde, die sich wie ein riesiger – allerdings recht schwacher – Dauermagnet verhält.

Die Erde besitzt nun, wie jeder Dauermagnet, zwei magnetische Pole. Würden sie exakt an den Stellen der geographischen Pole liegen und würden auch sonst keine Abweichungen auftreten, so würde das Nordende der Kompaßnadel überall exakt in die geographische Nordrichtung weisen. Die tatsächliche Mißweisung rührt daher, daß die magnetischen Pole der Erde rund 2000 Kilometer von den geographischen Polen entfernt sind und daß zusätzlich örtliche Unregelmäßigkeiten und auch zeitliche Schwankungen im irdischen Magnetfeld auftreten.

Bei der Schiffsnavigation kommt hinzu, daß die Eisenmassen sowie die elektrischen Ströme im Bordnetz die Anzeige des Magnetkompasses stören. Deshalb ist er in der Schiffahrt mehr und mehr durch den Kreiselkompaß ersetzt worden, der seine Richtkräfte nicht vom Erdmagnetfeld, sondern von der Rotation der Erde erhält.

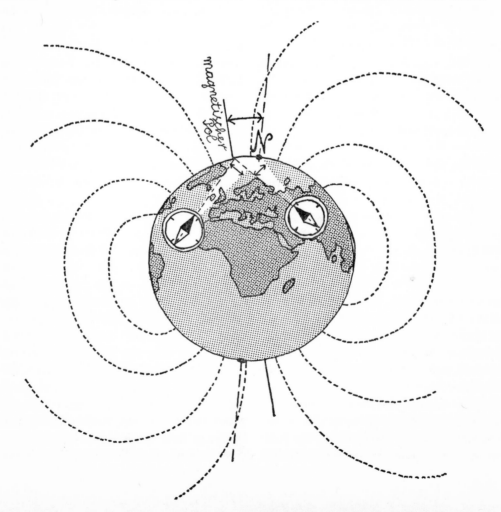

Warum fällt das Segelflugzeug nicht herunter?

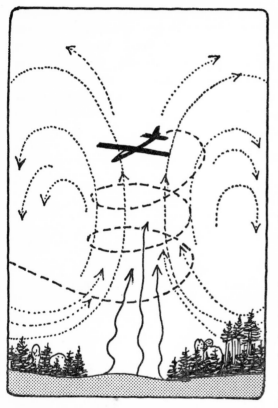

Daß ein Papierdrachen sich in der Luft hält, daß ein Motorflugzeug fliegt, daß ein Segelflugzeug nicht herunterfällt, ja auch daß ein großer Vogel ohne Flügelschlag zu schweben vermag, das alles hat einen gemeinsamen Grund. Und das ist der sogenannte dynamische Auftrieb, den flach gebaute Körper erfahren, wenn sie sich in bestimmter Stellung durch die ruhende Luft bewegen oder, umgekehrt, selbst ruhend von bewegter Luft – also Wind – angeströmt werden. Sobald dieser dynamische Auftrieb mindestens so stark ist wie das nach unten ziehende Gewicht des Körpers, wird dieser Körper von der Luft getragen.

Am einfachsten liegen die Dinge beim Papierdrachen. Durch den Befestigungspunkt der Halteschnur wird erreicht, daß sich der Drachen mit seiner Tragfläche schräg zum Wind aufrichtet. Der Wind faucht ihm also gegen die Unterseite. Da der Drachen durch die Schnur gehalten wird, dem Wind also nicht nachgeben kann, verschafft ihm die anströmende Luft dynamischen Auftrieb. In dem Augenblick, wo man die Schnur losläßt oder wo sie reißt, wird der Drachen vom Wind mitgenommen, er bekommt keinen Auftrieb mehr und fällt herab.

Die Tragflächen eines Flugzeugs – ähnlich wie auch die Flügel eines Vogels – haben durch spezielle Formgebung unter sonst gleichen Verhältnissen noch einen wesentlich größeren dynamischen Auftrieb. Nur bewegt sich hier nicht die Luft gegen das Flugzeug, sondern das Flugzeug gegen die Luft, was aber auf dasselbe hinauskommt.

Ja auch ohne Motorantrieb vermag ein Flugzeug in ruhender Luft zu fliegen: im Gleitflug. In diesem Fall muß es jedoch abwärts gleiten, damit es trotz des Luftwiderstands die für den dynamischen Auftrieb nötige Geschwindigkeit behält. Kein Segelflugzeug, kein Vogel ohne Flügelschlag kann in ruhender Luft ohne Höhenverlust

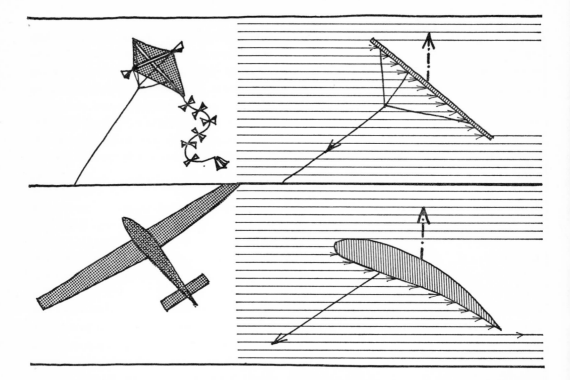

fliegen oder gar Höhe gewinnen. Es gibt für sie alle nur den abwärts führenden Gleitflug (je nach Bauart mehr oder weniger steil), der schließlich am Erdboden endet.

Wieso können sich aber segelnde Vögel und Segelflugzeuge dann doch stundenlang in der Luft halten und sogar Höhe gewinnen? Nun, dies ist nur möglich, wenn sich das Segelflugzeug oder der Vogel in einer aufsteigenden Luftmasse befindet, in einem »Aufwindgebiet«. Der Segler vollführt dann zwar gegenüber der Luft nach wie vor einen ganz normalen Abwärts-Gleitflug – etwas

anderes kann er ja nicht. Wenn aber die ganze Luftmasse rascher aufsteigt, als der Segler in ihr sinkt, dann gewinnt er gegenüber dem Erdboden effektiv an Höhe. Dies ist die Lösung des Rätsels »Segelflug«.

Die Kunst des Segelfliegens besteht zu einem großen Teil darin, Aufwindgebiete zu finden und darin zu kreisen und zu kreisen und nicht versehentlich wieder hinauszugeraten. Kommt dieser Aufwind zur Ruhe, dann heißt es schnell und mit möglichst wenig Höhenverlust ein neues Aufwindgebiet ausfindig zu machen.

Warum wiegt Eisenrost mehr als Eisen?

Genauer müßte es heißen: Warum wiegt der Rost mehr als das Eisen, aus dem er entstanden ist?

»Rosten« bedeutet, daß sich aus dem chemischen Element Eisen durch Mitwirkung von Sauerstoff und Wasserstoff eine neue chemische Verbindung bildet, eben Rost. Dies geschieht, wenn Eisen feuchter Luft ausgesetzt ist. Der im Wasser enthaltene Wasserstoff und Sauerstoff sowie weiterer Sauerstoff aus der Luft verbinden sich dann mit dem Eisen zu Rost, im wesentlichen zu Eisenhydroxyd. Das ist eine Verbindung, in der sich jeweils 1 Atom Eisen mit 3 Atomen Sauerstoff und 3 Atomen Wasserstoff zu einer Einheit, einem »Molekül«, zusammengeschlossen haben. Nun haben aber diese drei Atomarten verschiedene Gewichte: Ein Wasserstoffatom hat das Gewicht 1, ein Sauerstoffatom das Gewicht 16, ein Eisenatom das Gewicht 56. Somit kommen zu den 56 Gewichtsteilen Eisen jeweils dreimal $16 = 48$ Gewichtsteile Sauerstoff und dreimal $1 = 3$ Gewichtsteile Wasserstoff dazu. Das ergibt 107 Gewichtsteile für 1 Eisenhydroxyd-Molekül. Der aus dem Eisen entstandene Rost ist also fast doppelt so schwer wie das ursprüngliche Eisen.

Dabei haben wir aber vorausgesetzt, daß beim Zustandekommen der Verbindung Rost aus den Elementen Eisen, Sauerstoff und Wasserstoff nichts an Masse verlorengegangen ist. Das erscheint uns heute selbstverständlich, war aber eine große Entdeckung, die der französische Chemiker Antoine Lavoisier zu Ende des 18. Jahrhunderts als erster zu einem wichtigen Gesetz formulierte: »Bei einem chemischen Umsatz geht grundsätzlich keine Masse verloren.« Es drehte sich damals vor allem um den Verbrennungsvorgang, was ja immer bedeutet, daß ein Element sich mit Sauerstoff verbindet. Der Sauerstoff stammt dabei aus der Luft. Auch hier sind die Verbrennungsprodukte zusammen schwerer als der unverbrannte Stoff, aus dem sie entstehen, denn es ist ja eben der Sauerstoff hinzugekommen. Da jedoch im allgemeinen die Verbrennungsprodukte zu einem großen Teil gasförmig sind, zum Beispiel Kohlendioxyd oder Wasserdampf, ist die verbleibende feste »Asche« leichter als der unverbrannte Stoff. Man muß, um das Schwererwerden nachzuweisen, die gasförmigen Verbrennungsprodukte mit berücksichtigen!

Die Beobachtung, daß beim Verbrennen »weniger übrigbleibt«, hat die früheren Chemiker – teilweise noch Alchimisten – zu der Annahme verleitet, beim Verbrennen ginge ein geheimnisvoller Stoff weg, für den man sogar einen Namen hatte: Phlogiston. Alle brennbaren Stoffe sollten dieses Phlogiston enthalten. Den ersten Knacks bekam die Phlogistonlehre schon um 1650, als man nämlich feststellte, daß Metalle beim Verbrennen schwerer werden. (In reinem Sauerstoff kann man ja die meisten Metalle verbrennen. Hierbei entstehen keine

gasförmigen, sondern nur feste Verbrennungsprodukte.) Trotzdem hielt sich erstaunlicherweise die Phlogistonlehre noch
sehr lange, bis Lavoisier ihr durch sorgfäl-
tige Wägungen aller Endprodukte bei verschiedensten Verbrennungen den Garaus
machte. Das von ihm begründete Gesetz der
Erhaltung der Masse beim Entstehen (und
genauso auch bei der Zersetzung) einer chemischen Verbindung wurde dann bald zu
einer Grundlage der Atomtheorie.

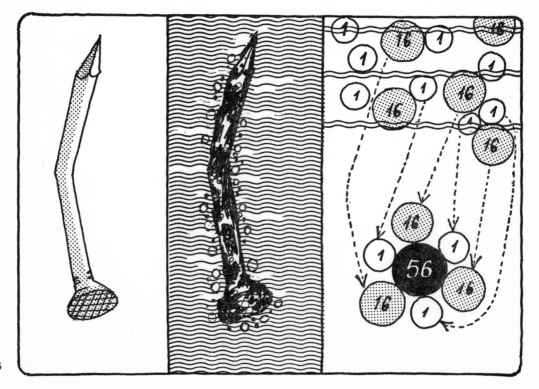

Warum fällt der Steilwandfahrer auf dem Rummelplatz nicht herunter?

Jedes Fahrzeug – ob Fahrrad, Motorrad, Auto oder auch Eisenbahn – erleidet beim Durchfahren einer Kurve eine nach außen gerichtete Fliehkraft. Sie ist um so größer, je schwerer das Fahrzeug, je stärker gekrümmt die Kurve und je höher die Geschwindigkeit ist. Mit der Geschwindigkeit steigt die Fliehkraft sogar quadratisch; bei dreifachem Tempo wird sie in derselben Kurve also nicht nur dreimal, sondern neunmal so groß.

Wenn ein Auto eine Straßenkurve von 100 Meter Radius durchfährt, so beträgt die Fliehkraft bei einer Geschwindigkeit von 30 km/h knapp 7 Prozent des Fahrzeugge-

wichts, bei 60 km/h schon 27 und bei 90 km/h gar 60 Prozent. Ist die Kurve nicht überhöht, so muß diese ganze Fliehkraft durch die Reibung der Reifen aufgenommen werden. Bei 60 Prozent des Fahrzeuggewichts wird dies im allgemeinen nicht mehr möglich sein. Der Wagen rutscht dann aus der Kurve.

Um diese Gefahr zu vermindern und die Strecke auch für größere Geschwindigkeiten befahrbar zu machen, überhöht man heute vielfach außen die Straßenkurven. Eisenbahngleise werden schon immer in den – hier meist viel weniger scharfen – Kurven etwas überhöht. Ganz extreme Überhöhun-

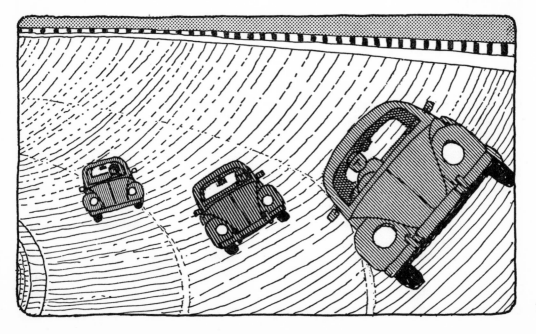

gen findet man bei Auto- und Radrennbahnen.

Rad- und Motorradfahrer müssen jedoch außer dem Wegrutschen in der Kurve auch das Umkippen vermeiden. Sie müssen sich deswegen »in die Kurve legen«. Sie müssen sich so weit gegen das Kurveninnere neigen, daß die nach außen ziehende Fliehkraft gerade durch die Schwerkraft ausgeglichen wird, die bestrebt ist, den Fahrer samt Fahrzeug nach innen fallen zu lassen. Die Neigung gegen die Senkrechte, die der Fahrer einnehmen muß, hängt *nicht* von einer etwaigen Überhöhung der Kurve ab, sondern nur vom Verhältnis der Fliehkraft zur Schwerkraft, also von der Kurvenkrümmung und von der Fahrgeschwindigkeit. Die Überhöhung der Kurve kann nur das Wegrutschen der Reifen verhindern.

Diese beiden Gesichtspunkte – richtige Neigung gegen die Senkrechte und ausreichende Überhöhung sowie genügend Reifenreibung – gelten für den Rad- und Motorradfahrer bei allen Kurven, also auch bei beliebig engen und beliebig stark überhöhten. Das äußerste Extrem ist der Akrobat, der auf einem Motorrad die senkrechte Innenwand einer riesigen senkrecht gestellten Tonne befährt. Man sieht das ja manchmal auf Volksfesten und Rummelplätzen. Hier muß die Fliehkraft sehr hoch sein, damit sie das Rad genügend stark gegen die senkrechte Wand drückt. Der Fahrer muß also trotz der sehr engen »Kurve« eine ausrei-

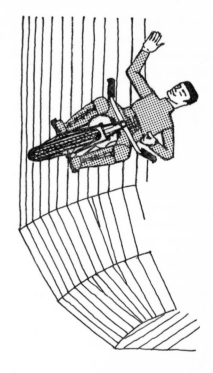

chend hohe Geschwindigkeit haben. Wenn er dann noch die richtige Neigung einhält – nämlich *nicht* waagrecht, sondern leicht schräg nach oben –, halten sich die ihn nach unten kippende Schwerkraft und die ihn nach oben kippende Fliehkraft das Gleichgewicht. Die richtige Schräghalte ergibt sich aber durch das feine Reagieren der menschlichen Sinne wie von selbst. Nur Mut gehört zu so einer Steilwandfahrt und vor allem ein geschicktes Hinübersetzen aus dem flachen Tonnenboden über ein Schrägstück auf die senkrechte Wand.

Warum hält im Sommer helle Kleidung kühler als dunkle?

An warmen Tagen wird uns im Freien auf zwei verschiedene Arten Wärme zugeführt: erstens durch die warme Luft, und zwar unabhängig davon, ob die Sonne scheint oder nicht, und zweitens direkt durch die Sonnenbestrahlung, falls wir nicht im Schatten stehen.

Daß diese beiden Wärmequellen nichts miteinander zu tun haben, zeigt die Erfahrung. Warme Luft wärmt auch bei bedecktem Himmel. Andererseits kann man sich beim Wintersport im Schnee leicht bekleidet in der Sonne aufhalten, selbst wenn die Luft Kältegrade aufweist. Temperaturangaben im Wetterbericht usw. betreffen deshalb auch stets die Lufttemperatur im Schatten. Direkte Sonnenbestrahlung läßt die Quecksilbersäule auf enorme Höhe steigen.

Natürlich verdankt auch die warme Luft ihre Wärme der Sonne, und zwar auf dem Umweg über den erwärmten Erdboden. Aber die Wärme der Luft kann durchaus von früherem Sonnenschein stammen, sogar von weit entferntem Sonnenschein, herangetragen von warmem Wind.

Der Einfluß dunkler oder heller Kleidung erstreckt sich nun ausschließlich auf die Erwärmung durch die direkte Sonnenbestrahlung. Verschiedenhelle Stoffe nehmen die auf sie treffende Strahlung in sehr verschiedenem Maße in sich auf. Jeder Stoff wirft nämlich einen bestimmten Teil der auffallenden Strahlung zurück, und nur der Rest wird von ihm absorbiert, sozusagen aufgesogen, und dient zur Erwärmung. Stoffe, die wenig Lichtstrahlen in sich aufnehmen, wirken hell, weil sie eben einen großen Teil des auf sie fallenden Lichts zurückwerfen. Umgekehrt wirkt ein Stoff dunkel, wenn er viel Licht absorbiert. Und ein Stoff, der *alles* Licht absorbiert und nichts zurückwirft, wirkt völlig schwarz.

Nun besteht die Sonnenstrahlung allerdings nicht nur aus sichtbarem Licht, sondern – sogar zum größeren Teil – aus unsichtbarer Infrarot-Strahlung. (Der oft gebrauchte Ausdruck »Wärmestrahlung« hierfür ist insofern irreführend, als *jede* Strahlung – also auch das sichtbare Licht – da, wo es absorbiert wird, Wärme erzeugt.) Doch hat man festgestellt, daß helle Stoffe, die also wenig Lichtstrahlung absorbieren, auch von der mit auftreffenden Wärmestrahlung weniger verschlucken als dunkle Stoffe.

So kommt es, daß bei einem in der Sonne stehenden hell gekleideten Menschen sowohl vom Licht- wie vom Wärmestrahlungsanteil weniger in der Kleidung steckenbleibt und somit weniger zur Erwärmung des Körpers beiträgt, als wenn er dunkel gekleidet wäre. Deshalb trägt man im Sommer besser helle Stoffe. Umgekehrt empfiehlt sich bei niedriger Lufttemperatur dunkle Kleidung, weil dann ja eine Erwärmung durch die Sonne erwünscht ist.

Übrigens wirkt sich dieser Vorgang von Wärmeaufnahme und Wärmerückstrahlung zum Beispiel auch auf Autos aus: Wagen

mit einem hellen Dach werden innen nicht so
warm wie solche mit einem dunkelfarbigen.
Wieviel das ausmacht, kann man mit einem
kleinen Experiment selbst feststellen: Legt
man ein schwarz gestrichenes und ein weiß
gestrichenes Stück Blech in die Sonne, wird
sich nach einiger Zeit das dunkle Blech merk-
bar wärmer anfühlen als das helle.

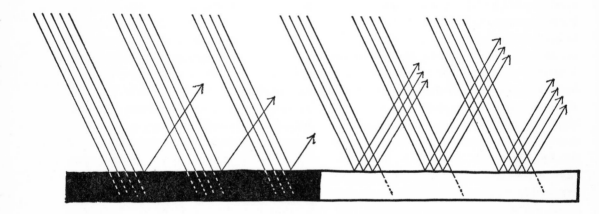

Warum knistert das Haar beim Kämmen?

Der Ursache dieses Geräusches kommt man auf die Spur, wenn man sich im Dunkeln kämmt: Zusammen mit dem Knistern tritt dann ein lustiges Spiel unzähliger kleiner Fünkchen auf. Damit ist die Erscheinung als ein elektrisches Phänomen entlarvt. Das Knistern ist die Summe der einzelnen, allerdings sehr schwachen »Knalle« der Funken, die zwischen Kamm und Haar überspringen. Auch diese Funken selbst sind so schwach, daß man sie bei Tageslicht nicht sehen kann, sondern eben nur im dunklen Raum.

Woher kommt die Elektrizität, die sich hier in kleinen Fünkchen entlädt? Die viel verbreitete Ansicht, Personen, bei denen das knisternde Funkenspiel häufig auftritt, seien irgendwie »elektrisch veranlagt«, ist falsch. Knistern und Funken entstehen unter geeigneten Bedingungen auch an den Haaren einer leblosen Perücke. Die Erklärung lautet: Reibungselektrizität.

Immer wenn sich zwei Körper aus verschiedenem Material berühren und insbesondere wenn sie aneinander reiben, entsteht eine elektrische Spannung. Das heißt: Der eine Körper erhält eine positive, der andere eine negative elektrische Ladung. Welcher sich dabei positiv auflädt, hängt von der Art der Stoffe ab, ist aber für das Weitere belanglos. Die positiven und negativen elektrischen Ladungen bilden sich aber nicht etwa ganz neu. Sie sind, in gleicher Menge und deswegen unmerklich, bereits in allen Stoffen von vornherein enthalten und werden beim Reiben nur teilweise in der Art getrennt, daß dann der eine Körper einen positiven und der andere einen negativen Ladungsüberschuß bekommt.

Sind nun die Körper elektrisch leitend, sind es also zum Beispiel Metalle, und werden sie nicht an isolierenden Griffen gehalten, so fließt die beim Reiben entstehende Ladung sofort über die Hände zur Erde ab, und es kann sich keine größere elektrische Spannung ausbilden. Anders bei elektrisch isolierenden Körpern. Auf ihnen bleibt die Ladung an Ort und Stelle haften, sammelt sich zu immer höheren Beträgen an und verursacht eine Spannung, die so hoch werden kann, daß sie sich schließlich in Form kleiner Fünkchen entlädt.

Warum treten dann aber beim Kämmen nicht *immer* Fünkchen auf?

Nun, weil nicht jedes Haar und auch nicht jeder Kamm gleich gut isoliert. Es gibt nämlich keine »absoluten« Isolatoren, sondern nur bessere und schlechtere. Insbesondere kann schon die geringste Feuchtigkeitsschicht auf der Oberfläche eines sonst guten Isolators dessen Isolierfähigkeit sehr beeinträchtigen. Deswegen treten Knistern und Funkenspiel um so eher auf, je trockener das Haar und besonders auch je trockener die Luft ist.

Eine ganz ähnliche Erscheinung ist übrigens das Knistern von Kleidungsstücken oder Wäsche beim Ausziehen. Dies kommt vor allem bei Kunstfaserprodukten vor, die nämlich besser isolieren und auch weniger durch Luftfeuchtigkeit beeinflußt werden.

Funkenüberschläge durch Reibungselektrizität kann es sogar zwischen einem festen Körper und einer Flüssigkeit geben. Wenn zum Beispiel ein Flugzeug betankt wird und der Kraftstoff unter Druck in scharfem Strahl hineingepumpt wird, kann es zwischen Tankwandung und Kraftstoff zu Funken und damit zu einem Brand kommen.

Deshalb werden Flugzeuge vorm Betanken grundsätzlich sehr sorgfältig geerdet. Dann kann die Reibungselektrizität, die über die isolierenden Gummireifen ja keinen Weg zum Flugplatzboden findet, über das Erdungskabel abfließen. Den gleichen Zweck haben die Ketten, die beim Nachfüllen von Straßentankstellen vom Tanklastwagen auf den Boden herunterhängen. Auch sie sollen das Fahrzeug erden.

Warum heizt sich ein Gewächshaus von selbst?

In größeren Gewächshäusern sind meist Heizschlangen eingebaut, um auch bei kaltem Wetter das Innere ausreichend warm zu halten. Jedoch sorgt eine eigenartige Wirkung des Glases dafür, daß auch ohne künstliche Heizung die Luft im Gewächshaus wärmer bleibt, als man es aufgrund der Außentemperatur annehmen sollte. So dienen zum Beispiel die Glasscheiben der flachen »Frühbeete« keineswegs nur dem Schutz vor Wind, sondern vor allem einer natürlichen Erwärmung des überdeckten Raumes. Wie aber erklärt sich dieser merkwürdige Effekt?

Nehmen wir erst einmal an, direktes Sonnenlicht treffe auf das Glas. Die Sonnenstrahlung ist aus sehr verschiedenen Lichtsorten zusammengesetzt, die sich durch ihre Wellenlänge unterscheiden. Violettes Licht hat mit 0,4 tausendstel Millimeter die kürzeste Wellenlänge, rotes Licht mit 0,8 tausendstel die längste. Alle »Regenbogenfarben« gemischt, und zwar in dem Verhältnis, in dem sie in der Sonnenstrahlung enthalten sind, ergeben das weiße, unfarbige Tageslicht. Jedoch: Mehr als die Hälfte der Gesamtenergie steckt in Anteilen, deren Wellenlängen *oberhalb* 0,8 tausendstel Millimeter liegen und deshalb unsichtbar sind. Das ist die Wärmestrahlung, die der Fachmann »Infrarotstrahlung« nennt.

Durch das Glas des Gewächshauses dringen nun nicht alle Strahlungsanteile gleich gut. Die sichtbaren Lichtstrahlen (die übrigens ebenfalls wärmen, wenn auch nicht so stark) schaffen es zu einem hohen Prozentsatz, ebenso die unmittelbar anschließenden kurzwelligen Anteile des Infrarot. Größere Wellenlängen vermögen aber schlechter und schließlich gar nicht mehr das Glas zu durchdringen. Immerhin gelangt der weitaus größte Teil der Energie der Sonnenstrahlung in das Gewächshaus hinein und kann zur Erwärmung des Raumes dienen.

Nun könnte man natürlich annehmen, daß so, wie die Wärme hineingeht, sie auch wieder hinausgeht. Schließlich ist Glas von beiden Seiten her durchsichtig! Da kommt nun aber dem Gärtner ein Naturgesetz zugute: Die Verteilung der Gesamtenergie über das Strahlungsband ist bei niedriger Temperatur eine ganz andere als bei hoher Temperatur. Während die Sonnenstrahlung, die ja von der 6000 Grad heißen Sonnenoberfläche ausgeht, viel kurzwelliges Infrarot enthält, geben Körper von Normaltemperatur – etwa die Erde und die Pflanzen im Innern des Gewächshauses – eine Strahlung ab, deren Schwerpunkt ganz weit im langwelligen Infrarot liegt. Und das bedeutet: Die Sonnenstrahlung kann durch das Glas hinein, aber die Wärme des Glashaus-Inneren nicht mehr hinaus. Die eingedrungene Sonnenstrahlung ist im Gewächshaus gefangen! Sie heizt dessen Inneres so weit auf, bis durch Wärmeentzug infolge Undichtigkeit usw. ein Gleichgewichtszustand erreicht ist.

Eine ähnliche Wirkung tritt selbst dann ein, wenn keine direkte Sonnenstrahlung auf das Gewächshaus trifft. Das diffuse Tageslicht hat nämlich fast dieselbe Zusammensetzung wie die Sonnenstrahlung und liefert deshalb ebenfalls Wärmeenergie in das Innere des Gewächshauses, wenn auch natürlich nicht so viel wie die voll strahlende Sonne.

Warum zündet das Zündholz?

Manche sagen »Streichholz«, im Dialekt je nach Gegend auch Streichbein, Schwefele, Strickpinn, Schnäpperle, Schnellfeuer. Der Witz am Zündholz ist natürlich der Kopf. Er enthält an die 20 verschiedene Chemikalien! Einige von ihnen dienen als Sauerstoffträger (Kaliumchlorat, Kaliumbichromat, Bleioxyd usw.), andere als Brennstoffe und teilweise zugleich als Bindemittel (Schwefel, Antimontrisulfid, Harz, Leime, Dextrin, Gummi). Dazu kommen Füllstoffe (Glasmehl, Kieselweiß, Bimsstein, Asbestmehl, verschiedene Metalloxyde) sowie ein Farbstoff (Rhodamin, Umbra usw.). Bei den sogenannten Luxushölzern ist der Kopf schließlich noch mit einem Lack überzogen. Die Reibfläche an der Schachtel oder dem Briefchen enthält roten Phosphor, Glasmehl, Kreide, Dextrin und Umbra.

Das eigentliche Zünden ist ein physikalisch-chemischer Vorgang. Er geht so vor sich: Durch das Reiben des Zündkopfs an der Reibfläche werden aus dieser Fläche Phosphorteilchen herausgerissen. Sie bleiben am Köpfchen haften und kommen durch die Reibungswärme zum Glühen (1). Die Gluthitze ihrerseits veranlaßt die umliegenden Kaliumchlorat-Teilchen zur Sauerstoffabspaltung (2). Die Hitze steigt dadurch und entflammt nunmehr auch den Schwefel (3) und dann, durch weitere Sauerstoffzufuhr aus den anderen Sauerstoffträgern, die übrigen Brennstoffe. Das Ganze ist also eine Kettenreaktion: Immer entzündet ein leicht entflammbarer Stoff den nächstschwerer entzündbaren, wobei die Sauerstoffträger durch ihren chemischen Zerfall den notwendigen Sauerstoff liefern. Die Füllstoffe bewirken, daß der Abbrand nicht allzu schnell verläuft. Sie dienen gewissermaßen als Bremse, als Zügel. Trotzdem dauert der gesamte Vorgang weniger als 1 Sekunde. Am Ende herrscht im Zündköpfchen eine Temperatur von 600 Grad Celsius (4).

Bis jetzt brennt aber nur das Köpfchen, noch nicht das Holz. Nun, das Hölzchen – meist aus Pappelholz – ist mit Paraffin getränkt. Durch jene 600 Grad verdampft das Paraffin in Köpfchennähe und entzündet sich augenblicklich. Dadurch wiederum gerät das Holz selbst in Brand (5). Die Endtemperatur des brennenden Holzes liegt bei 1200 bis 1400 Grad. Damit das Holz nach dem Auspusten nicht weiterglimmt, ist es mit gluttötendem Ammoniumphosphat getränkt.

Dies der Vorgang beim »Sicherheitszündholz«, das so heißt, weil es nur an einer extra dafür vorgesehenen Reibfläche entzündet werden kann. Nun gibt es aber noch die »Überallzünder«, früher auch »Salonhölzer« oder »Irishölzchen« genannt. Sie lassen sich an allen etwas rauhen Flächen entflammen: an der Schuhsohle, an der Wand, am Laternenmast usw. Bei diesen Hölzchen ist der Phosphor, der sonst in der Reibfläche sitzt und der die Verbrennung einleitet, als Phosphorsesquisulfid mit in das

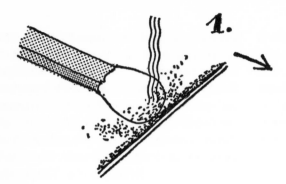

1.

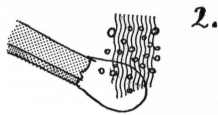

2.

Köpfchen eingearbeitet. Im übrigen läuft die Entzündung wie bei den Sicherheitshölzern ab. Auch hier setzt also die Reibungswärme als erstes den Phosphor in Brand. Die Herstellung von Zündhölzern unterliegt einem Staatsmonopol. Nicht jeder darf also Schwefele oder Schnäpperle oder Streichbeine herstellen. Außerdem lastet auf Zündhölzern eine Sondersteuer – pro Schachtel zur Zeit ½ Pfennig.

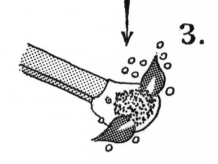

3.

5.

4.

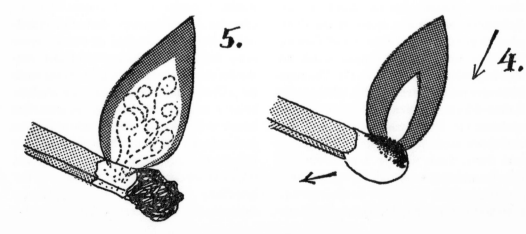

Warum bilden sich Eisblumen immer an der Innenseite der Fenster?

Daß Fensterscheiben beschlagen, und zwar meist an der Innenseite, wurde schon auf Seite 97 erklärt: Die Innenluft des Raumes hat gewöhnlich einen höheren Feuchtigkeitsgehalt als die Außenluft; und wenn sich die Raumluft an der kalten Fensterscheibe abkühlt, scheidet sich ein Teil ihres Wasserdampfes in Form winziger Tröpfchen ab.

Mit den Eisblumen verhält es sich nun ganz ähnlich. Auch sie entstehen fast immer an der Innenseite der Scheibe. Der Unterschied gegenüber dem einfachen Beschlagen liegt darin, daß Eisblumen nur an einer Glasscheibe entstehen können, die kälter als 0 Grad Celsius ist. Dies kann durchaus auch in einem Raum mit höherer Innentemperatur möglich sein, falls nur die Außentemperatur so niedrig ist, daß das Glas von außen her unter 0 Grad abgekühlt wird.

Eine andere Frage ist es, warum dann nicht einfach eine gleichmäßige Eisschicht auf dem Glas entsteht, warum die oft so bizarr geformten Eis»blumen« erscheinen, die ja oft wie ein tropischer Märchenwald anmuten. Dies hängt damit zusammen, daß sich der Wasserdampf nicht etwa als flüssiges Wasser niederschlägt, welches dann an der kalten Scheibe gefriert, sondern daß Eis sich unmittelbar aus dem Dampfzustand, ohne den Umweg über die Flüssigkeit, bildet.

Eis hat nun, wie alle festen Stoffe, das Bestreben, Kristalle zu formen. Eiskristalle, die frei in der Luft entstanden sind, sehen wir in den Schneeflocken, deren Sterne aus sehr vielen kleinen Eiskriställchen zusammengefügt sind. Schlägt sich Eis auf einer Glasfläche nieder, so bilden sich zuerst an irgendwelchen zufällig vorhandenen mikroskopischen Unebenheiten des Glases oder auch an Staubpartikelchen winzige Einzelkristalle. Sie haben scharfe Kanten und Ecken, und weitere Wassermoleküle aus dem Dampf setzen sich mit Vorliebe an diesen Kanten und Ecken an. So kommt es zu einem regelrechten Kristallwachstum, wie man es übrigens auch bei vielen anderen Kristallisationsvorgängen beobachten kann, zum Beispiel beim Erstarren von flüssigem Metall oder beim Auskristallisieren von Schwefel.

So wachsen denn auf dem Glas Äste mit immer feineren Verzweigungen, von verschiedenen Punkten ausgehend, oft fächerartig weiter. Sie treffen einander, stören sich, wachsen in neuen Richtungen oder durchdringen sich auch. Durch dieses weitgehend dem Zufall überlassene Zusammenspiel entstehen jene so überaus reizvollen Muster, die wir schließlich als Eisblumen bewundern.

Warum schmilzt im Gebirge der Schnee auch dann nicht, wenn die Sonne scheint?

Jeder Skiläufer weiß das: Warme Luft, etwa ein Föhneinbruch, bringt den auf Bäumen liegenden Schnee rasch zum Abtauen, und auch der Schnee am Boden schmilzt dann mindestens oberflächlich; jedoch läßt bei genügend kalter Luft selbst eine starke frühjahrliche Sonnenstrahlung den Schnee fest und trocken. Die Sonne, die dem Skiläufer den Schweiß aus allen Poren treibt, vermag den Schnee nicht zu schmelzen.

Das hat einen ähnlichen Grund wie die Tatsache, daß in der Sonne helle Kleidung kühler hält als dunkle (siehe Seite 111). Helle Stoffe schlucken nur wenig von der auftreffenden Sonnenstrahlung, das meiste werfen sie zurück; dunkle Stoffe dagegen absorbieren einen hohen Anteil der Strahlung, und das führt zur Aufheizung.

Schnee nun ist der Extremfall eines hellen Stoffes. Nicht umsonst spricht man von »schneeweiß«. Kaum etwas kann frisch gefallenen Schnee an Weiße übertreffen. Er absorbiert nur einen winzigkleinen Bruchteil der Sonnenstrahlung; das meiste wirft er diffus, nach allen Richtungen, zurück.

Die starke Lichtreflexion des Schnees verursacht auch die schnelle Bräunung, aber auch die besonders hohe Gefahr von Sonnenbrand und sogar Schneeblindheit. Sie ist andererseits aber daran schuld, daß der Schnee selbst durch die Sonnenstrahlung so gut wie nicht erwärmt wird, ebensowenig wie ein Brennspiegel heiß wird, mit dessen gesammelter Strahlung man in Holz und Papier Löcher brennen kann. Falls also die Lufttemperatur unterhalb von 0 Grad Celsius bleibt, kann der Schnee auch in der Sonne nicht schmelzen.

Trotzdem kann man beobachten, daß Schnee selbst bei klarem, kaltem Wetter weniger wird. Schnee kann nämlich, ohne zu schmelzen, durch sogenannte Sublimation unmittelbar in Wasserdampf übergehen. Dies tritt vor allem dann ein, wenn die Luft sehr trocken ist und deswegen gerne Wasserdampf aufnimmt. Allerdings geht das ziemlich langsam. Man braucht nicht zu befürchten, daß eine gute Schneedecke bei kaltem, trockenem Wetter rasch verschwindet.

Warum wärmt die Schneedecke den Erdboden?

»Wärmen« im eigentlichen Sinn – das heißt: Wärme abgeben – kann der Schnee den Erdboden nicht. Denn dazu wäre notwendig, daß er selbst wärmer ist als das zu Erwärmende. Schnee jedoch ist niemals wärmer als 0 Grad Celsius; andernfalls wäre er ja längst geschmolzen. Schnee von 0 Grad könnte also allenfalls einen Erdboden wärmen, der – von einer vorhergehenden Kälteperiode her – eine Temperatur *unter* Null hat. Doch auch dies würde kaum stattfinden, weil nämlich Schnee ein sehr schlechter Wärmeleiter ist.

Nun, wenn man sagt, »der Schnee wärmt den Erdboden«, so meint man damit: Er schützt ihn vor weiterer Abkühlung. Nehmen wir an, Schnee von 0 Grad (oder etwas darunter) fällt auf den Erdboden, der ebenfalls 0 Grad (oder etwas darunter) hat, und bildet schließlich eine nicht zu dünne Schneedecke. Dann isoliert diese Decke den Boden gegen die angrenzende Luft. Wenn nun anschließend strenger Frost eintritt und die Lufttemperatur weit unter 0 Grad sinkt, eventuell noch verbunden mit Wind, dann kann der Erdboden kaum Wärme an die kalte Luft verlieren. Eben weil der Schnee ein so schlechter Wärmeleiter ist, schützt er jetzt den Erdboden vor Wärmeverlust und Auskühlung.

Daneben gibt es noch eine weitere schützende Wirkung der Schneedecke. Bei klarem Himmel verliert nämlich der Erdboden nicht nur dadurch Wärme, daß er mit der kalten Luft in Berührung steht. Er *strahlt* außerdem Wärme in den Raum. Und da der Erdboden dunkel ist, dunkle Körper aber viel mehr Wärme durch Strahlung abgeben als helle (umgekehrt bei Sonnenstrahlung auch viel mehr Wärme aufnehmen als helle), würde der Erdboden in klaren, kalten Nächten sehr viel Wärme verstrahlen. Jedermann kennt ja die scharfe Abkühlung in einer klaren Winternacht; man nennt sie direkt »Strahlungskälte«. Sogar in der tagsüber glühendheißen Wüste sinkt nachts die Temperatur durch Ausstrahlung sehr beträchtlich, ja bis unter die Frostgrenze. Liegt jedoch eine – selbst sehr dünne – Schneedecke auf dem Erdboden, so kann dieser nichts mehr ausstrahlen. Er hat ja keine freie Oberfläche mehr. Wohl strahlt jetzt der Schnee Wärme in den noch kälteren Raum hinaus. (Ein merkwürdiger Gedanke, daß Schnee Wärme abgeben kann.) Doch strahlt der Schnee dank seiner extrem hellen Oberfläche nur sehr wenig aus. Und selbst die mäßige Abkühlung, die er hierdurch an seiner Oberfläche erleidet, gibt er nicht an den Erdboden weiter, da er ja die Wärme sehr schlecht leitet.

Dies ist der Grund, warum sich der Bauer im Winter Schnee auf seinen Äckern wünscht. Die Schneedecke verhindert ein tiefgehendes Gefrieren des Bodens und eine Gefährdung der Wintersaat.

Warum springt ein Gummiball?

Der auf den Boden oder gegen eine Wand geworfene Gummiball springt natürlich einfach deswegen zurück, weil Gummi elastisch ist. Doch was heißt eigentlich »elastisch«? Woher kommt die Elastizität?
Ein normaler Spiel-Gummiball, auch ein Tennisball, besteht nicht durch und durch aus Gummi. Er ist hohl, und die Höhlung enthält Luft. So rührt die Elastizität des Balls gar nicht allein von der Elastizität des Gummis her, sondern sehr wesentlich auch von der Elastizität der eingeschlossenen Luft. Freilich würde eine mit Luft gefüllte Blechkugel nicht springen, weil ihre Hülle nicht elastisch nachgibt und deswegen die Elastizität der Luft drinnen gar nicht in Tätigkeit treten könnte. Dagegen würde auch ein massiver Gummiball etwas springen, hier allein durch die Elastizität des Gummis; doch spränge er bei weitem nicht so gut wie der hohle Gummiball. Tatsächlich wird fast überall, wo man die Elastizität des Gummis ausnützt, die Elastizität von eingeschlossener Luft mit herangezogen. Der wichtigste Fall hierfür sind die luftgefüllten Gummireifen der Kraftfahrzeuge. Übrigens werden bei verschiedenen Autotypen auch die Wagen selbst nicht durch Stahlfedern, sondern durch Luftpolster abgefedert.
Mit den Stahlfedern haben wir eine andere sehr wichtige Art, die Elastizität gewisser Materialien technisch auszunützen. Was aber ist nun elastischer, Gummi oder Stahl? Und um wieviel ist das eine elastischer als das andere?
Es gibt bekanntlich feste, flüssige und gasförmige Stoffe. Alle drei ändern ihr Volumen, wenn man sie unter Druck setzt. Sie werden »komprimiert«. Bei festen und auch bei flüssigen Stoffen ist diese Kompression sehr geringfügig, bei Gasen aber erheblich. Geht man mit dem Druck von 1 auf 2 Atmosphären, so verringert Stahl sein Volumen um etwa ein Zweimillionstel, Wasser um ungefähr ein Zwanzigtausendstel; Luft dagegen wird auf das halbe Volumen zusammengedrückt. Diese Volumenänderungen verschwinden bei allen Stoffen sofort wieder völlig, wenn der Druck weggenommen wird. Gegen Volumenänderungen sind also alle Stoffe »völlig elastisch«.
Feste Körper (und *nur* sie!) erleiden aber außer elastischen Volumenänderungen auch elastische *Form*änderungen, falls Kräfte einseitig auf sie wirken. Beispiel: Eine Stange wird durch Zug gedehnt, durch seitliche Kräfte gebogen und durch Drehkräfte verdrillt. Diese Formänderungen gehen beim Aufhören der Kräfte häufig nicht mehr vollständig zurück. Es bleiben dauernde Deformationen bestehen. Nach dem Grad der dauernden Deformation unterscheidet man vollelastische, teilelastische und unelastische Stoffe. Unter den Metallen ist beispielsweise Blei sehr wenig elastisch, Stahl sehr hoch elastisch.

Natürlich sind die notwendigen Kräfte zum Deformieren je nach Art der Stoffe unterschiedlich. So ändert Gummi seine Form beispielsweise beim Aufprall auf dem Boden sehr viel leichter als Stahl. Trotzdem ist Stahl elastischer als Gummi. Es kommt hier darauf an, wieviel von der Fallenergie im Moment des Aufpralls in Wärme umgewandelt wird und wieviel also für das Zurückfliegen nach oben übrigbleibt. Nach einem Naturgesetz wird nämlich beim Aufprall eines Körpers auf ein festes Hindernis ein Teil der Bewegungsenergie während der Verformung in Wärme umgewandelt. Der Körper nimmt eine Kleinigkeit an Temperatur zu! Und das um so mehr, je stärker die Verformung ist. Läßt man einen Lehmklumpen fallen, so setzt sich beim Aufprall die gesamte Fallenergie in Wärme um. Für einen »Rückflug« bleibt keine Energie mehr übrig. Bei Gummi ist der Umsatz in Wärme sehr viel geringer. Bei Stahl aber ist er noch geringer; hier kommt das allermeiste der Fallenergie beim elastischen Zurückgehen wieder zum Vorschein. Deshalb springt von einer Stahlplatte ein Stahlkügelchen wesentlich höher zurück als ein hohler und erst recht als ein massiver Gummiball. Kugeln aus einem völlig elastischen Stoff würden genau wieder bis zu dem Punkt hochspringen, von dem aus man sie hat fallen lassen. Doch solche Stoffe gibt es nicht.

Warum fliegt der Ball
im Bogen?

Wirft man einen Ball (oder sonst einen Gegenstand) genau senkrecht nach oben, so steigt er bis zu einer gewissen Höhe hinauf und fällt dann wieder senkrecht herab. Wirft man ihn jedoch schräg aufwärts, so beschreibt er einen Bogen, fliegt im »Scheitelpunkt« einen Moment lang horizontal und senkt sich dann bogenförmig wieder zur Erde zurück. Gäbe es keinen Luftwiderstand, so wäre die Flugbahn eine Parabel; aufsteigender und absteigender Ast würden sich genau gleichen. Infolge des Luftwiderstandes wird der absteigende Ast etwas kürzer, und der Ball trifft etwas steiler von oben auf, als er abgeworfen wurde. Bei einem nicht allzu leichten Körper ist die Abweichung von der Parabelbahn jedoch gering. Auf alle Fälle aber ist der Flugbogen niemals ein Kreisbogen!

Die gekrümmte Flugbahn entsteht durch das Zusammenwirken zweier Kräfte: der Abwurfkraft des Werfenden und der Anziehungskraft der Erde. Die eine Kraft drängt den Ball nach vorwärts-aufwärts, die andere zerrt ihn abwärts. Diese beiden Kräfte addieren sich zu dem parabelähnlichen Bogen. Je stärker der Wurf, desto gestreckter die Flugbahn; je schwächer der Wurf, desto gekrümmter und kürzer. Aber das merkt ja schon das kleine Kind!

Daß der Ball immer wieder zur Erde zurückkehrt, liegt, wie gesagt, an der Anziehungskraft, die die Erde auf alle Körper ausübt und die sich, auch bei ruhenden Körpern, im »Gewicht« dieser Körper kundtut. Seit Newtons großer Entdeckung in der zweiten Hälfte des 17. Jahrhunderts wissen wir, daß überall im Weltraum die Körper sich gegenseitig anziehen. Diese Anziehungskraft hängt von der Masse und der Entfernung der Körper ab. Man nennt sie auch »Gravitation« (von lateinisch gravitas = die Schwere, das Gewicht). Aufgrund der Gravitation zieht die Sonne die Erde und alle anderen Planeten an (und umgekehrt), die Erde den Mond (und umgekehrt) und auch die Planeten einander. Sogar die gegenseitige Anziehung zweier ganz gewöhnlicher Metallkugeln kann man mit feinen Instrumenten messen. Allerdings ist sie sehr, sehr schwach. Alle diese Anziehungen sind aber immer gegenseitig. Wenn ein Apfel vom Baum zur Erde herunterfällt, dann »fällt« ihm auch die Erde eine Winzigkeit entgegen. Eine Winzigkeit nur, weil der Apfel so unendlich viel kleiner ist als die Erde. Aber immerhin . . .

Newton hat uns jedoch nicht nur das Gra-

vitationsgesetz geschenkt. Er hat auch herausgefunden, daß ein sich bewegender Körper seine augenblickliche Geschwindigkeit und Richtung beibehält, solange keine Kraft von außen her auf ihn Einfluß nimmt. Dem scheint entgegenzustehen, daß in Wirklichkeit auf der Erde doch alle Körper, die sich bewegen, schließlich zur Ruhe kommen. Dies liegt aber daran, daß hier eben doch Kräfte wirksam sind, nämlich Reibungskräfte, die die Geschwindigkeit des Körpers mehr und mehr vermindern, bis schließlich zum Stillstand. Je kleiner man die Reibung machen kann, zum Beispiel mit Schlittschuhen auf Eis, desto mehr nähert man sich dem Ideal der beliebig weitergehenden Bewegung.

Da es ganz ohne Reibung und auch ohne Luftwiderstand im irdischen Geschehen nirgends abgeht, müßte man sich für eine ganz ungestörte Bewegung in den Weltraum hinausbegeben, und zwar viel weiter noch als unsere heutigen Raumschiffe, so weit weg vom Sonnensystem, daß nicht nur die Gravitation der Erde, sondern auch die der Sonne verschwände. Dort, wo es dann weder Gravitation noch Reibung noch Luftwiderstand gibt, würde ein geworfener Ball tatsächlich mit unverminderter Geschwindigkeit geradlinig weiterfliegen, Jahr um Jahr, Jahrmillion um Jahrmillion.

Warum wirft sich Holz beim Trocknen?

Ein vom Sägewerk oder Schreiner gekauftes Brett ist gewöhnlich völlig eben. Doch bei Zimmertemperatur beginnt es sich schon nach wenigen Wochen zu wölben. Es »wirft« sich, und alles Einspannen oder Pressen kann dann nicht mehr helfen. Allerdings zeigt nicht jedes Brett diese Erscheinung. Es kommt auf die Holzart an und wie das Brett aus dem Stamm gesägt wurde.

Der Querschnitt durch einen Stamm offenbart deutlich dessen Aufbau. Der Stamm wächst durch Zellteilung von innen nach außen und legt jedes Jahr einen neuen Ring zwischen Rinde und altes Holz. Da die Sommerzellen enger und dickwandiger wachsen als die saftreicheren Frühjahrszellen, haben sie eine etwas dunklere Färbung. An diesen »Jahresringen« läßt sich das Alter des Baumes erkennen. Bei vielen Holzarten wie Eiche, Lärche, Esche, Föhre und Ulme zeigt die Mitte des Stammes, das *Kernholz*, besonders dunkle Färbung. Die abgestorbenen Zellen sind hier mit Harz, Gerbsäure und Farbstoffen gefüllt. Sie enthalten daher, im Gegensatz zu dem saftführenden hellen *Splintholz* der äußeren Schichten, nur wenig Feuchtigkeit.

Wird nun der Stamm in Bretter zersägt, kommt Luft heran, und das Holz beginnt zu »arbeiten«. Bei feuchter Luft nehmen die Zellen Wasser auf und quellen; bei trockner Luft verdunstet das Zellwasser, und das Holz schrumpft. Weil aber die Zellen von wechselnder Struktur sind, geschieht

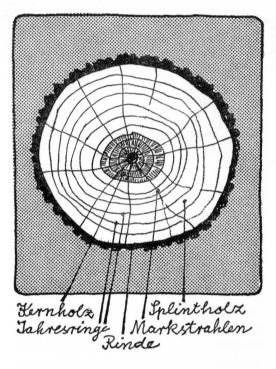

Kernholz — Splintholz
Jahresringe — Markstrahlen
Rinde

das Schrumpfen nicht gleichmäßig. Die ursprünglich außen liegende Brettseite, vom Fachmann »linke« Seite genannt, schrumpft mehr als die »rechte«, der Stammitte näherliegende Seite. Die Folge davon ist, daß die rechte Seite sich vorwölbt und die linke hohl wird, und zwar um so stärker, je weiter das Brett von der Stammitte entfernt ist. Bretter aus dem Kern schwinden zwar auch, aber auf beiden Seiten gleichmäßig, so daß sie sich nicht werfen. Daher sucht sich der Schreiner vor allem Kernholzbretter aus. Für weniger wichtige Zwecke kann er

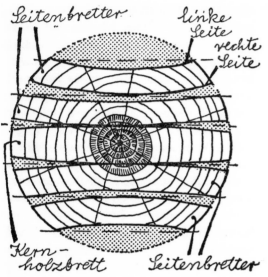

Seitenbretter   linke Seite   rechte Seite

Kern-
holzbrett   Seitenbretter

sehr verschieden. Am stärksten schwinden Rot- und Weißbuche, Birke und frisch geschlagenes Lindenholz, am geringsten Birne, Pappel, Kiefer (Föhre), Tanne und Lärche. Auch Fichtenholz arbeitet wenig, weil es so wie Kiefern- und Lärchenholz sehr harzreich ist.

Naturholz ist also ein Werkstoff, der lebt, auch wenn der Baum längst in Bretter zerschnitten ist. Wegen dieser unangenehmen Eigenschaft des Schwindens und Werfens wird es im Möbelbau und auch vom Bastler kaum mehr verwendet. An seine Stelle sind heute Sperrholz-, Hartfaser- und Spanplatten getreten, bei denen ein Verziehen und Werfen nicht möglich ist. Hartfaser- und Spanplatten fertigt man aus zerfasertem Holz, das mit einem Bindemittel unter hohem Druck zu Platten gepreßt wird. Sperrholz besteht aus mehreren, mit wechselnder Faserrichtung verleimten Naturholzschichten von nur 0,5 bis 2 Millimeter Stärke. Diese Materialien haben überdies den großen Vorteil, daß sie in Platten bis zu 2 x 3 Meter Größe hergestellt werden können.

zwei Splintholzbretter mit den linken Seiten aufeinanderleimen. Vor allem aber läßt sich das Werfen durch eingeschobene Gratleisten unterbinden. So zeigt jedes Reißbrett an seinen Kanten solche Gratleisten. Schließlich kann man das Arbeiten des Holzes auch durch einen Anstrich mit Lack- oder Ölfarbe oder durch Einlassen mit Leinöl, Firnis oder Wachs verhindern. Dabei werden nämlich die Poren an der Oberfläche verschlossen, so daß Feuchtigkeit weder hinein noch heraus kann.

In der Faserrichtung verkürzt sich ein Brett durch Schrumpfen fast gar nicht, quer zur Faser jedoch bis zu einem vollen Zehntel. Dieses Arbeiten ist aber je nach Holzart

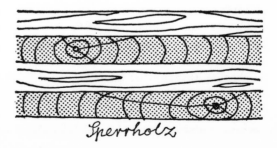

Sperrholz

Warum summen Telefondrähte?

Überall findet man noch heute Telefonleitungen frei über das Land gespannt. An manchen Tagen beginnen ihre Drähte ganz merkwürdig zu summen. Laien haben für diese eigenartige Erscheinung eine ebenso einfache wie falsche Erklärung gefunden: Die über den Draht dahineilenden Gespräche brächten die Drähte in Bewegung, und manche glauben aus dem Schwirren sogar Gesprächsfetzen herauszuhören.

Das ist natürlich Unsinn. Der elektrische Strom in den Leitungen kann die Drähte niemals zum Schwingen bringen. Das Summen der Telefondrähte ist vielmehr nichts anderes als die Folge einer rein *mechanisch* erzeugten Schwingung. Und zwar ist es in erster Linie der Wind, der an den Drähten wie an den Saiten einer Harfe zupft. Resonanzboden dieser »Harfe« sind die hölzernen Masten und die aus Porzellan gefertigten Isolatoren.

Aber nicht nur der Wind ist für das Summen verantwortlich. Auch durch Temperaturschwankungen werden die Drähte zu Schwingungen angeregt. Bei zunehmender Kälte zum Beispiel ziehen sich die Drähte zusammen, und das kann zu hörbaren Schwingungen führen. Alle solche Schwingungen pflanzen sich über den Draht fort und enden erst dort, wo die Isolatoren an einem Gebäude angebracht sind.

Die Telefondrähte sind also nichts anderes als ein akustischer »Resonator«. (Unter Resonanz versteht man das Mitschwingen eines schwingungsfähigen Gebildes – in unserem Fall der Drähte, Masten und Isolatoren –, wenn darauf verhältnismäßig schwache äußere Kräfte periodisch einwirken.) Hören kann man dieses Summen, weil das Schwingen der Drähte und damit der Schall, der durch Masten und Isolatoren noch verstärkt wird, von der Luft aufgenommen und an unser Ohr getragen wird.

Luft besitzt jedoch eine unterschiedliche Fähigkeit, Schall zu leiten. Deshalb ist an manchen Tagen das Summen der Telefondrähte stärker, an anderen Tagen schwächer zu hören. An feuchten Tagen wird der Schall ziemlich verschluckt, an trockenen Tagen dagegen besonders gut weitergeleitet. Hohe Töne werden dabei intensiver abgestrahlt als tiefe. Deshalb kann man an kalten, trockenen Wintertagen das Summen schon aus großem Abstand vernehmen, während man es etwa an einem feuchten, schwülen Sommertag erst hört, wenn man das Ohr direkt an einen Telefonmast legt.

Ganz etwas anderes als dieses mechanische Schwingen von Telefondrähten ist das Knistern von *Hochspannung*sleitungen. Hier handelt es sich um eine rasche Folge elektrischer Entladungen, ausgelöst dadurch, daß die Luft – besonders feuchte Luft – eben doch ein ganz klein wenig stromleitend sein kann. Telefondrähte stehen dagegen unter so geringen Spannungen, daß es zu elektrischen Entladungen nicht kommen kann.

128

Auf der Straße beobachtet

Warum dampft manchmal der Autoauspuff?

Drei Arten von »Fahnen« sind's, die dem Auspuff unserer Autos entquellen: lichtblaue, schwarzgraue und rein weiße. Die lichtblauen, das sind die Auspuffwolken von Benzinmotoren bei Ölüberschuß. Die schwarzgrauen, fettigen wehen hinter Dieselmotoren bei falscher Einstellung der Einspritzpumpe. Die weißen aber, das sind die harmlosesten, denn es sind reine Dampfschwaden, pure Wasserwolken. Man sieht sie vor allem zur Winterszeit und da ganz besonders häufig beim Starten des noch kalten Motors.

Die Frage, woher eigentlich diese Dampfwolken kommen, führt uns mitten hinein in das Geheimnis der Kraftstoff-Verbrennung.

Jeglicher Kraftstoff – ob Benzin, ob Dieselkraftstoff, Petroleum oder Kerosin, das manche Flugzeuge brauchen – ist eine Mischung aus den verschiedenartigsten chemischen Verbindungen, denen aber bei aller Verschiedenartigkeit eines gemeinsam ist: daß sie aus den Elementen Kohlenstoff und Wasserstoff bestehen. Dieser Kraftstoff wird nun also im Motor verbrannt. »Verbrennen« heißt aber immer: Sauerstoff aufnehmen. Genauer gesagt, heißt das: Abbau der ursprünglichen chemischen Verbindungen und Aufbau neuer Verbindungen unter Mitverwendung von Sauerstoff. Als Sauerstofflieferant dient normalerweise die umgebende Luft; nur Raketen führen ihren Sauerstoff als Konzentrat in sich selbst mit.

(Im Weltraum gibt es ja keine Luft.) Das Ergebnis der Verbrennung ist immer das gleiche, wie auch der Kraftstoff gemixt sein mag: Die Kohlenstoffatome des Kraftstoffs verbinden sich mit dem Luft-Sauerstoff zu Kohlendioxyd (und teilweise auch zu dem giftigen Kohlenmonoxyd); seine Wasser-

stoff-Anteile verbinden sich mit dem Sauerstoff zu – Wasser.

Und da haben wir's: Bei der Verbrennung
entsteht neben Gasen allemal Wasser. Viel
Wasser. Sehr viel Wasser. 1 Liter Kraftstoff ergibt ¾ bis 1 Liter Wasser! Wir sehen es nur im allgemeinen nicht, weil es als
meist unsichtbarer Dampf ins Freie gepu-
stet wird. Würde man es aber sammeln und
zu flüssigem Wasser kondensieren, dann
bekäme man tatsächlich aus 1 Liter Kraftstoff knapp 1 Liter Wasser.

Das Wasser entsteht natürlich in den Zylindern. Wegen der enorm hohen Verbren-
nungstemperaturen ist es dort dampfförmig. Und als Dampf entweicht es – vermischt mit dem gasförmigen Kohlendioxyd,
anderen Gasen und wohl auch geringen öli-
gen Bestandteilen – durchs Auslaßventil in
die Auspuffanlage.

Was nun geschieht, hängt zunächst von der
Temperatur der Auspuffanlage ab: Ist sie
sehr heißgefahren, so bleibt das Verbrennungswasser dampfförmig und wird unsichtbar ins Freie geblasen. Ist aber der
Auspuff noch kalt, so kondensiert darin das
Verbrennungswasser zu winzigen Tröpfchen, es bildet sich sozusagen Nebel, und
das Wasser verläßt den Auspuff als deutlich sichtbare weiße Wolke.

Aber auch die Außentemperatur spielt eine
Rolle. Ist nämlich die Luft warm, so kann
sie viel Wasser in sich auflösen; ist sie kühl
oder gar kalt, so ist ihre Lösefähigkeit viel
geringer. Deshalb bleibt im Sommer der
dem Auspuff entquellende Wasserdampf
unsichtbar, im Winter dagegen bildet sich
auch bei heißgefahrenem Auspuff in der
Luft ein Tröpfchenmeer, eine sichtbare dichte Wolkenfahne. Gut zu wissen, daß es sich
bei solchem weißen »Qualm« nicht um *Gase*
handelt, womöglich gesundheitsschädliche,
sondern um ganz harmloses Wasser.

Warum springen die Straßenbahnweichen automatisch herum?

Früher mußten alle Straßenbahnweichen mit der Hand umgestellt werden. Dazu mußte der Fahrer anhalten, sein Schiebefenster öffnen oder gar aussteigen, eine lange Stange – das »Stelleisen« – zwischen Fahrschiene und Weichenzunge einsetzen und dann die Zunge herumhebeln. An viel befahrenen Weichen saßen manchmal Beamte in einem kleinen Häuschen, die tagaus, tagein nichts anderes zu tun hatten als »ihre« Weiche entsprechend den ankommenden Bahnen umzustellen oder eben nicht umzustellen.

Heutzutage werden nur noch reine Rangierweichen mit der Hand gestellt, also Weichen an Abstellgleisen, in Straßenbahnhöfen und solche, die nur in Spezialfällen (zum Beispiel bei Umleitungen) benutzt werden. Alle Weichen im normalen Linienbetrieb stellt der Wagenführer elektrisch durch Fernbedienung.

Dazu befindet sich im Innern des Weichensystems, unsichtbar unter der Fahrbahn, ein Elektromagnet. Dieser Magnet steht mit der Weichenzunge in Verbindung. Außerdem ist die Oberleitung etwa 12 Meter vor der Weiche ein Stück lang isoliert. Dieses knapp 1 Meter lange »Schleifstück« steht also *nicht* unter der Spannung des Fahrdrahtes. Es ist zunächst einmal tot. Doch führt ein Extrakabel von der stromführenden Oberleitung auf dem Umweg durch den Weichenmagnet in das Schleifstück hinein.

So, nun kommt eine Straßenbahn angerollt. Schaltet der Fahrer, kurz bevor der Stromabnehmer oben das Schleifstück erreicht, seine Fahrkurbel auf Stellung »null«, so bleibt das isolierte Schleifstück und damit auch der Weichenmagnet ohne Strom. Denn es fehlt eine leitende Verbindung zwischen Oberleitung (Pluspol) und Schiene (Minuspol). Die Weiche bleibt somit stehen, wie sie steht. Natürlich darf der Fahrer seine Fahrkurbel erst dann wieder auf »Fahrt« stellen, wenn der Stromabnehmer an der Oberleitung das Schleifstück hinter sich hat. Er muß die Weiche also mit genügend Schwung angehen.

Nun aber der Fall, daß die Weiche umgestellt werden soll. Da braucht der Fahrer nichts weiter zu tun als seine Kurbel auf »Fahrt« zu stellen (am besten auf Kontakt 2 oder 3), wenn der Stromabnehmer über das Schleifstück gleitet. Dadurch nämlich schließt sich der Stromkreis zwischen Schleifstück und Gleis und damit auch zum Weichenmagnet. Fließt aber durch den Weichenmagnet ein Strom, so zieht der Magnet augenblicks die Weichenzunge herüber.

Es gibt allerdings noch ein anderes Schaltsystem. Da geht es so: Kurbel auf »Fahrt« – Weiche nach rechts; Kurbel auf »null« – Weiche nach links. Steht dabei die Weiche schon richtig, bleibt sie stehen; steht sie falsch, so springt sie um. Das hat den Vorteil, daß der Fahrer bei Schnee, starkem Nebel usw. nicht erst lange schauen muß, wie die Weiche gerade steht und ob er sie umlegen muß oder nicht. Allerdings wird heutzutage die Stellung der Weiche meistens mit einem Lichtsignal angezeigt, so daß der Fahrer sie auch bei sehr schlechter Sicht gut erkennen kann.

Und noch etwas haben moderne Straßenbahnwagen: einen Weichenstellkontakt. Soll eine Weiche umgelegt werden, dann drückt der Fahrer einfach diesen Kontaktschalter. Dadurch schließt sich der Stromkreis zwischen Oberleitung und Gleis ebenso, als wenn er die Fahrkurbel auf »Fahrt« stellen würde. Vorteil: Man muß nicht »mit Gas« auf die Weiche zufahren, sondern kann ohne Fahrstrom langsam auf sie zurollen.

Das Herumspringen der Weichenzunge un-

ter der harten Kraft des Elektromagneten hat zwei Nachteile: Erstens werden die beweglichen Teile der Weiche sehr stark auf Schlag beansprucht; zweitens spritzt das Regenwasser, das sich manchmal zwischen Fahrschiene und Weichenzunge ansammelt, beim Umstellen wie eine Fontäne meterhoch in die Luft und bespritzt die Leute. Deshalb baut man heute statt des Elektromagneten lieber einen kleinen Elektromotor ein, der die Weichenzunge nicht ruckartig, sondern etwas langsamer herüberzieht.

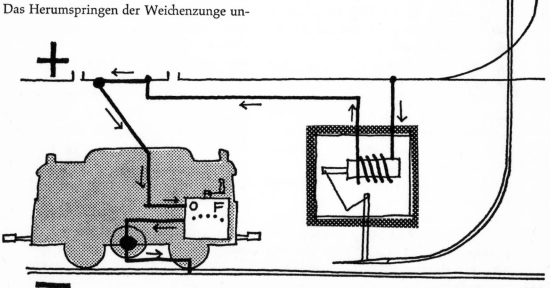

Warum hält sich auf Brücken Glatteis länger als anderswo?

Jeder Autofahrer kennt diese Erscheinung im Winter und vor allem in der Übergangszeit: Eben noch war die Straße lediglich regenfeucht oder sogar angenehm trocken und griffig, da kommt eine Brücke – und da ist plötzlich Eis. Knallhartes Glatteis! Jenseits der Brücke findet sich dann wieder trockene oder allenfalls regennasse Bahn.

Solch heimtückische, oft Unfälle verursachende Glatteisbildung speziell auf Brücken hat mehrere Ursachen.

Erstens: Brücken spannen sich gewöhnlich über Täler, und in flußführenden Tälern enthält die Luft mehr Feuchtigkeit als über trockenen Ebenen. Es ist also im Bereich solcher Brücken ganz einfach mehr Material für nebelfeinen Niederschlag da. (Deshalb übrigens im Herbst bei Talübergängen die besondere Nebelgefahr.)

Zweitens: Unter Brücken zieht es gewöhnlich, und auch *auf* der Brücke zieht's. Jeder aber weiß: Wo es zieht, friert man. Denn durch den Zug wird jegliches eventuell vorhandenes Wärmepolster weggeblasen. Auch eine Straßendecke kann so eine leichte Wärmeschicht über sich liegen haben. Die aber wird sich auf zugiger Brücke nicht halten.

Drittens: Über Land liegt die Straßendecke auf festem, nach unten unbegrenztem Erdreich aus Sand, Lehm, Erde und Gestein. Das ist ein enormer Wärmespeicher! Ständig schickt er im Winter seine sommersüber gesammelten Kalorien nach oben. Natürlich kann er damit nicht jegliche Eisbildung auf der Straßendecke verhüten; aber in Grenzfällen, im Übergangsbereich zwischen Eis und Nicht-Eis, da reicht es doch aus, das Wasser über dem Gefrierpunkt zu halten. Kommt dann gar ein bißchen Warmluft oder ein wärmender Sonnenstrahl hinzu, ist das Eis rasch verzehrt, das Wasser verdunstet, die Straße abgetrocknet. Anders bei Brücken: Hier liegt die Fahrbahn auf einer mehr oder weniger dünnen Konstruktion mit Stahl und Eisen auf. Da genügt natürlich die geringste Nullpunkt-Unterschreitung, die Feuchtigkeit auf der Straßenoberfläche in einen Eisspiegel zu verwandeln, zumal es ja, wie gesagt, fortgesetzt von unten her zieht. Das Ganze ist also ein richtiger Kühlschrank.

Und viertens: Brücken haben häufig einen anderen Belag als die Straße davor und dahinter, und dieser andere Belag hat in puncto Glatteisbildung leider fast immer ungünstigere Eigenschaften. Während zum Beispiel Autobahnbeton seine Eisschicht schon längst wieder los ist, schimmert auf dem Kleinsteinpflaster so mancher Brücken noch lange ein tückischer Eisspiegel. Das hängt mit dem Wärmeleitvermögen der verschiedenen Baustoffe zusammen.

Warum pfeifen in der Kurve manchmal die Reifen?

Nun, nicht erst in der Kurve produzieren Autoreifen Geräusche. Schon bei Geradeausfahrt – und vor allem bei schneller – hört man sie deutlich.

Die Ursache für alle Reifengeräusche liegt im Profil, also in der Musterung der Lauffläche. Fährt der Wagen, so streicht die Luft in hoher Geschwindigkeit über das Profil hinweg. Dabei wirken die Profil*vertiefungen* (vor allem die Querrinnen) wie Lochsirenen, die erhöhten, immer etwas beweglichen Profil*stege* und *-blöcke* wie Zungenpfeifen. Je schneller man fährt, desto rascher der Luftstrom, desto höher die Schwingungszahl und damit der Ton. Am deutlichsten merkt man das bei den bekannten grobstolligen Winterreifen, den sogenannten M + S-Reifen. Unter diese Sirenen- und Pfeifenklänge durch oberflächigen Luftstrom mischt sich aber noch ein weiteres Geräusch: Dort, wo der Reifen bei der Drehung auf die Fahrbahn aufkommt, werden die Profilteile mehr oder weniger stark zusammengequetscht, die Luft dazwischen wird also hinausgepreßt. Dadurch geraten die Profilelemente in Schwingung – und *Schwingung* bedeutet ja *Geräusch*!

Alle diese Geräusche entstehen natürlich auch bei Kurvenfahrt. Doch können sie dabei übertönt werden durch einen Klang, der auf ganz andere Weise entsteht und außerordentlich laut und schrill werden kann. Fährt man um eine Kurve, so werden die jeweils auf der Straße aufliegenden Profilteile durch die Fliehkraft seitlich verquetscht. Bei langsamer Fahrt und somit geringer Fliehkraft bleibt dabei jedes Teilchen noch fest am Boden. Bei höherer Geschwindigkeit aber drückt die Fliehkraft so stark, daß der Reifengummi dem schiebenden Druck nicht mehr genug widerstehen kann. Er versetzt dann in kleinsten Rucken und Hüpfern nach außen – er »radiert«. Dadurch geraten die Profilteile in Vibration – und eben das macht das »Pfeifen« aus. (Die Situation ist da ganz ähnlich, wie wenn man mit feuchtem Finger über eine Glasscheibe oder mit schräggehaltener Kreide über die Tafel fährt.

Natürlich bemühen sich die Reifenfirmen, die Fahrgeräusche ihrer Reifen zu mindern. So macht man das Profil über den Reifenumfang hinweg ganz bewußt etwas unregelmäßig. Die Stege und Stollen haben also nicht überall gleiche Breite und gleiche Abstände. (Allerdings erkennt man das nur bei sehr genauem Nachmessen.) Dadurch kommt der Reifen nicht in Resonanz, was ja den Ton verstärken würde. Ferner setzt man in die Rillen und Rinnen ab und zu kleine Noppen. So wird das geräuscherzeugende Zuquetschen der Rillen begrenzt; es wird eben nur ein Teil der Luft hinausgepreßt. Und schließlich verwendet man heute zunehmend Gummiarten, die eine hohe »Dämpfung« haben und deshalb nicht so stark vibrieren und somit weniger pfeifen.

Warum haben Autoreifen ein Profil?

Um es gleich zu sagen: Auf ganz glatter, sauberer und vor allem völlig trockener Fahrbahn ist man mit einem profillosen Reifen am besten dran. Nach Quadratzentimetern gemessen, liegt dann ein Maximum an Gummifläche auf der Straße auf. Somit besteht zwischen Reifen und Straße der denkbar innigste Kontakt, die stärkste Reibhaftung – der Fachmann sagt: der beste Kraftschluß.

Völlig anders aber wird die Situation, sobald die Straßenoberfläche mit Feuchtigkeit (Tau, Regenwasser, Schnee) oder mit Staub, Sand oder gar Lehm überzogen ist, und sei's in geringster Dosierung. Alle solche Überzüge wirken nämlich wie ein Schmierstoff. Wenn man nun bremst oder die Lenkung einschlägt, kommt der Reifen auf dieser Schmierschicht ins Rutschen wie der Schlitten auf dem Schnee. Das bedeutet höchste Gefahr.

Dagegen der profilierte Reifen: Seine Stollen greifen wie Krallen, ja fast wie Messer durch und zerschneiden gewissermaßen die Schmierschicht. Dabei wischen, drücken, schieben, quetschen sie das Wasser oder den Schmutz in die Rillen und sonstigen Vertiefungen zwischen den Stollen. Zusätzliche Feineinschnitte im Reifengummi, die sogenannten Lamellen, unterstützen diesen Wischeffekt. Außerdem wirken sie wie Saugnäpfe und geben so zusätzliche Haftung. Dies alles funktioniert auch bei erheblichen Fahrgeschwindigkeiten, trotz der kurzen, nur Sekundenbruchteile andauernden Zeit, die so einem Profilstollen für seine Wegschiebearbeit verbleibt. Um eine Zahl zu nennen: Bei einer Geschwindigkeit von 100 km/h verdrängt ein griffiger Reifen schon bei mäßigem Regen in jeder Sekunde 4 Liter Wasser! Ein Teil dieser Wassermassen verbleibt in den Rillen zwischen den Stollen, ein Teil wird durch Querkanäle seitlich weggespritzt. Man spricht von Drainage, das heißt eben »Ableitung«.

Natürlich: Je gröber und offener ein Reifenprofil ist, desto intensiver diese Drainagewirkung. Andererseits verschlechtert ein grobes Profil bei trockener, schmutzfreier Fahrbahn die Reibhaftung, denn es liegt dann ja weniger Gummifläche auf der Straße auf. Die Kunst der Reifenhersteller besteht also nicht zuletzt darin, ein Profil zu schaffen, das für trockene und für nasse Fahrbahn den besten Kompromiß bietet.

Etwas anders ist übrigens die Wirkung von Spezialprofilen für Ackerschlepper, Erdbewegungsmaschinen und in gewissem Maße auch bei den grobstolligen M + S-Reifen für die Autofahrerei im Winter: Hier soll der Lehm oder der Schnee nicht verdrängt werden (das wäre bei der Tiefe solcher Schichten ja meist auch gar nicht zu schaffen); vielmehr sollen sich die Reifenstollen durch Zusammenpressen des Untergrundes gewissermaßen eine »Zahnstange« schaffen, an der sie sich vorwärtsziehen können.

Warum schillert Öl auf einer Pfütze so bunt?

Jeder kennt die farbigen Schlieren, die bereits eine kleine Menge ausgelaufenen Öls auf einer nassen Straße oder auf der Oberfläche einer Pfütze verursacht. Woher rührt dieses Schillern? Woher vor allem kommen die Farben, wo doch das Öl selbst einfarbig braun oder sogar ganz farblos ist?

Der Physiker spricht hier von den »Farben dünner Schichten«. Um ihr Entstehen zu erklären, müssen wir etwas weiter ausholen.

Licht ist bekanntlich eine elektromagnetische Wellenerscheinung. Jeder »reine« Wellenvorgang wird durch eine bestimmte Wellenlänge charakterisiert. Bei den Wellen einer Wasseroberfläche ist das der Abstand von einem Wellenberg zum nächsten, bei einer elektromagnetischen Welle der Abstand zweier aufeinanderfolgender Stellen gleich gerichteter maximaler Feldstärke. Licht, das aus einer reinen, einer »monochromatischen« Welle besteht, hat immer eine bestimmte »reine« Farbe: eine Spektralfarbe. (»Monochromatisch« heißt ja wörtlich »einfarbig«.) Die Lichtsorten der verschiedenen Spektralfarben unterscheiden sich gerade durch ihre Wellenlängen, die übrigens alle sehr kurz sind. Die längste Wellenlänge hat das spektrale Rot mit 0,8 tausendstel Millimeter; dann nehmen die Wellenlängen ab über Orange, Gelb, Grün, Blaugrün und Blau bis schließlich Violett mit nur noch 0,4 tausendstel Millimeter Wellenlänge.

Fällt nun auf eine dünne Ölschicht, die sich auf einer Wasserfläche ausgebreitet hat, monochromatisches Licht, so wird von ihm ein Teil an der Vorder-, ein Teil aber auch an der Rückfläche der Schicht reflektiert. Beide Strahlteile haben, wenn sie wieder zusammentreffen, verschieden lange Wege hinter sich und ergeben deswegen eine »Interferenz«. Das heißt: Es kann zufällig ein Berg der einen auf einen Berg der andern Welle treffen. Das ergibt Verstärkung. Trifft aber ein Berg der einen auf ein Tal der andern Welle, so folgt Abschwächung, eventuell bis zur völligen Auslöschung. Da der »Gangunterschied«, der für die Interferenz verantwortlich ist, vom Einfallswinkel des Lichts und von der Dicke der Schicht abhängt, beide aber gewissen Schwankungen unterworfen sind, beobachtet man ein unregelmäßiges Muster abwechselnd heller und dunkler Streifen.

Der Gangunterschied hängt aber zusätzlich von der Wellenlänge der Lichtwelle ab. Deswegen sieht das Muster, wenn man es mit einer *anderen* monochromatischen Lichtsorte erzeugt, anders aus. Nun ist Sonnenlicht und auch das allgemeine Tageslicht ein Gemisch *aller* Lichtsorten von Rot bis Violett, das in eben dieser Zusammensetzung im Auge den Eindruck »Weiß« erregt. Trifft also weißes Licht auf unsere dünne Ölschicht, so entsteht eine Überlagerung all der Muster, die mit den einzelnen monochromatischen Sorten entstanden wären. Da

137

in dieser Überlagerung hier die eine Farbe vorherrscht und dort eine andere, zeigt sich jenes bunt schillernde Bild. Unter Umständen ist es sogar in Bewegung, wenn sich nämlich die Schichtdicke mit der Zeit ändert.

Man nennt auf diese Weise zustande gekommene Farben, die etwas gänzlich anderes sind als die »Pigmentfarben« des Malers, »Interferenzfarben«. Sie treten immer an sehr dünnen Schichten auf, außer an Ölschichten zum Beispiel auch in der dünnen Haut von Seifenblasen sowie in den dünnen Schuppen von Schmetterlingsflügeln, deren prächtiges Farbenspiel allein auf Interferenzfarben beruht.

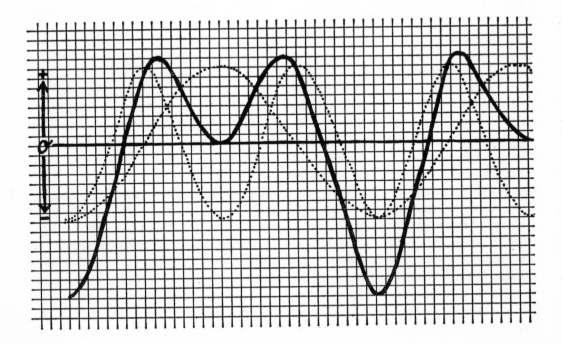

Warum kommt es zu Frostaufbrüchen?

Selbst naturwissenschaftlich hochgebildete Leute pflegen zu sagen: Das kommt von der Ausdehnung des Untergrundwassers beim Gefrieren. Aber das stimmt in den meisten Fällen nicht, beziehungsweise trifft es den Vorgang nur ungenau.

Zwar ist es richtig, daß sich Wasser beim Festwerden nicht zusammenzieht, wie nahezu alle anderen flüssigen Stoffe es tun, sondern sich ausdehnt, und zwar um immerhin 9 Prozent seines Volumens. (Diese Eigenschaft des Quellens beim Festwerden haben sonst nur noch die Metalle Wismut und Gallium.) Deshalb platzt ja eine gefüllte und verschlossene Wasserleitung, wenn sie unter null Grad kommt. Frostaufbrüche von Straßen haben aber fast immer noch eine andere Ursache. Beweis: Eine Straße bricht auch dann hoch, wenn man versuchshalber ihren sandigen Unterbau statt mit Wasser mit einer Flüssigkeit tränkt, die sich beim Gefrieren zusammenzieht, zum Beispiel mit Benzol, dessen Gefrierpunkt bei +5 Grad Celsius liegt. Nein, es ist vielmehr die sogenannte Kristallisationskraft, die hier wirksam wird!

Das Erstarren einer Flüssigkeit ist immer ein Kristallisationsvorgang. Dabei hat der Stoff von Natur aus das Bestreben, noch vorhandene Restflüssigkeit lieber an schon bestehende Kristalle anzulagern und diese Kristalle noch zu vergrößern, als kleine neue Kristalle zu bilden. Und: Ist das Wasser von einer schwammartigen Substanz aufgesogen, so zeigt es in den kleinsten Poren eine geringere Gefrierneigung als in den etwas größeren Poren. Im Falle »Straße« bedeutet dies: Das Wasser im Unterbau wandert während des Gefriervorgangs mit Vorliebe von den feinen Poren zu den etwas geräumigeren. Der bereits gebildete Kristall dort wirkt auf das umliegende noch flüssige Wasser gewissermaßen wie ein Magnet. Und so wächst und wächst er, wobei er im Extremfall Faustgröße erreichen kann. Klar, daß dabei infolge Platznot der Druck steigt. Nun, und dieser Wachstumsdruck ist es, der schließlich die Raumwandung zerreißt und die Straße aufbricht. Schon 1 Atmosphäre Überdruck kann eine Erddecke von mehreren Metern Dicke hochdrücken! Meistens ist es allerdings so, daß der Asphaltbelag noch ziemlich geschlossen bleibt, solange er von unten her vom festen Eis gestützt wird. Schmilzt dann bei Tauwetter das Eis, so bricht die Decke unter der Last der drüberfahrenden Autos zusammen.

Nun wird auch verständlich, warum bei schnellem, starkem, rasch in die Tiefe dringendem Frost die Straße weniger aufbruchgefährdet ist als bei langsamem Durchfrieren: Schneller Frost bringt auch in den feinsten Poren das Wasser sofort zum Kristallisieren. Es hat keine Zeit mehr, sich auf den Weg zu schon bestehenden größeren Kristallen zu machen.

Besonders stark frostgefährdet sind Straßen mit einem Unterbau aus grobkörnigem Kies, in den feiner Sand eingeschwemmt ist. Die winzigen Poren zwischen den Sandkörnchen sind dann gute Lieferanten von noch flüssigem Wasser für die in den Großporen zwischen dem Kies wachsenden Eiskristalle. Je feiner eben die Poren, desto geringer die Gefrierbereitschaft des Wassers darin, desto stärker sein »Wandertrieb« zu größeren Poren. Ein Unterbau aus grobkörnigem Kies ohne Sandbeimengung ist deshalb kaum frostaufbruchgefährdet.

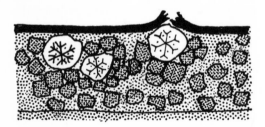
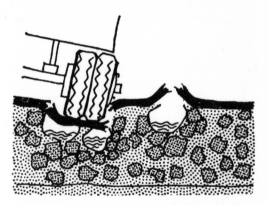

Warum verändert sich beim schnellen Vorbeifahren ein Hupenton?

Zunächst einmal: Was ist überhaupt ein »Ton«, was ist »Hören«?

Nun, einen Ton gibt es immer dann, wenn irgend etwas rhythmisch schwingt: bei der Geige die Saite, bei der menschlichen Stimme das Stimmband, bei der Autohupe die Membran. Und hören können wir das, wenn irgendein Medium uns diesen Ton zuträgt. Normalerweise tut das die Luft; aber beim Tauchen ist's natürlich das Wasser; und wenn wir das Ohr auf die Schiene legen und jemand dann irgendwo auf die

eine Sopranistin ein dreigestrichenes d, dann vibrieren ihre Stimmbänder 1175mal in der Sekunde, beim g des Basses schwingen die seinen nur 98mal. Und wir »hören« das, weil die Luft diese Schwingungen vom Munde des Sängers bis zu uns heranträgt und schließlich unser Hörorgan zu gleichem Schwingen anregt.

Nehmen wir nun an, ein Auto steht in der Ferne und hupt. Die Hupe sei auf den Ton a' gestimmt. Das ist der sogenannte Kammerton: 440 Schwingungen pro Sekunde.

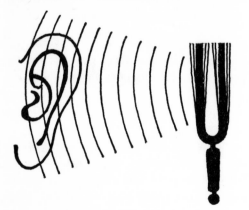

Schiene hämmert, dann leitet eben der Schienenstahl die Tonschwingungen ins Ohr.

Nun gibt es ja die verschiedensten Töne. Je schneller nämlich der Schallerzeuger vibriert, das heißt je mehr Schwingungswellen pro Sekunde an unser Ohr kommen, desto höher erscheint uns der Ton. Singt

Diesen Ton leitet uns die Luft mit einer Geschwindigkeit von rund 1200 km/h zu. (Das ist die Schallgeschwindigkeit in Luft. In Wasser ginge es 4- bis 5mal schneller, in Eisen sogar 17mal.) Wir hören die Hupe im Originalton. Nun fährt der Wagen an und bewegt sich weiterhupend schnell auf uns zu. Jetzt erreichen uns pro Sekunde

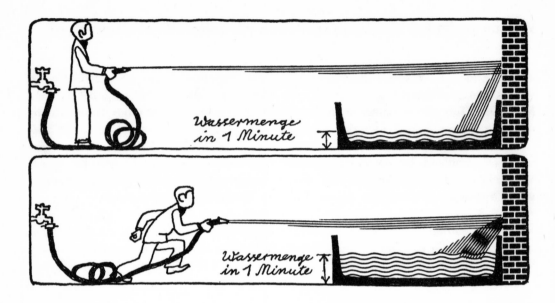

nicht nur 440 Schwingungen, sondern eine ganze Menge mehr; so viel mehr nämlich, wie das Auto durch sein Heraneilen an Schwingungswellen vor sich her schiebt. Die Tonwellen werden sozusagen gestaucht! (Vergleich: Man spritzt mit dem Gartenschlauch gegen eine Wand erst im Stehen, dann indem man auf die Wand zuläuft. Im zweiten Fall trifft pro Sekunde mehr Wasser auf die Wand als im ersten Fall.) Mehr Schwingungen pro Sekunde bedeutet aber höherer Ton! Wenn das Auto mit 146 km/h herankommt, wird aus dem Ton a' der Ton h'. (Bei 174 km/h wird's ein c".)

Jetzt ist der Wagen genau auf unserer Höhe angelangt, und aus dem Heranbewegen wird ein Wegbewegen. Das ist der Augenblick, wo der Ton umkippt: Die Tonschwingungen werden nunmehr gestreckt, werden von uns »weggezerrt«, und statt 440 Schwingungen erreichen uns in der Sekunde nur noch 390 oder gar noch weniger, je nach Fahrgeschwindigkeit. Der Ton wird niedriger! Beispielsweise wird bei 130 km/h aus dem a' ein g'.

Immer wenn sich eine Schwingungsquelle auf den Beobachter zubewegt, wird die Schwingungszahl (die »Frequenz«) größer, beim Wegbewegen wird sie kleiner. Christian Doppler hieß der österreichische Physiker, der im Jahre 1842 diese Erscheinung untersucht und erklärt hat. Deshalb spricht man vom »Doppler-Effekt«. Man erlebt ihn zum Beispiel beim Pfiff einer nahe vorbeifahrenden Lokomotive, eines vorbeifliegenden Flugzeugs und natürlich auch dann, wenn man selbst fährt und eine Tonquelle seitlich an der Straße steht.

Das Wetter und der Himmelsraum

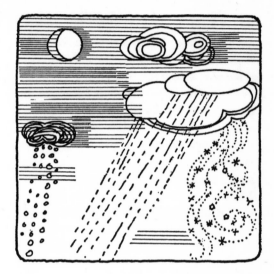

Warum kann es im Sommer hageln?

Alle Wärme bezieht unsere Atmosphäre von der Sonne. Dabei kann die Luft nur dort größere Wärmemengen aufspeichern, wo sie eine entsprechende Dichte aufweist. In der Stratosphäre und noch höher ist die Luft so dünn, daß die Sonnenstrahlung dort keinen »Heizwiderstand« mehr vorfindet, so daß hier ständig tiefe Temperaturen herrschen. Selbst im Hochsommer liegt deshalb die Frostgrenze bei etwa 3000 Meter Höhe, wie wir vom Wetterbericht her wissen. Das bedeutet, daß es auf hohen Bergen sogar in tropischen Gebieten empfindlich kalt sein kann. Schon mancher Bergsteiger hat mitten im Sommer den Erfrierungstod erlitten.

Wenn sich nun im Sommer in der unteren Atmosphäre Gewitterwolken bilden, so werden sie durch die vom Boden aufsteigende Warmluft und die dabei wirksamen Auftriebs-Sturmwirbel in große Höhen hinaufgeblasen, oft bis zu 8 Kilometer hoch. Damit kommen die Wassertröpfchen der Wolke in einen sehr kühlen Bereich, in dem sie zu Eiskügelchen frieren. Diese in Eis verwandelten Regentropfen fallen dann mit großer Geschwindigkeit nieder, so daß sie keine Zeit mehr haben, in den unteren, wärmeren Luftschichten wieder aufzutauen. Es hagelt!

Meist sind die Hagelkörner nur erbsengroß. Aber sie können bis zur Größe von Hühnereiern anwachsen, ja im Extremfall sogar mehrere Kilogramm schwer werden.

Hagelschläge dauern fast nie länger als eine Viertelstunde. Doch schon in wenigen Minuten können schlimme Schäden entstehen. An einzelnen Hageltagen wurden Schäden von mehreren Millionen Mark in verhältnismäßig kleinen Gebieten verursacht.

Normale Regenwolken bewegen sich in einem Gebiet zwischen 1000 und 3000 Meter Höhe, so daß sie sich kaum zu Hagelwolken ausbilden können. Es sind also in erster Linie die hoch aufsteigenden Gewitterwolken von dieser Erscheinung betroffen. Und nachdem Gewitter vorwiegend im Sommer auftreten, wird man auch zu dieser Zeit mit den meisten Hagelschlägen rechnen müssen.

In neuerer Zeit hat man versucht, durch Explosionserschütterungen hagelverdächtige Gewitterwolken sozusagen auseinanderzusprengen, ehe sich der Hagel so richtig ausgebildet hat. Bei solchem »Hagelschießen« werden mit Raketen starke Sprengladungen in die Wolken abgefeuert und dort zur Explosion gebracht. Die dabei entstehenden Energien sind aber im Vergleich zu den in Gewitterwolken wirksamen Kräften äußerst gering. Tatsächlich konnte ein Erfolg durch das Hagelschießen noch nicht einwandfrei nachgewiesen werden.

Warum ist der Himmel blau, und warum ist das Abendrot rot?

Der blaue Himmel an schönen Tagen ist uns von Kindheit her vertraut und erscheint uns deswegen nicht sonderbar. Bei ein wenig Überlegung muß aber doch die Frage auftauchen, woher die blaue Farbe des Himmels stammt. Die Sonne strahlt weißes Licht zur Erde, und die Luft, durch die das Licht dringen muß, ist ja farblos.

Daß aber die Blaufärbung des Himmels trotzdem allein von der Lufthülle der Erde herrührt, ist heute, im Zeitalter der Weltraumfahrt, leichter einzusehen als früher. Jeder hat schon in Zeitschriften Farbfotos aus dem Weltraum gesehen oder Fotos vom Mond aus, und auf diesen ist der Himmel pechschwarz. Nur von der Sonne und von anderen Himmelskörpern kommt eben Licht, und in allen Richtungen, aus denen kein Licht ins Auge fällt, erscheint der Hintergrund schwarz. So wäre es auch auf der Erde, wenn die Lufthülle nicht vorhanden wäre. Sie ist es, die die Wirkung der Sonnenstrahlen ganz wesentlich verändert.

Luft und Luft ist aber nicht überall gleich, und deswegen ist auch das Himmelsblau verschieden. In südlichen Ländern ist es viel intensiver als bei uns. Über Großstädten, über denen ein schmutziger Dunst lagert, ist dagegen nicht mehr viel vom Himmelsblau zu sehen.

Offensichtlich hat also die Verschmutzung der Luft, sogar jede Art von Dunst, etwas mit dem Blau des Himmels zu tun. Je weniger Dunst- und Staubpartikelchen in der Luft enthalten sind, desto reiner blau strahlt der Himmel. Und außerdem bringt wohl der höhere Sonnenstand in südlichen Ländern ein intensiveres Blau.

Nehmen wir einmal den Idealfall, daß die Luft ganz frei von Fremdpartikelchen ist und die Sonne senkrecht vom Zenit strahlt. Dann kann nur die Luft selbst, also die in ihr enthaltenen Sauerstoff- und Stickstoffmoleküle, am blauen Himmel schuld sein. Diese Erklärung fanden tatsächlich schon die Physiker des vorigen Jahrhunderts. Sie zeigten, daß die Moleküle der Luft das von der Sonne kommende Licht nach allen Seiten zerstreuen müssen, und zwar nach den Gesetzen der Beugung den blauen, kurzwelligen Anteil des Sonnenlichtes am stärksten. So kommt es, daß sich die blauen Anteile über den ganzen weiten Himmelsraum verteilen, während die gelben, die orangefarbenen und die roten im wesentlichen in der Strahlrichtung der Sonne verbleiben. Das ist die Ursache des Himmelsblaus.

Daß diese Theorie stimmt, zeigt sich am besten daran, daß man aus der Sättigung des Himmelsblaus die Zahl der an der Streuung beteiligten Moleküle und schließlich auch die Zahl der Moleküle in 1 Kubikzentimeter Luft berechnen kann. Man erhält dabei zwar nur einen rohen, aber doch einigermaßen richtigen Wert.

Da der Sonne nun die Hauptmenge ihres blauen Strahlungsanteils entzogen und sozusagen über den ganzen Himmel verteilt

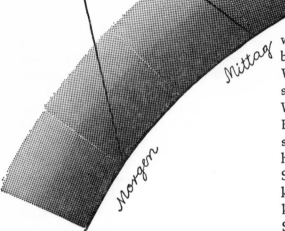

Abend

Mittag

Morgen

wird, erscheint sie selbst nicht mehr rein weiß, sondern gelblich. Wenn sie gar am Morgen oder am Abend sehr tief am Horizont steht, müssen ihre Strahlen einen erheblich längeren Weg durch die Luftschichten nehmen. Dabei halten Staub und Wassertröpfchen in der Atmosphäre die blauen und grünen Lichtanteile noch viel stärker zurück als die roten und die gelben. Die Atmosphäre wirkt also in diesem Falle wie ein Rotfilter. Das ist die Ursache für Morgen- und Abendrot!

Je feuchter die Luft, desto kräftiger dieser Effekt. Deshalb ist eine besonders starke Rotfärbung des Himmels meistens ein Anzeichen für kommenden Regen. Zwar gibt es die alte Regel »Abendrot – Schönwetterbot«. Doch da ist es meistens so, daß sich die hohe Luftfeuchtigkeit, die das Abendrot bewirkt hatte, bereits in der Nacht abgeregnet, so daß am anderen Morgen dann

wieder schönes Wetter herrscht, während beim Morgenrot (»Morgenrot – schlecht Wetter droht«) der Regen tagsüber fällt, so daß wir in diesem Falle das schlechte Wetter bewußter zur Kenntnis nehmen.

Bei teilweise bewölktem Himmel spiegelt sich der Widerschein des Abendrots in hochstehenden Wolken noch lange nach Sonnenuntergang, so daß dann ganze Wolkenfelder rot gefärbt erscheinen. Ebenso können hohe Berge und Bergspitzen nach Sonnenuntergang immer noch das rot gefärbte Sonnenlicht erhalten, und dies ergibt das herrliche Naturschauspiel eines »Alpenglühens«.

Übrigens: Bei einer Mondfinsternis erhält auch der im Erdschatten stehende Mond durch die Erdatmosphäre gefiltertes und somit rot verfärbtes Sonnenlicht, so daß der »verfinsterte« Mond dann in einem eigentümlichen kupferroten Licht erscheint.

Bliebe noch zu erklären, warum denn manchmal der Himmel über uns nahezu weiß ist. Nun, alle Arten von Dunst, insbesondere auch gröbere Staub-, Ruß- und andere Partikelchen, beeinträchtigen die Reinheit des Himmelsblaus. Diese groben Teilchen zerstreuen zwar ebenfalls das Licht, aber, da sie viel größer sind als die Moleküle, ohne irgendwelche Farbbevorzugung. Ihre Lichtzerstreuung mischt deswegen dem blauen Himmelslicht mehr und mehr Weiß bei, wodurch das Himmelsblau blasser und blasser wird.

Warum erscheint uns der Mond am Horizont größer als am hohen Himmel?

Diese Erscheinung ist in der Tat so auffällig, daß die Menschen auf der Straße oft ganz verblüfft stehenbleiben, wenn sich am Abend die riesig wirkende Scheibe des Mondes hinter den Dächern der Stadt emporschiebt. Das gleiche Phänomen zeigt sich übrigens auch bei der Sonne, wird bei ihr aber wegen der blendenden Helligkeit meist nicht bemerkt.

Das Ganze ist eine optische Täuschung. Genaue Messungen zeigen, daß sich die Mondscheibe am Himmel in ihrer Größe nicht ändert. Wer das selbst nachprüfen möchte, kann den »großen« Mond am Horizont bei ausgestrecktem Arm in eine Schublehre einpassen. Die gleiche Messung ein paar Stunden später, wenn also der Mond hoch am Himmel steht, wird zeigen, daß die Schublehre nicht verändert werden muß: Die Mondscheibe paßt noch immer in die eingestellte Meßöffnung.

Daß uns die Gestirne am Horizont größer erscheinen als im Zenit, führt man darauf zurück, daß wir sie am Horizont mit den dort unmittelbar sichtbaren Dingen der Erde in eine Größenbeziehung setzen können. Unser Auge kann hier unbewußt einen Größenvergleich vornehmen. Bei Gestirnen hoch am Himmel geht das nicht mehr. Dort verlieren sich die Himmelskörper gewissermaßen in der Leere des Raums.

Diese Überbewertung der horizontnahen Dinge führt auch dazu, daß man die Höhe einer fernen Bergkette immer zu hoch einschätzt. Macht man dann ein Foto, wirken die Berge auf dem Bild wesentlich flacher und unscheinbarer, was bei Fotografen schon oft zu bitteren Enttäuschungen geführt hat. Die Kameralinse ist eben frei von optischen Täuschungen. Ähnliches kann man in der Wetterkunde erleben: Wolken, die nahe dem Horizont stehen, erscheinen bedeutend mächtiger als gleichgroße Wolken hoch am Himmel.

Man hat übrigens festgestellt, daß diese optische Täuschung bei Kindern noch stärker wirkt als bei Erwachsenen. Es ist wohl so, daß die fortschreitende Lebenserfahrung auch eine Einübung im Beurteilen sichtbarer Erscheinungen unserer Umwelt mit sich bringt. Das Auge »lernt« eben.

Nun gibt es aber *tatsächlich* meßbare Größenschwankungen des Mondes am Himmel. Das kommt daher, daß der Mond eine elliptische Bahn um die Erde beschreibt, so daß er uns einmal näher steht, ein andermal weiter entfernt ist. Der Abstand Erde – Mond schwankt zwischen 365 400 und 405 700 Kilometer. Das sind im Maximum immerhin fast 15 Prozent Unterschied. Demzufolge ändert sich auch der scheinbare Durchmesser der Mondscheibe im Laufe eines Monats um diese 15 Prozent. Mit unserem Seh-Phänomen hat das aber nichts zu tun. Ganz unabhängig von seiner Stellung auf der Ellipsenbahn erscheint uns der Mond in Horizontnähe *immer* größer als am hohen Himmel.

Warum leuchten die Sternschnuppen?

Sternschnuppen sind alltägliche – oder besser gesagt: allnächtliche – Erscheinungen. In jeder sternklaren Nacht kann man dann und wann einen leuchtenden Strich über den Himmel huschen sehen. Es heißt, daß man sich bei so einer Sternschnuppe rasch etwas wünschen soll. Aber das ist natürlich der blanke Aberglaube.

Der Weltraum zwischen den Sternen und Planeten ist nicht völlig leer. Wenn auch in sehr, sehr dünner Verteilung mit Abständen von jeweils Tausenden von Kilometern, finden sich darin kleine und größere Brocken kosmischer Materie, bestehend aus Nickeleisen, Gesteinen oder auch glasähnlichen Stoffen. Es handelt sich hier um übriggebliebene Rohstoffe aus der Zeit der Entstehung der Sonnensysteme oder um Überreste zerfallener Kometen. Auf ihrer Wanderung um die Sonne stößt die Erde immer wieder mit solchen Teilchen zusammen – wie wenn ein Radfahrer mit seinem Kopf gegen eine Mücke saust. Unsere Erde rast mit einer Geschwindigkeit von über 120 000 Kilometer in der Stunde um die Sonne, und auch jene Teilchen haben enorme Eigengeschwindigkeiten: bis zu 300 000 Kilometer in der Stunde. Schießt nun so ein Teilchen in die Lufthülle der Erde hinein, so wird es infolge der Reibung an den Luftmolekülen so stark gebremst und dabei so hoch erhitzt, daß es in den unteren, immer dichter werdenden Luftschichten – in Höhen zwischen 50 und 100 Kilometer über der Erdoberfläche – aufglüht und schließlich verdampft. Dabei können Temperaturen bis zu 3000 Grad Celsius auftreten! Und das ist der Augenblick, in dem wir die Sternschnuppe aufleuchten sehen. Der Fachmann nennt so etwas »Meteor«.

Normale Sternschnuppen sind sehr, sehr kleine Teilchen. Sie haben kaum Stecknadelkopfgröße und nur wenige Gramm Gewicht. Daß wir sie dennoch so deutlich wahrnehmen, liegt daran, daß der ganze Stoff verdampft und sich dadurch entsprechend ausdehnt. Natürlich: je größer das Teilchen, desto heller und imposanter die Leuchterscheinung. Eine Sternschnuppe von 20 oder 30 Gramm kann bereits die ganze nächtliche Landschaft in taghelles Licht tauchen! Dann spricht man von einer *Feuerkugel*. Noch größere Brocken können, nachdem ein Teil verdampft ist, mit dem Rest die Lufthülle der Erde völlig durchstoßen und bis zum Erdboden gelangen. Aus dem Meteor wird ein »Meteorit«. Entscheidend ist dabei, unter welchem Winkel das Teilchen in die Atmosphäre hereinkommt. Manche Meteore dringen so flach ein, daß sie die Lufthülle nur streifen und dann wieder in den Weltraum hinausschießen, während andere mehr oder weniger senkrecht auftreffen. Daraus erklärt sich auch, warum man Sternschnuppen entweder als langen Strich oder nur als hell aufblitzenden Punkt sehen kann.

Man könnte nun meinen, daß die Menge

der Meteoriten insgesamt doch recht gering sei. Jedoch: Auf die Erde gehen so viele Meteoriten nieder, daß unser Globus täglich um rund 25 Tonnen schwerer wird!

Normale Meteoriten haben Gewichte von nur wenigen Gramm. Sie bleiben praktisch alle unbemerkt. Hin und wieder findet man aber Meteoriten von Faustgröße und noch mehr. Zentnergewichte sind schon sehr, sehr selten. An einigen Stellen aber finden wir die Spuren gewaltiger kosmischer Einschläge, so den großen Meteorkrater in Arizona nahe dem Cañon Diablo in Nordamerika mit über 1 Kilometer Durchmesser und 400 Meter Tiefe. Dort ist vor Jahrtausenden ein Meteor von rund 1 Million Tonnen Gewicht auf die Erde gefallen. Und noch in unserem Jahrhundert, am 6. Juni 1908, hat ein Meteor riesenhaften Ausmaßes in Sibirien 1000 Quadratkilometer Waldfläche in eine verbrannte und zerschmetterte Wüste verwandelt. Doch keine Angst: Solche Rieseneinschläge aus dem Kosmos sind enorm selten. Nach der Statistik wird nur alle 900 Jahre ein Mensch von einem Meteoriten getroffen.

Zu bestimmten Zeiten des Jahres – vor allem im August und November – kann man auffallend viele Sternschnuppen sehen. Das sind die Wochen, wo die Erde besonders dichte Felder meteoritischer Teilchen kreuzt. Im August ist es ein Schwarm aus der Richtung des Sternbilds Perseus, weshalb man die dadurch entstehenden Sternschnuppen *Perseïden* nennt. Im November gibt das Sternbild des Löwen den Hintergrund für das himmlische Feuerwerk ab, so daß diese Sternschnuppen *Leoniden* heißen (von lat. Leo = Löwe). Aber selbst in solchen Meteorschwärmen beträgt der Abstand der einzelnen Teile voneinander immer noch rund 80 bis 110 Kilometer, so daß ein Raumschiff mit großer Wahrscheinlichkeit unbeschadet hindurchfahren könnte. Man hat einmal ausgerechnet, daß ein Weltraumschiff fast 30 Jahre lang durch das Sonnensystem kreuzen könnte, bis es zu einem Zusammenstoß mit einem größeren und für das Schiff gefährlichen Meteoriten kommen würde. Der Aufprall kleiner Meteorteilchen ist, wie die bisherige Praxis erwiesen hat, für Raumschiffe ziemlich ungefährlich.

Warum sehen wir immer nur die eine Seite des Mondes?

Seit Jahrtausenden zeigt der Mond der Erde immer das gleiche Gesicht. Der Mensch hat dieses »Mondgesicht« in seiner Phantasie mit vielen Figuren und Zeichen gedeutet. Da gibt es den »Mann im Mond« und den »Hasen im Mond«; südliche Völker sehen im Mond ein sich küssendes Liebespaar, während andere sich ein gütig lachendes Gesicht vorstellen. Heute wissen wir, daß die schon mit freiem Auge auf dem Mond sichtbaren dunklen Flecken große Tiefebenen sind.

In rund 29 Tagen kreist der Mond einmal um die Erde. Genau in diesem Zeitraum aber dreht er sich auch einmal um sich selbst. Somit wendet er der Erde immer das gleiche Gesicht, immer die gleiche Seite seiner Oberfläche zu. Eine solche Art von Umlauf um einen anderen Himmelskörper nennt der Astronom eine »gebundene Rotation«. Man nimmt heute an, daß sich der Mond früher, vor Millionen von Jahren, schneller um sich selbst gedreht hat. Hätte es damals schon Menschen auf der Erde gegeben, so hätten sie im Laufe von Wochen oder Monaten den Mond rundherum kennengelernt. Durch die am Mond zerrenden Anziehungskräfte von Sonne und Erde wurde diese Rotation allmählich abgebremst. Und diese Abbremsung ist längst zu Ende gekommen, so daß Mondumlauf und Mondrotation nun zeitlich genau übereinstimmen. Die Rückseite des Mondes war uns noch bis vor wenigen Jahren völlig unbekannt. Erst durch die Raumfahrt wurde sie für Menschen sichtbar.

Den Begriff »gebundene Rotation« kann man so verdeutlichen: Man geht so um einen Tisch herum, daß man immer auf die Mitte des Tisches schaut, das Gesicht also stets auf den Tisch gerichtet bleibt. Während eines solchen Umganges wird man aber alle vier Wände des Zimmers sehen. Man hat sich also während des Umganges tatsächlich einmal um sich selbst gedreht. Die Abbremsung eines Himmelskörpers ist

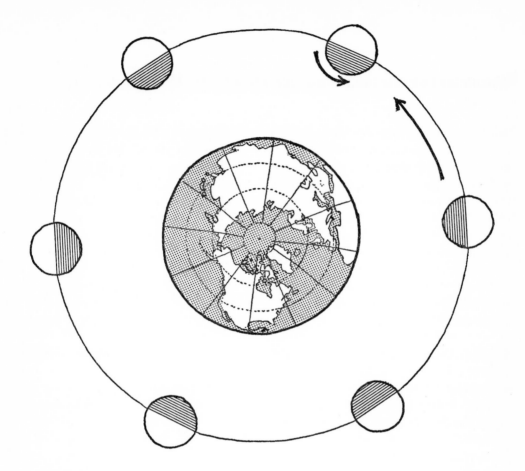

übrigens ein Vorgang, von dem nicht nur unser Mond betroffen wurde. Überall dort, wo Anziehungskräfte mehrerer größerer Himmelskörper auf einen Mond oder auf einen Himmelskörper einwirken, kann eine solche Bremswirkung entstehen. So hat auch der sonnennächste Planet Merkur bereits so viel Rotationsschwung verloren, daß er ebenfalls immer dieselbe Seite der Sonne zuwendet. Aus genauen Messungen wissen wir, daß sich sogar die Umdrehung unserer Erde noch verlangsamt, und zwar in hundert Jahren um eine Tausendstelsekunde. Das bedeutet also, daß auch unser Planet in einigen Hundert Millionen Jahren eine gebundene Rotation haben wird. Dann wird die eine Seite der Erde immer zur Sonne zeigen und somit auf unerträgliche Hitze hochgeheizt werden, während die andere Seite ständig in dunkler Nacht liegt, so daß dort eisige Kälte einziehen wird. Zum Glück ist bis dahin noch viel Zeit, so daß wir uns über solche Zustände heute nicht den Kopf zerbrechen müssen.

Warum gibt es Frühling, Sommer, Herbst und Winter?

Man könnte diese Frage mit einem einzigen Satz beantworten: Weil die Erdachse schief steht. Tatsächlich wandert die Erde mit einer »Schlagseite« von 23 Grad Neigung um die Sonne. Dabei zeigt die Erdachse immer in dieselbe Richtung. Man kann sogar sehen, wohin sie ausgerichtet ist: $1\frac{1}{2}$ Grad neben dem Polarstern liegt der nördliche Zielpunkt der Erdachse.

Wegen dieser Schrägstellung ist die Erdachse auf ihrer Jahresbahn um die Sonne einmal mit ihrem nördlichen Ende (Nordpol), ein andermal mit ihrem südlichen Ende (Südpol) zur Sonne hin geneigt. Die irdischen Jahreszeiten werden nun dadurch hervorgerufen, daß durch eben diese Neigung der Erdachse der Einfallswinkel der Sonnenstrahlen im Laufe des Jahres ständig wechselt. Wenn der Nordpol von der Sonne weggeneigt ist, haben wir auf der Nordhalbkugel Winter. Die Nordpolargegend erhält zu dieser Zeit überhaupt kein Sonnenlicht, so daß dort fast drei Monate lang dunkle Nacht herrscht. In unserem Mitteleuropa streicht die Sonne nur flach über den Südhorizont, so daß hier der Tag im Hochwinter nur etwa 8 Stunden dauert. 16 Stunden lang bleibt die Sonne unter dem Horizont.

Im Frühling und im Herbst steht die Erdachse sozusagen quer zur Sonne, so daß Nord- und Südhalbkugel nun gleich viel Sonnenlicht bekommen. Die Schattengrenze zwischen Tag und Nacht verläuft jetzt genau über die beiden Erdpole. Tag und Nacht sind mit jeweils 12 Stunden gleich lang. Die Sonne geht genau im Osten auf und genau im Westen unter.

Ist jedoch die Nordhalbkugel der Erde zur Sonne hin geneigt, zieht bei uns der Sommer ein. Nun hat der Nordpol 3 Monate lang ständig Sonnenlicht, so daß dort sogar um Mitternacht die Sonne scheint. Bei uns dauert der Tag im Hochsommer 16 Stunden, die Nacht nur 8 Stunden. Wer im Sommer weit nach Norden fährt, etwa nach Schweden oder Norwegen, wird feststellen, daß die Nächte immer kürzer werden, je nördlicher man kommt. Jenseits des Polarkreises gibt es sogar eine Zeitspanne, in der die Sonne überhaupt nicht mehr untergeht. Man spricht von der *Mitternachtssonne*.

Wer sich die Sache mit der schiefen Erdachse richtig überlegt, wird sofort verstehen, daß es auf der Erde immer zwei entgegengesetzte Jahreszeiten gibt: Wenn wir auf der Nordhalbkugel Winter haben, herrscht auf der südlichen Erdhälfte Sommerzeit, und umgekehrt. Wem es also im Winter bei uns zu kalt ist, der muß nach Australien oder nach Südafrika oder nach Südamerika reisen, weil dort zu dieser Zeit sommerliche Badesaison ist.

Nebenbei bemerkt: Die Entfernung zwischen Erde und Sonne ist nicht immer gleich. Im Januar steht die Erde um 5 Millionen Kilometer näher an der Sonne als im Juli. Denn die Erdbahn um die Sonne ist kein absoluter Kreis, sondern eine leichte Ellipse, wobei die Entfernung Erde – Sonne zwischen 147,1 und 152,1 Millionen Kilometer schwankt. Auf den Gang der Jahreszeiten hat das aber keinerlei Einfluß. Denn dieser Unterschied von 5 Millionen Kilometer ist viel zu gering, als daß sich daraus eine spürbare Änderung der Wärmezufuhr ergäbe. Andernfalls müßte es ja auch auf der Nordhalbkugel im Januar wärmer sein als im Juli.

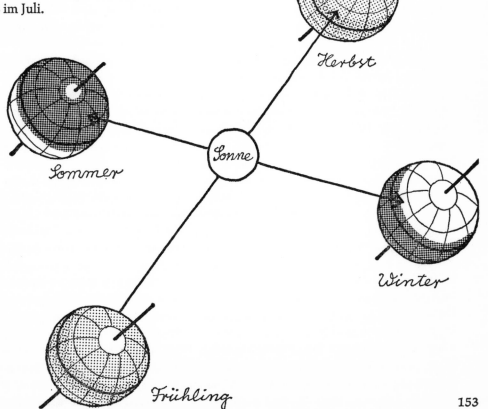

Warum nimmt der Mond zu und ab?

Ein alter Witz sagt: »Wenn der Mond abnimmt, muß unter den Mondbewohnern ein fürchterliches Gedränge herrschen.« Nun, wir wissen, daß es keine Mondbewohner gibt, die sich drängeln müßten, und wir wissen auch, daß der Mond immer eine vollständige Kugel ist, und zwar eine Kugel ohne Eigenlicht. Alles Mondlicht ist reflektiertes Sonnenlicht. Somit hat der Mond wie die Erde eine Tagseite und eine Nachtseite. Diese sonnenbeschienene Mondkugel wandert in rund 29 Tagen (daher der Wort »Monat«) einmal um die Erde herum. Je nachdem, wie Sonne, Mond und Erde zueinander stehen, wendet uns der Mond teils angestrahlte, teils nicht angestrahlte Gebiete zu. Das ergibt den ständigen Wechsel der Gestalt. Dabei unterscheidet man vier Phasen:

NEUMOND: Der Mond steht zwischen uns und der Sonne. Somit ist die von uns weggewendete Mondseite beleuchtet, während die uns zugewendete Seite »Mondnacht« hat. Wir können infolgedessen keinen Mond sehen. Hinzu kommt, daß es diese Stellung Sonne–Mond–Erde nur bei Tage geben kann, wo der Mond sowieso nahezu unsichtbar bleibt.

Etwa 2 Tage nach Neumond wird am abendlichen Westhimmel eine schmale Mondsichel sichtbar. Zwar ist die uns zugewandte Mondseite immer noch in ihrem größeren Umfang im Dunkel der Mondnacht; doch von Tag zu Tag wird diese Mondsichel breiter, je weiter sich der Mond aus der Linie Sonne–Erde entfernt.

ERSTES VIERTEL: Nach 7 Tagen ist der Mond auf seiner Bahn um die Erde so weit seitlich herausgewandert, daß Sonne, Erde und Mond einen Winkel von 90 Grad bilden. Nun sehen wir die rechte, von der Sonne beleuchtete Mondkugelhälfte: Es ist Halbmond, sichtbar am südlichen Abendhimmel. Wer jetzt mit einem Fernglas zum Mond schaut, wird feststellen, daß auch die andere Mondhälfte »da« ist: Sie erscheint in schwachem, aschgrauem Licht. Dieses Licht ist Sonnenlicht, von der Erdkugel zum Mond hinüberreflektiert. Und schon mit einem Feldstecher sieht man, daß die Mondgebirge und Mondkrater an der Schattengrenze des Mondes lange, tiefschwarze Schatten werfen.

VOLLMOND: In den folgenden Tagen wird die Mondscheibe immer voller, denn nach und nach rückt immer mehr von der uns zugewandten Seite des Mondes ins Sonnenlicht. 7 Tage nach Viertelmond hat der Mond bereits die Hälfte seiner Bahn um die Erde zurückgelegt. Jetzt ergibt sich eine ungefähre Linie Sonne – Erde – Mond. Die uns zugewandte Mondseite wird von der Sonne voll angestrahlt. Es ist Vollmond! Und dieser Vollmond bleibt die ganze Nacht sichtbar: Er geht bei Sonnenuntergang auf und bei Sonnenaufgang unter. Im Fernglas sieht man jetzt auf der runden Mondscheibe keine schattenwerfenden Ge-

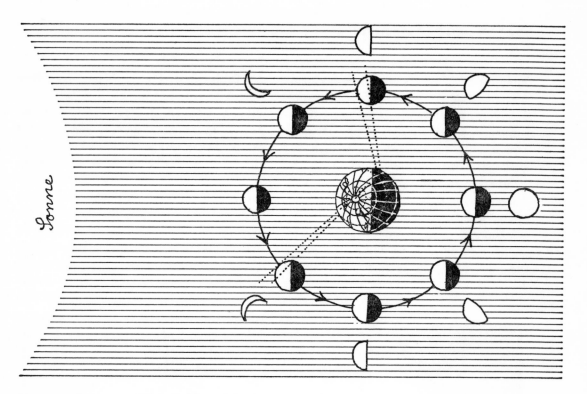

birge, sondern nur zahllose helle und dunkle Flecken.

LETZTES VIERTEL: Auf seinem weiteren Weg um die Erde zieht sich der Mond nun vom abendlichen Himmel zurück und geht immer später auf. 7 Tage nach Vollmond ist wieder die 90-Grad-Stellung erreicht. Der Mond erscheint im letzten Viertel für uns wieder nur halb beleuchtet, nun aber in der linken Hälfte und am südlichen Morgenhimmel, wo er bei Sonnenaufgang die höchste Lage erreicht. In den darauffolgenden Tagen wird der Zeitraum zwischen Mondaufgang und Sonnenaufgang immer kürzer, bis schließlich der Mond als Neumond wieder unsichtbar in der Lichtflut unserer Tagessonne verschwindet.

Mitunter kann es vorkommen, daß bei Neumond die Mondscheibe so genau zwischen Sonne und Erde gerät, daß sie für gewisse Gebiete der Erde die Sonne teilweise oder sogar völlig abdeckt. Die Menschen in diesen Gebieten erleben dann eine partielle oder gar eine totale Sonnenfinsternis. (Die letzte totale war 1970.)

Bei Vollmond kann es geschehen, daß Sonne, Erde und Mond genau in eine Linie kommen. Dann nimmt die Erde dem Mond das Sonnenlicht weg. Das nennt man eine Mondfinsternis.

Warum gibt es manchmal einen Regenbogen?

So ein bunter Regenbogen ist doch eigentlich in doppelter Hinsicht recht merkwürdig: Warum hat er die Form eines Kreisbogens, und woher stammen die Farben?
Zunächst die Erscheinung selbst. Ein Regenbogen wird nur beobachtet, wenn ein örtlicher Regen niedergeht, gleichzeitig aber durch Wolkenlücken die Sonne scheint. Immer steht der Regenbogen für den Beobachter auf der der Sonne entgegengesetzten Seite. Er bildet einen Teil eines Kreises. Der Mittelpunkt des Kreises liegt stets auf der Verlängerung der Linie Sonne – Auge

des Beobachters. Da die Sonne *über* dem Horizont steht, dringt diese gerade Linie *unter* den Horizont. Der Mittelpunkt des Regenbogenkreises liegt also immer unter dem Horizont, und der Bogen selbst ist stets kleiner als ein Halbkreis. Er ist um so kleiner, je höher die Sonne steht. Nur wenn die Sonne eben gerade auf- oder untergeht, stellt der Regenbogen einen vollen Halbkreis dar.
Wie kommt es nun zu dem Bogen? Lassen wir erst einmal die Tatsache, daß das weiße Licht der Sonne aus farbigen Lichtsorten zu-

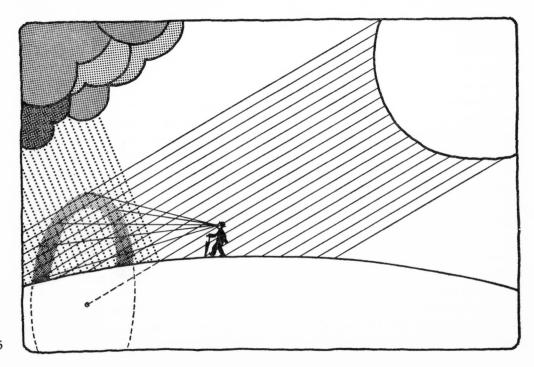

sammengesetzt ist, ganz aus dem Spiel; tun wir so, als ob es einheitlich wäre. Alle Sonnenstrahlen kommen parallel zu der geraden Linie Sonne – Beobachter an. Sie treffen in dem Regengebiet jenseits des Beobachters auf die kugelförmigen Regentröpfchen und werden von diesen in Richtung auf den Beobachter zurückgeworfen. Da jedoch hierbei die Lichtstrahlen erst in den Tropfen eindringen und dann wieder vom Wasser in die Luft zurückwechseln, findet auch eine zweimalige Brechung statt, und zwar immer unter 139 und 231 Winkelgrad. Das Auge des Beobachters kann deswegen nur solche reflektierte Strahlen aufnehmen, die einen dieser beiden Winkel mit der Linie Sonne – Beobachter (also mit der Richtung der Sonnenstrahlen) bilden. Dies ergibt zwei Kreisbögen um diese gerade Linie mit 41 und 51 Grad. Daß man häufig nur *einen* Bogen sieht, liegt daran, daß der zweite (der größere) wegen stärkerer Lichtverluste bei der Reflexion wesentlich schwächer ist. Oft läßt sich aber auch der Nebenbogen gut beobachten.

Nun kommt noch das Problem der Farben. Immer wenn ein farblich gemischtes Licht beim Übergang von einem Medium in ein anderes gebrochen wird, entsteht eine Farbenzerlegung. Nun stellt das weiße Sonnenlicht ja eine Mischung aus sämtlichen Spektralfarben von Rot über Orange, Gelb, Grün und Blau bis Violett dar. Das sind die »Regenbogenfarben«. Die Brechung in den Wassertröpfchen führt zur Zerlegung dieses Lichts in seine einfarbigen Bestandteile. Die vorhin angegebenen Winkel von 41 Grad und 51 Grad sind nur mittlere Werte, etwa für Grün. Rot wird im Hauptbogen weniger, Violett stärker abgelenkt. Deswegen ist der Hauptbogen außen rot, innen violett und enthält dazwischen alle Spektralfarben in stetigem Übergang. Beim Nebenbogen ist die Reihenfolge der Farben umgekehrt.

Die hier geschilderte Deutung des Regenbogens stammt schon aus dem 16. Jahrhundert, von dem französischen Philosophen und Mathematiker René Descartes. Sie liefert grob die richtigen Ergebnisse, ist aber später noch verfeinert worden.

Übrigens, wer im Sommer bei Sonne im Rücken mit dem Wasserschlauch den Garten spritzt, kann im Sprühregen des Wasserstrahls ebenfalls einen kleinen Regenbogen entdecken. Der gleiche Effekt kann bei Springbrunnen-Fontänen oder im Wasserstaub eines großen Wasserfalls auftreten. Auch hier wird das Sonnenlicht an den zahllosen kleinen Wassertröpfchen in seine Grundfarben aufgespalten und zum Beobachter reflektiert.

Bei sehr kleinen Wassertröpfchen, wie sie zum Beispiel im Nebel vorhanden sind, tritt mitunter der sogenannte weiße Regenbogen auf, auch »Nebelbogen« genannt. Hier ist die Lichtbrechung so schwach, daß der Bogen blaß und farblos bleibt.

Warum gibt es Reif und Tau?

Reif und Tau sind Kondenswasser. Es entsteht immer dann, wenn kühle, feuchte Luft an wärmere Gegenstände herankommt und diese ebenfalls abzukühlen beginnt, aber auch umgekehrt wenn warme Luft gegen kalte Gegenstände bläst. Dazu je ein Beispiel: Die Fenster eines geheizten Raumes beschlagen innen mit Feuchtigkeit, wenn draußen kühlere Temperatur herrscht; und die Linse einer aus der kühlen Außenluft ins warme Zimmer gebrachten Kamera überzieht sich so lange mit einem feuchten Belag, bis sie selbst die Innentemperatur angenommen hat. (Siehe hierzu »Warum beschlägt das Fenster?« auf Seite 97.)

Tagsüber sind Luft und Boden vor allem im Sommer ungefähr gleich warm. Während sich dann aber nachts die Luft schnell abkühlt, halten der feste Boden und die Pflanzen darauf die angesammelte Wärme etwas länger. Es kommt also zu einem erheblichen Temperaturunterschied. Ist nun in der Luft vom Tage her durch Verdunstung verhältnismäßig viel Wasser gelöst, so wird nachts und in den frühen Morgenstunden ein Teil davon als flüssiges Wasser abgeschieden. Es kondensiert in winzigen Tröpfchen auf Erdboden und Pflanzen – es schlägt sich Tau nieder. Die Tautröpfchen bleiben so lange liegen, bis Boden und Luft wieder ungefähr die gleiche Temperatur angenommen haben. Dann verdunstet der Tau. Das heißt, er verflüchtigt sich dorthin, wo er hergekommen war: in die Luft.

In Spätherbstnächten kann die Luft so stark abkühlen, daß in Bodennähe der Gefrierpunkt erreicht wird. Dann gefriert der Tau zu feinen schuppen-, nadel- oder federähnlichen Eisgebilden. Die ganze Landschaft erscheint wie mit einem weißen Schleier überzogen, mit *Reif*. Solcher Reif setzt sich meistens auf waagerechten Flächen ab, weil diese nämlich ihre angespeicherte Wärme besonders stark abstrahlen, dadurch rasch abkühlen und die darüberliegende feuchte Luftschicht zur Ablagerung des gefrierenden Wasserdampfs anregen. Die alte Volksregel, daß »Reif abgewaschen werden muß«, daß also auf Reif gerne Regen folgt, erklärt sich daraus, daß zur Reifbildung viel feuchte Luft vorhanden sein muß.

Auf Metall setzt sich Reif seltener ab, weil dieses Material durch sein gutes Wärmeleitvermögen ständig genügend Wärme aus dem Boden heranführt, um eine Abkühlung unter den Gefrierpunkt zu verhindern. Am häufigsten findet man Reif an Holz und Gräsern, denen nämlich der Wärmenachschub fehlt. Gestein und Ziegeldächer brauchen zur Reifbildung viel länger, denn dieses Material kann die Wärme besonders lange aufspeichern.

Warum gibt es manchmal Nebel?

Nebel, das sind Wolken, die bis zum Erdboden reichen. Sie bestehen aus kleinen Wassertropfen, die sich um sogenannte Kondensationskerne, meist mikroskopisch kleine Staubteilchen, angelagert haben.

Nebel und Wolken bilden sich immer dann, wenn in der Luft ein Zuviel an Feuchtigkeit ist. Luft kann nämlich immer nur einen ganz bestimmten Prozentsatz an Wasser als unsichtbaren Dampf in sich aufgelöst halten. Jedes Mehr »kondensiert«, wird also zu sichtbaren Flüssig-Tröpfchen. Allerdings spielt dabei auch die Temperatur eine Rolle: Warme Luft kann mehr Wasser gelöst halten als kalte. Deshalb kommt es zur Wolken- und Nebelbildung, wenn feuchte Luft aus wärmeren Gebieten in kältere Gebiete einfließt: Beim Abkühlen scheidet sich das Zuviel an Wasser tröpfchenförmig ab. Auch durch Vermischung verschieden warmer Luftmassen kann Nebel entstehen. Dies wird besonders deutlich bei Bodennebel, wo die am Boden lagernde Luftschicht kälter ist als die darüberliegende. Solche Schichtung kann so kraß sein, daß der Kopf des Beobachters völlig im Freien ist, während der Körper ab Schulterhöhe von dickem Nebel eingehüllt ist. Für den Kraftfahrzeugverkehr bilden solche plötzlich auftretenden Nebelfelder eine große Gefahr, wie die Serien-Auffahrunfälle auf den Autobahnen immer wieder zeigen.

Die Meteorologen unterscheiden viele verschiedene Formen von Nebel. Da gibt es die *Meeresnebel*, die im Herbst vom warmen Meer aufs kalte Land verfrachtet werden. *Monsunnebel* entstehen, wenn im Frühjahr warme Luftmassen vom Kontinent auf das kalte Wasser hinausgeführt werden. *Polarnebel* bilden sich, wenn Luft vom offenen Meer auf Eisflächen des Polargebietes geschoben wird. Das merkwürdige *Seerauchen* tritt dann auf, wenn kalte Luft auf warme Wasserflächen getrieben wird, was man besonders im Winter bei Frost über offenen Seeflächen immer wieder beobachten kann. *Strahlungsnebel* entsteht in ruhiger Luft über Böden, die durch Ausstrahlung stark abkühlen. Am meisten verbreitet ist der *isallobarische Nebel*: Ruhende, wasserdampfgesättigte Luft wird durch plötzlichen Druckfall kälter, und das bedeutet Kondensation und damit Nebel. Gerade bei dieser Art von Nebel kommt es häufig zu einem nässenden Nebel-Reißen, das sich bis zu richtigem Regen verstärken kann.

Wenn die Sonne frühmorgens beim Aufgang den Erdboden zu erwärmen beginnt, werden auch die untersten Luftschichten vom Boden her angeheizt, und Nebel in diesen Schichten löst sich auf. Man sagt: Der Nebel hebt sich. Ob der Nebel vollständig aufgelöst wird oder in 200 bis 300 Meter Höhe schwebend als *Hochnebel* den ganzen Tag über bestehen bleibt, hängt von der Stärke der Erwärmung ab.

Hinter Flugzeugen in großer Höhe kommt es mitunter zu Wolkenbildungen, die man als »Kondensfahnen« oder »Kondensstreifen« bezeichnet. Genaugenommen liegt hier die gleiche Erscheinung vor wie bei der Nebelbildung: Die stark wasserdampfhaltigen und mit Rußteilchen angereicherten Abgase aus den Triebwerken kühlen sich in der in großen Höhen vorherrschenden kalten Außenluft sofort ab, und das nunmehr überschüssige Wasser kondensiert an den Rußteilchen zu sichtbarem Wasserdampf. Unmittelbar hinter dem Flugzeug ist die Kondensfahne natürlich am kräftigsten. Schon wenige Kilometer weiter rückwärts aber beginnt sie zu zerflattern, sich aufzulösen und zu verschwinden. Bei völliger Windstille und großer Kälte kann sie jedoch ziemlich lange erhalten bleiben.

In tieferen Luftschichten, vor allem bei Start und Landung der Maschine, wird man solche Kondensfahnen kaum sehen können. Hier enthält die Außenluft selbst genügend Feuchtigkeit, um die feuchte heiße Luft aus den Triebwerken gar nicht mehr sichtbar werden zu lassen. Zum Vergleich: Wenn man in einen bereits mit Wasser gefüllten Behälter unter der Oberfläche weiteres Wasser einspritzt, ist der Wasserstrahl allenfalls noch als Quirlen in der Wassermasse zu erkennen, während er in einem leeren Raum klar abgezeichnet erscheint. Daher kommt es, daß man auf dem Flugplatz hinter startenden Maschinen trotz großer Abgasmassen wohl kaum jemals Kondensfahnen wahrnehmen wird.

Warum donnert es nach einem Blitz?

Nach einem heißen Sommertag – hin und wieder auch unter anderen Bedingungen – bilden sich in der Atmosphäre elektrische Spannungen bis zu mehreren Milliarden Volt. Diese Spannungen müssen schließlich zur Entladung kommen. Solch eine Entladung ist ein »Blitz«. Und zwar können Blitze aus einer Wolke zur Erde, von der Erde zur Wolke oder auch von Wolke zu Wolke überschlagen und dabei unter Umständen mehrere Kilometer überbrücken. Als Stromstärken hat man bis zu 220 000 Ampere gemessen!

Wie schon das Knistern eines durch Reibung aufgeladenen Kammes zeigt oder auch elektrisch aufgeladene Kunstfaserwäsche, ist jede elektrische Entladung mit einem Geräusch verbunden. Je höher die Spannung, desto mächtiger der Funke und dementsprechend stärker das Geräusch. Der Überschlag eines Hochspannungsfunkens mit etwa 100 000 Volt erzeugt bereits einen kanonenschußähnlichen Knall. Beim Blitz ist dieses Geräusch der »Donner«. Und das ist die Ursache: Durch die elektrische Entladung entsteht eine starke Hitze, wodurch die Luft explosionsartig auseinandergetrieben wird. Gleich danach stürzt die Luft wieder in den Raum der Blitzbahn zurück. Es sind also eigentlich *zwei* Geräuscherscheinungen: die Luftexplosion unmittelbar durch den Blitz und das Wiederzusammenprallen der gespaltenen Luft nach dem Blitzstrahl. Der Vorgang läuft jedoch so schnell ab, daß wir nur einen einzigen Knall hören.

Der Schall des Donners kann sich mehrfach an der Erdoberfläche und auch an den Wolken brechen, so daß Echo und Nachhall das oft lange anhaltende »Donnergrollen« erzeugen.

Je näher der Blitzstrahl aufzuckt, desto kürzer und heftiger ist der Knall. Vom Aufleuchten des Blitzes bis zum Hören des Donners vergeht eine gewisse Zeit, weil nämlich das Licht des Blitzes mit Lichtgeschwindigkeit zu uns kommt (300 000 km/sec), das Donnergeräusch aber nur mit Schallgeschwindigkeit ($\frac{1}{3}$ km/sec). Man braucht also nur die Sekunden zwischen Blitz und Donner zu zählen und durch 3 zu teilen, um die Kilometer-Entfernung der Blitzentladung zu erfahren.

Wird man im freien Gelände von einem Gewitter überrascht, soll man sich nicht, **wie viele Leute glauben**, auf den Boden legen. Denn dadurch vergrößert sich die Kontaktfläche zur Erde, und es kann dann bereits ein in der Umgebung einschlagender Blitz einen tödlichen Stromstoß erteilen. Am günstigsten ist es, mit geschlossenen Füßen in die Hocke zu gehen. Und: Keinesfalls sollte man der mittelalterlichen Regel »Weiche der Eiche und suche die Buche« folgen. Denn es kommt nicht auf die Art des Baumes, sondern auf die Feuchtigkeit im Untergrund an. Am besten hält man sich bei einem Gewitter von jeder Art Baum fern.

Warum blinken die Sterne?

Wir Erdenmenschen leben auf dem Grunde eines kilometertiefen Luftozeans: unserer Atmosphäre. Alle Erscheinungen und Vorgänge im Weltall können wir nur durch diese Luftschicht hindurch beobachten. Nun ist ja unsere Lufthülle ein recht lebhaftes Gebilde. Wolken und Winde, Stürme und Regen, Hitze und Kälte zeigen, daß die Atmosphäre in ständiger Bewegung ist.

Das Licht der Sterne, aus unvorstellbar fernen Tiefen des Weltalls zu uns kommend, muß nun durch diese bewegten Luftschichten hindurch, ehe es in unser Auge gelangt. Dabei wird so ein Lichtpunkt in ständigem Wechsel verzerrt, getrübt und gestört, so daß die Sterne am Himmel unruhig tanzenden Lichtfunken gleichen. Die Astronomen nennen dieses Funkeln »Szintillieren«. Es wird um so stärker, je tiefer am Himmel der Stern steht, weil ein um so längerer Weg durch die Atmosphäre verläuft. In der Nähe des Horizonts sind diese atmosphärischen Störungen oft sogar so stark, daß auch die Farben der Sterne dauernd verändert werden. Helle Sterne am Horizont scheinen in allen Farben zu sprühen! In der Nähe des Zenits tritt das Funkeln der Sterne nicht mehr so stark in Erscheinung.

Die Astronomen sind von diesen Störungen des Sternenlichtes durch die Atmosphäre alles andere als begeistert, weil dadurch die Genauigkeit der Beobachtungen sehr beeinträchtigt wird. Abende, an denen die Sterne »besonders schön« funkeln, sind für astronomische Beobachtungen meistens völlig unbrauchbar. Leider werden ja vom stark vergrößernden Fernrohr diese Störungen ebenfalls entsprechend vergrößert und verstärkt. Die Gestirne sehen dann aus, als beobachte man sie durch fließendes Wasser hindurch. Von scharfen Bildern kann also keine Rede sein. Aus diesem Grunde träumen die Astronomen davon, mit Hilfe von Raumfahrzeugen astronomische Beobachtungsstationen außerhalb der störenden Erdatmosphäre aufbauen zu können. Vielleicht wird es schon in einiger Zeit auf dem luftlosen Monde ein großes Observatorium geben! Dann würde für die Beobachtung des Weltraums ein völlig neues Zeitalter anbrechen.

Warum ist der Weltraum dunkel?

Zunächst einmal: Licht als solches ist unsichtbar. Erst wenn es auf ein Hindernis trifft, wird es sichtbar. Das Hindernis muß nicht groß und fest sein; es genügt ein Gas, zum Beispiel Luft. Sind darin gar Staubteilchen, wird ein Lichtstrahl recht gut sichtbar. Dieser Tatsache verdanken wir die Gleichmäßigkeit unseres Tageslichts auf Erden: Das aus dem Weltraum von der Sonne kommende Licht wird in der Erdatmosphäre von Teilchen zu Teilchen derart gebrochen und gestreut und reflektiert, daß schließlich eine allgemeine Aufhellung entsteht.

Im stoffleeren Weltraum ist nichts vorhanden, auf was das Sonnenlicht fallen könnte. Das bedeutet also, daß hier keine Aufhellung stattfinden kann. Das Sonnenlicht durchströmt den Raum unsichtbar! Erst wenn es einen Gegenstand trifft, leuchtet dieser auf. Somit gibt es im Weltraum nur den krassen Gegensatz von Grell-Hell und Schwarz, von Licht und totaler Finsternis. Dazwischen gibt es keine Übergänge. Bereits unmittelbar neben einem angestrahlten und somit hell aufleuchtenden Gegenstand herrscht tiefste Dunkelheit. Ein solcherart beleuchteter Körper ist zum Beispiel der Mond. Hier kann man die harten Kontraste schon im Fernrohr direkt sehen: blendend helle Kraterwände und Bergspitzen unmittelbar neben tiefschwarzen Schatten! Die Sonne ist im leeren Weltraum als grellweiße Scheibe zu sehen. Ringsumher leuchten aus der Schwärze des Alls punktförmig die Sterne. Könnte sich ein Raumfahrer so weit von unserer Sonne entfernen, daß sie ihm schließlich auch nur noch als Stern unter Sternen sichtbar wäre, dann befände er sich in einer unbeschreiblichen Finsternis. Denn das Licht der fernen Sterne wäre viel zu schwach, das Raumschiff und sein Inneres so anzuleuchten, daß etwas sichtbar werden könnte. Hier, in so ungeheurer Entfernung von unserer Sonne und auch von anderen Sonnen, würde in furchtbarer Weise erkennbar, daß das Nichts des leeren Weltraums absolut schwarz ist.

Der Weltraum ist also dunkel, weil er leer ist, weil es dort nichts gibt, woran sich ein Licht brechen könnte.

Warum spricht der Wetterbericht von Hoch und Tief?

Um es gleich zu sagen: »Hoch« und »Tief« hat nichts mit Oben und Unten zu tun. »Hoch« bedeutet »starker, hoher Luftdruck«, »Tief« bedeutet »geringer Luftdruck«. Es kann durchaus sein, daß sich ein Hoch relativ weit unten befindet, also in Bodennähe, und ein Tief weit oben in der Atmosphäre.

Den Zusammenhang zwischen Luftdruck und Wetter hat erstmals der Magdeburger Bürgermeister Otto von Guericke im Jahre 1660 praktisch nachgewiesen. Das war eine sehr wichtige Entdeckung.

Der normale Luftdruck unserer Atmosphäre liegt bei rund 1 Kilogramm je Quadratzentimeter. Deshalb nennt man diesen Druck auch »1 Atmosphäre« (1 at). Auf den Wetterwarten wird der Luftdruck mit hochempfindlichen Quecksilberbarometern laufend gemessen und schriftlich festgehalten. Diese Werte bilden die entscheidende Grundlage zur Wettervorhersage. (In unserer Wohnung begnügen wir uns mit dem einfachen Dosenbarometer, um das Steigen und Fallen des Luftdrucks zu verfolgen. Das ist eine fast luftleer gepumpte Metalldose, die durch den Luftdruck entweder zusammengedrückt oder ausgedehnt wird und diese Veränderungen über einen Hebel und einen Zeiger auf einem Zifferblatt angibt.) Mit unseren Sinnen vermögen wir den Luftdruck nicht wahrzunehmen, weil wir seit unserer Geburt daran gewöhnt sind und der Körper darauf eingestellt ist.

Nur sehr rasche Änderungen des Luftdrucks spüren wir. Wer zum Beispiel mit der Seilbahn auf einen Berggipfel fährt, wird mitunter ein Knacken in den Ohren erleben, weil dieses Organ den mit zunehmender Höhe rasch abnehmenden Druck nicht schnell genug ausgleichen kann.

Für die Dichte der Luft, also für den Luftdruck, ist in erster Linie ihre Temperatur entscheidend. Nun gibt es ja ständig Gebiete mit warmer und solche mit kalter Luft, und in diesen verschiedenen Zonen beträgt dann der Luftdruck weniger oder mehr als den normalen Betrag von 1 Kilogramm je Quadratzentimeter. Warme Luft hat das Bestreben, sich auszudehnen und dadurch den Druck zu steigern; kalte Luft zieht sich zusammen, so daß dann der Druck schwächer wird. Diese Schwankungen sind freilich sehr gering. Sie liegen bei wenigen Gramm je Quadratzentimeter. Die Meteorologen sprechen von »Millibar«, wobei 1000 Millibar dem normalen Luftdruck von 1 Atmosphäre entsprechen.

Hoch- und Tiefdruckgebiete sind also Luftmassen, in denen durch verschiedene Erwärmung ein unterschiedlicher Luftdruck herrscht. In einem Hochdruckgebiet nimmt wegen der Wärme die relative Feuchtigkeit ab, die Wolken lösen sich auf und verschwinden. Infolge der ungehinderten Sonneneinstrahlung erwärmt sich der Erdboden und mit ihm die bodennahe Luft noch mehr. Diese Bodenluft steigt, weil sie leichter ist, nach oben und kühlt sich dabei etwas ab, wodurch ihre Feuchtigkeit wieder zunimmt. Es bilden sich erneut Wolken, und zwar die Schönwetter-Cumuluswolken, die großen, schneeweißen Wattebäuschen ähneln. Diese bis zu einer Höhe von 1500 Meter aufsteigende warme Luft bildet nun sozusagen ein Polster, an dem die aus großer Höhe absinkende kühlere Luft außen heruntergleitet und nach allen Seiten hin abströmt. So ein Hochdruckgebiet bleibt einige Zeit – in günstigen Fällen mehrere Tage – fest über einem Gebiet liegen, während die kälteren Luftmassen aus anderen Gegenden daran vorbeifließen. Das Hoch steht also wie ein Fels in der Strömung der ständig wandernden kühleren Luftmassen.

Doch nichts bleibt ewig: Allmählich beginnen die kalten Luftströmungen das warme Hochdruckgebiet anzuknabbern. Das Hoch wird »abgebaut«. Da nun Tiefdruckgebiete grundsätzlich die Marschrichtung von West nach Ost bevorzugen (das liegt an der Erdrotation), kommt die Wetterverschlechterung meistens von Westen her. Als erste Vorboten eines Tiefs ziehen im Westen dünne sogenannte Cirruswolken am blauen Himmel auf, gefolgt von einer Wolkenschicht, die sich zunehmend verdichtet, bis die Sonne nur noch als matter Fleck am Himmel zu erkennen ist. Diesen ersten Vorboten des schlechten Wetters folgt dann die eigentliche Kaltluftfront. Sie

mischt sich mit der noch vorhandenen Warmluft, wobei es zu lebhafter Luftbewegung, also starkem Wind oder gar Sturm, kommt. Dann wälzen sich mächtige Wolkenberge heran, und es fängt an zu regnen. Wie lange es regnet, hängt davon ab, wieviel Nachschub an feuchter, kalter Luft der von Westen oder Nordwesten einfließende Tiefdruck-Luftstrom bekommt. Gerade bei uns in Mitteleuropa hält der Zustrom feuchter und kühler Luft aus den weiten Wasserflächen des nördlichen Atlantik oft recht lange an, was uns mitunter wochenlange Schlechtwetterperioden, verregnete Urlaube und manchmal schiere Verzweiflung bringt.

Der grundsätzliche Motor des Wettergeschehens auf den beiden Halbkugeln der Erde (Nord- und Südhalbkugel) ist der ständige Fluß kalter Luft von den Eispolen zum Äquator. Hier erwärmt, fließt die Warmluft wieder zu den Polen zurück. In dieser seit Urzeiten währenden Zirkulation bilden sich turbulente Bewegungen in der Erdatmosphäre, die wir als »Wetter« bezeichnen. Mit modernsten technischen Hilfsmitteln versucht heute die Wetterforschung, alle diese Vorgänge in unserer Lufthülle zu ergründen, um vielleicht einmal jenen noch unbekannten Gesetzmäßigkeiten auf die Spur zu kommen, nach denen das Wettergeschehen gesteuert wird. Erst dann könnte eine sichere Wettervorhersage über längere Zeiträume möglich werden.

Warum weht der Wind?

Zunächst eine ganz einfache Beobachtung, die jeder schon oft gemacht hat: Wenn man die Tür eines geheizten Zimmers ins Freie öffnet, dann zieht es. Und zwar zieht es um so stärker, je größer der Temperaturunterschied zwischen Drinnen und Draußen ist. Beim Zusammentreffen von warmer und kalter Luft entsteht also eine Luftbewegung. Kalte Luft ist nämlich schwerer und strömt unten bei der offenen Tür herein. Wir merken das daran, daß wir im Zimmer zuerst kalte Füße bekommen. Die leichtere warme Luft steigt dagegen nach oben und wird von der unten einfließenden Kaltluft nach draußen gedrängt. An der offenen Tür entstehen also *zwei* Luftströmungen: Unten fließt die kalte Luft herein, oben wird die Warmluft hinausgedrückt. Und dann sagen wir: Es zieht!

Wir können diese Zugluft bereits als Wind im kleinen Maßstab bezeichnen. Denn auch in der freien Natur entsteht Wind in erster Linie beim Zusammentreffen von warmen und kalten Luftmassen. Dies wird vor allem dann deutlich, wenn nach einem heißen Sommertag die kühle Luftfront eines Gewitters naht. Dann wird als Vorbote des Unwetters zuerst ein Sturm losbrechen, der die Ausflügler und Badenden in die schützenden Unterkünfte treibt. Die kalte Gewitterluft fließt mit großer Geschwindigkeit in Bodennähe über das Land, während die warmen Luftmassen nach oben weggedrängt werden.

Wind ist also im wesentlichen eine horizontale Luftbewegung, die immer da entsteht, wo in der Atmosphäre durch verschieden erwärmte Luftzonen ein Druckunterschied auftritt.

Die Stärke des Windes wird im allgemeinen in einer zwölfteiligen Skala angegeben. Das ist die Beaufortskala (so genannt nach dem englischen Admiral Beaufort):

Stärke	Wirkung	Geschwindigkeit in km/h
0	vollkommene Luftruhe, Rauch steigt senkrecht empor	unter 1
1	Rauch steigt etwas geneigt empor, Baumblätter noch unbewegt	1–5
2	Blätter säuseln, Wind im Gesicht leicht spürbar	6–11
3	Blätter und dünne Zweige bewegen sich, Wimpel werden gestreckt	12–19
4	Zweige bewegen sich, loses Papier wird vom Boden gehoben	20–28
5	Äste bewegen sich, auf Seen bilden sich Schaumkronen	29–38
6	auch starke Äste bewegen sich, an Hausecken hörbares Pfeifen	39–49
7	Bäume bewegen sich, Behinderung beim Gehen gegen den Wind	50–61
8	Zweige werden von Bäumen gerissen, starke Gehbehinderung	62–74
9	Dachziegel werden von den Häusern abgehoben	75–88
10	Bäume werden entwurzelt, an Häusern bedeutende Schäden	89–102
11	verbreitete sehr schwere Sturmschäden	103–117
12	Verwüstungen schwerster Art	über 117

In Orkanen und Wirbelstürmen sind auch schon Windgeschwindigkeiten bis zu 200 km/h gemessen worden, die dann freilich eine vernichtende Wirkung haben und nur noch Trümmer und Chaos hinterlassen.

Wetterforscher kennen eine ganze Anzahl von Winden, die sehr verschiedene Ursachen haben. Hier einige der wichtigsten:

Bora oder *Nordwind*: ein stürmischer Fallwind, der an Steilküsten vorkommt, wo ein kühles Hinterland gegen ein warmes Meer abfällt. Die Bora stürzt kalt und trocken den Hang hinunter. Besonders verbreitet ist sie am Mittelmeer und am Schwarzen Meer.

Föhn nennt man einen warmen, trockenen Wind, der auf der Nord- und der Südseite der Alpen entsteht. Und zwar werden da bei Südwind Luftmassen aus der italienischen Po-Ebene am Südhang der Alpen emporgehoben. Dabei kühlen sie sich ab, weil sie in höhere, kalte Regionen gelangen. Jenseits der Berggipfel sinkt diese kalte, schwere Luft die nördlichen Alpenhänge herunter, trocknet dabei sehr schnell aus und erwärmt sich. Dieser warme, trockene Wind fegt dann mit ziemlich großer Geschwindigkeit – bis Windstärke 8! – weiter in das nördliche Voralpenland hinein und verdrängt dort sogar kalte und feuchte Luftmassen, so daß mit dem Föhn meistens klares Wetter auf der Alpennordseite verbunden ist.

Hurrikan: tropischer Sturm, meistens durch Tropengewitter ausgelöst, wenn kühle Meeresluft aus dem Pazifik mit der stark erwärmten Festlandluft zusammentrifft. An der Südostküste Asiens werden die Hurrikane auch *Taifune* genannt. Sie verursachen schlimmste Verwüstungen.

Mistral: ein heftiger kalter Nordwind im Bereich der unteren Rhône in Südfrankreich. Der Mistral entsteht, wenn im Norden hoher und im Süden niedriger Luftdruck herrscht. Dann jagt die Luft zwischen den Gebirgen westlich und östlich der Rhône, wie durch eine Düse gepreßt, südwärts dem Mittelmeer zu.

Passat: eine regelmäßige Luftströmung in den tropischen Breiten zwischen den Wendekreisen. Auf der Nordhalbkugel hat sie nordöstliche, auf der Südhalbkugel südöstliche Richtung. Die Passat-Zirkulation entsteht durch den ständigen Austausch zwischen den subtropischen Hochdruckgebieten und der Tiefdruckrinne entlang dem Äquator. Da die Erde am Äquator mit 1680 km/h die größte Rotationsgeschwindigkeit hat und die Erde von Westen nach Osten rotiert, entsteht durch diese enorme ablenkende Fliehkraft Nordost- bzw. Südostwind. In früheren Zeiten war der Passat äußerst wichtig für die Segelschiffahrt zwischen Europa und Südamerika sowie im Pazifischen Ozean, daher der portugiesische Name »passata« (Überfahrt).

Schirokko (Scirocco) ist in Italien die Bezeichnung für warme Winde. Der Schirokko kann ein Föhn sein, aber auch ein Warmluftstrom, der aus heißen Wüstengegenden in kältere Zonen einfließt. Der Schirokko Arabiens, Palästinas und Mesopotamiens ist häufig sehr trocken und oft mit Staub- und Sandwolken beladen. Im Jordantal treten im Winter typische föhnartige Schirokko-Stürme aus Nordosten auf.

Windhose, Wasserhose, Trombe: eine merkwürdige Erscheinungsform von Wirbelstürmen, bei der aus einer Wolke ein »Rüssel« herabhängt, der sich in rascher rotierender Bewegung befindet. Hier handelt es sich um eine auf engen Raum konzentrierte Kaltluftzone, deren Mittelpunkt aus einer eis- und schneegesättigten Wolkenspirale besteht, welche in einem schlauchartigen Ausläufer bis zur Erdoberfläche herabreichen kann. Wegen der Rotation und dem damit verbundenen Sog bringen Windhosen starke Zerstörungen. Auf offener See werden Wassermassen Hunderte von Metern in die Höhe gerissen. Auf dem Festland werden Staub- oder Sandmassen, aber auch Hausdächer, Autos und Menschen vom Boden gehoben und über weite Strecken durch die Luft getragen. Vor allem in tropischen Gegenden können solche Wirbelstürme verheerende Formen annehmen und eine Schneise totaler Verwüstung hinterlassen. Neuerdings dringen Spezial-Forschungsflugzeuge bis in den Kern – das »Auge« – solcher Wirbelsturmwolken vor, um Erkenntnisse zu sammeln, die vielleicht einmal eine wirksame Bekämpfung dieser furchtbaren Stürme ermöglichen.

Unsere Erde

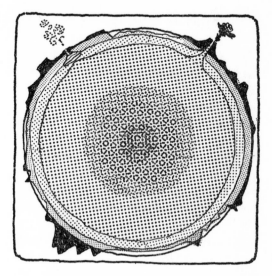

Warum gibt es Vulkane?

Vulkane sind die Sicherheitsventile unserer geologisch ja noch lange nicht zur Ruhe gekommenen Erde. Gar nicht so tief unter der festen Erdkruste gibt es feurig-flüssiges Gestein (»Magma«) mit Temperaturen von mehreren tausend Grad Celsius.

Mit der Entwicklungsgeschichte unseres Planeten sind Vulkane untrennbar verknüpft. Solange die Erdkruste noch nicht ganz fest war, gab es viele Stellen, an denen das glutflüssige Magma durch Spalten zur Erdoberfläche hochkam. Eine ganze Kette erloschener und teilweise auch noch tätiger Vulkane zieht sich in einem breiten Gürtel um den Erdball.

Die Geologen unterscheiden zwischen tätigen, ruhenden und erloschenen Vulkanen. Tätige Vulkane haben einen offenen Krater, aus dem Rauch und heiße Dämpfe aufsteigen und in dem glühende Lava brodelt. Gelegentlich kommt es zu einem Ausbruch, bei dem mehr oder weniger Lava und Asche eruptionsartig über den Kraterrand hinausquellen und emporgeschleudert werden. Ruhende Vulkane weisen keine äußerliche Tätigkeit mehr auf; mit empfindlichen Geräten kann man jedoch zeitweise das unterirdische Brodeln tief im Innern des Berges hören. Erst wenn sich wenigstens 500 Jahre keine Tätigkeit mehr gezeigt hat, gilt ein Vulkan als erloschen. Erloschene Vulkane gibt es an sehr vielen Orten, in Deutschland zum Beispiel in der Eifel.

Nach neuestem Stand zählt man 485 tätige Vulkane. 59 davon befinden sich in Japan, darunter der 3778 m hohe Fudschijama, der heilige Berg der Japaner. Die Anden Südamerikas stehen mit 43 tätigen Vulkanen an zweiter Stelle. Auf den Aleuten gibt es 30, auf Island 26, auf den kleinen Sundainseln und den Molukken 22 feuerspeiende Berge. Die Philippinen besitzen 20, Java 19, Celebes 14, Alaska 12 und die Azoren 10 tätige Vulkane. Sumatra, Indonesien, Neuseeland, Mittelamerika, Mexiko, die USA, Hawaii und Sibirien haben ebenfalls ihre feuerspeienden Berge. Sogar in der Antarktis gibt es einen tätigen Vulkan. Berühmt sind die italienischen Vulkane Vesuv, Ätna und Stromboli. Der Vesuv bei Neapel gilt zwar seit 1944 als ruhend, doch befürchtet man, daß er eines Tages wieder ausbrechen wird. 80 Vulkane sind unter dem Meer tätig.

Warum es heute noch Vulkane gibt, darüber sind sich die Experten nicht ganz einig. Die meisten bringen sie in Zusammenhang mit dem immer weiter fortschreitenden Schrumpfen des Erdballs durch Auskühlen des Erdkerns und dem damit verbundenen, in große Tiefen reichenden Spannungsausgleich. Unterhalb tätiger Vulkane vermutet man große Hohlräume, die mit Magma völlig ausgefüllt sind. Magma ist eine kieselhaltige Schmelze, die auch flüchtige Bestandteile enthält: Wasserdampf, Kohlensäure, Bor, schwefelige Salzsäure usw. Die Temperatur dieser Masse liegt zwischen 1000 und 1400 Grad Celsius.

Die Verhältnisse in einem aktiven Vulkan sind durchaus mit denen eines überheizten Dampfkessels zu vergleichen. Oben ist dieser Dampfkessel zunächst verstopft. Eines Tages aber wird der innere Druck übermächtig. Das Sicherheitsventil öffnet sich an seiner schwächsten Stelle, nämlich im Krater, und mit den Gasen wird Gestein und flüssige Lava herausgeschleudert.

Solch ein Vulkanausbruch kann mehr oder weniger heftig vor sich gehen. Wohl das fürchterlichste Ereignis in geschichtlicher Zeit war es, als am 27. August 1883 der aus dem Meer aufragende Krakatau nach 200 Jahren trügerischer Ruhe explodierte. Von der Insel – ursprünglich 33 Quadratkilometer groß – blieben nur 10 Quadratkilometer übrig. Durch den Ausbruch und eine nachfolgende 36 Meter hohe Flutwelle kamen 50 000 Menschen ums Leben. 18 Kubikkilometer Asche und Bimsstein wurden in die Luft geschleudert. Faustgroße Stücke flogen 80 Kilometer weit. Die Staubwolke verdunkelte die Sonne und trieb in 30 bis 40 Kilometer Höhe jahrelang um den Erdball. Die Explosion war das lauteste Geräusch, das jemals auf der Erde gehört worden ist. Noch in 3400 Kilometer Entfernung war es zu vernehmen.

Beim Ausbruch des Mont Pelé auf Martinique am 8. Mai 1903 fanden in der Stadt St. Pierre 30 000 Menschen den Tod. Felsblöcke von 100 Kubikmeter Inhalt wurden durch die Eruption bis zu 4 Kilometer weit geschleudert. Allein auf der Südhalbkugel unserer Erde hat man seit dem Jahre 1800 fast 2000 Vulkanausbrüche registriert. Millionen Menschen verloren dabei Hab und Gut und viele auch das Leben. Unbeachtet von der Weltöffentlichkeit versanken im Pazifik ganze Inseln mit mehr als 5000 Eingeborenen.

Man schätzt, daß seit dem Jahre 1500 bei Vulkanausbrüchen insgesamt 60 Kubikkilometer Lava und 350 Kubikkilometer Tuffstein, Asche und anderes Lockermaterial aus dem Erdinneren emporgefördert worden sind. Diese Menge entspräche einem Turm mit einer Bodenfläche von 1 Quadratkilometer und 410 Kilometer Höhe.

Noch ist kein Ende der vulkanischen Tätigkeit auf unserer Erde abzusehen. Im Gegenteil: 1940 hat sich mitten auf einer mexikanischen Hochebene westlich der Hauptstadt ein neuer Vulkan gebildet, der innerhalb von zehn Jahren auf 490 Meter Höhe wuchs. Ähnlich entstand auf freiem Feld in Nikaragua ein neues Sicherheitsventil der Erde. Und in den Jahren 1963 und 1966 stiegen vor Island zwei neue Vulkankegel aus dem Meer, zwei ganz neue Inseln: Surtsey und Syrtlingur, auf denen sich inzwischen bereits Pflanzen und Tiere angesiedelt haben.

Warum ist das Meerwasser salzig?

Hat man beim Baden im Meer einen Schluck Wasser in den Mund bekommen, so spuckt man es gerne wieder aus. Meerwasser schmeckt nicht nur ekelhaft salzig, sondern auch bitter. Der merkwürdige Geschmack rührt daher, daß sich im Meerwasser neben Salz auch zahlreiche Mineralstoffe und Metalle befinden.

Man hat die in allen Weltmeeren enthaltenen Wassermengen mit 1,4 Milliarden Kubikkilometer berechnet. In einem Kubikkilometer Meerwasser sind 28 Millionen Tonnen Salz, 1½ Millionen Tonnen Magnesium, 1 Million Tonnen Pottasche, 500 000 Tonnen Borsalze, 100 000 Tonnen Brom, 5000 Tonnen Jod, 240 Tonnen Eisen, 100 Tonnen Kupfer, 18 Tonnen Uran sowie 4 Tonnen Silber und Gold im Wert von 22 Millionen Dollar enthalten. Angenommen, alle Meere würden austrocknen, so bliebe auf dem Meeresboden eine 60 Meter hohe Schicht zurück, von der fast 50 Meter reines Kochsalz und der Rest Mineralstoffe und Metalle wären.

Meerwasser ist der reichste Rohstoffspeicher der Welt. Nur ist es uns – abgesehen vom Salz – vorläufig kaum möglich, diese Schätze zu heben. Lediglich bei Magnesium, einem Leichtmetall, das man im Flugzeugbau verwendet, ist das in bescheidenem Maße gelungen.

Über die Frage, woher dieser Salz- und Rohstoffreichtum des Meerwassers kommt, gehen die Ansichten der Wissenschaftler auseinander. Die einen meinen, daß vor ein paar Milliarden Jahren, als die Erde langsam erkaltete, Billionen Tonnen Salze, Mineralien und verdampfte Metalle aus dem Erdinneren in die von Wasserdampf gesättigte Atmosphäre geschleudert wurden. Als dann der Wasserdampf kondensierte und sich auf die Erde niederschlug, wo er die riesigen Urweltmeere bildete, waren sie bereits im Wasser enthalten. Andere Forscher hingegen meinen, daß die Urweltmeere zunächst aus Süßwasser bestanden. Erst im Laufe vieler Jahrmillionen hätten das Meer und die vom Festland kommenden Ströme den Boden ausgelaugt.

Nun, auch heute führen die Flüsse und Ströme Unmengen von Fremdstoffen mit sich, die dann im Meer abgelagert werden. Die meisten sind freilich ganz und gar unwillkommen: Fäkalien von Millionen Haushalten, giftige Abwässer von Fabriken und Industrien, Öl- und Gummireste und dergleichen. Daneben werden aber dem Meerwasser auch neue Rohstoffe zugeführt. So ist eine Spur von Salz ja in jedem Süßwasserfluß enthalten. Auch Mineralien aller Art nehmen die Ströme auf ihrem weiten Weg mit sich. Ein Fluß in Kolumbien beispielsweise transportiert täglich 50 000 Kilogramm Schwefel und Chlorstoffe mit sich, die er aus natürlichen Lagern ausschwemmt. Dieser Rohstofftransport ist aber ein Einbahnstraßen-Betrieb: Was in das Meer hineingeschwemmt worden ist, kommt nie wieder heraus. Denn beim Verdunsten von Meerwasser (wodurch ja der ganze irdische Wasserkreislauf in Gang gehalten wird) bleiben alle Salze und alle Mineralstoffe zurück. Wolken und Regen sind reines, destilliertes Wasser! Niedergefallen und wieder die Flußläufe füllend, reichern sie sich aber erneut mit Fremdstoffen an und schwemmen sie den Meeren zu.

Die Ozeane enthalten rund $3\frac{1}{2}$ Prozent Salz. Anders die Verhältnisse bei manchen Binnenmeeren, etwa dem Toten Meer. Es hat nur Zuflüsse, vor allem den Jordan, aber keinen Abfluß. Mit dem Jordanwasser kommen seit vielen tausend Jahren immer neue Salz- und Mineralmengen in diesen bis 400 Meter tiefen See. Während das Wasser verdunstet (pro Sekunde 200 Kubikmeter!), bleiben diese Stoffe zurück. So wächst und wächst ihr Anteil. Heute liegt er bei rund 22 Prozent. Das Salzwasser des Toten Meeres ist bereits so »dick«, daß ein Mensch darin nicht mehr untergehen kann. Das spezifische Gewicht der Salzlösung ist größer als das des menschlichen Körpers.

Rest eines ehemaligen Meeres ist auch der Große Salzsee in Utah mit einem Salzgehalt von 20 Prozent. Der salzigste See der Erde jedoch ist der Van-See in der Türkei: Sein Salzgehalt liegt bei 33 Prozent.

Warum bebt die Erde?

Etwa 30 000 Erdbeben erschüttern täglich den anscheinend so festen Boden, auf dem wir leben und auf dem wir unsere Häuser gebaut haben. Die meisten allerdings werden von den Menschen überhaupt nicht wahrgenommen. Sie wirken sich auf der Erdoberfläche weniger aus als etwa ein vorüberrollender Lastwagen. Auch sind solche Leichtbeben auf einen engen Raum begrenzt und werden nur von den hochempfindlichen Meßinstrumenten der über die ganze Welt verstreuten Erdbebenwarten registriert.

Man kennt heute drei Ursachen von Erdbeben: die Tätigkeit von Vulkanen (vulkanische Beben), den Einsturz unterirdischer Hohlräume (tektonische Beben) und Verschiebungen in der Erdrinde (Dislokationsbeben). Vulkanische und tektonische Beben haben meist nur lokalen Charakter. Sie treten verhältnismäßig häufig auf, doch werden sie oft kaum wahrgenommen. Nur ganz selten verursachen sie größere Schäden. Bei Dislokationsbeben werden in 5 bis 30 Kilometer Tiefe feste Teile der Erdrinde ruckartig verschoben. Dabei werden Gesteinspartien, die dem Erdbebenherd – dem sogenannten Epizentrum – nahe sind, durch die Reibung der riesigen bewegten Erdschollen in Schwingungen versetzt. Diese Schwingungen pflanzen sich nach allen Seiten fort und rufen auf der Erdoberfläche Erschütterungen hervor. Es kann dann zu gewaltigen Oberflächenveränderungen kommen. Nicht nur Häuser stürzen ein, auch Erdspalten werden aufgerissen, und ganze Landschaften können sich heben oder Hunderte von Metern absinken. Je dichter das betroffene Gebiet bewohnt ist, desto mehr Menschen kommen ums Leben, manche erst durch Sekundärfolgen wie Brände, Flutwellen usw.

Vom unterirdischen Epizentrum gehen zwei Arten von Wellen aus, die sich mit unterschiedlicher Geschwindigkeit fortpflanzen. Die einen laufen senkrecht von unten nach oben, die anderen breiten sich nach allen Seiten hin aus. Diese Wellenbewegung des Erdbodens ist in einem Umkreis von 50 bis 100 Kilometer besonders stark zu verspüren. Solange man diese Erschütterungen noch mit seinen Sinnen wahrnehmen kann, spricht man von einem Nahbeben. In mehr als 500 Kilometer Entfernung werden Erdbeben meist nur noch von empfindlichen Meßgeräten, den Seismographen, registriert. Sie unterscheiden deutlich zwischen Vorbeben (meistens deren zwei), einem Hauptbeben und einem Nachbeben.

Auf der Erde gibt es zwei besonders gefährdete Bebenzonen. Die eine zieht sich entlang der Westküste Amerikas von Alaska bis an die Südspitze Südamerikas. Die zweite reicht über Mittel- und Südeuropa, Nordafrika, Indien und China bis in den Pazifischen Ozean. Diese Zone deckt sich mit den großen geologischen Bruchlinien der Kontinente.

Hochempfindliche Seismographen registrieren jedes Erdbeben. Sie stehen meist in unterirdischen Gewölben auf starken Betonsockeln. Horizontal aufgehängte, mit einer Schreibvorrichtung versehene Pendel zeichnen sowohl die Nord-Süd- wie auch die Ost-West-Bewegungen auf. Die Vertikalbewegungen werden von einem federnd aufgehängten Gewicht registriert. Die Stärke eines Erdbebens mißt man nach der Gutenberg-Richter-Skala, die von 1 bis 12 reicht. Bei den schwersten bisher registrierten Beben schlugen die Pendel bis 8,6 Einheiten aus.

Oft gibt es nur einen einzigen schweren Erdstoß. Bisweilen aber dauert ein Beben auch jahrelang. So verzeichnete man bei dem von 1870 bis 1873 dauernden Beben von Phokis in Griechenland rund 300 schwere und 50 000 leichtere Einzelstöße!

Die schwersten Erdbeben ereigneten sich in Japan, Indien und China. Im Jahre 1923 kamen durch ein Beben bei Kwanto (Japan) 143 000 Menschen ums Leben. Auch Tokio und Yokohama wurden damals schwer in Mitleidenschaft gezogen. Insgesamt 650 000 Gebäude wurden zerstört. 200 000 Menschen fanden im Jahre 1908 bei einem Erdbeben in Messina auf Sizilien den Tod, ebenso viele waren es 1920 bei einem Beben in der chinesischen Provinz Kansu, und 45 000 starben im Jahre 1939 bei einem Erdbeben in Anatolien. Bei der schweren Erschütterung, die 1755 die Stadt Lissabon heimsuchte, wurden 32 000 Menschen von den Trümmern der Häuser erschlagen oder ins Meer gespült, weil als Folge des Erdbebens eine 13 Meter hohe Flutwelle über die Stadt hinwegbrauste. Und bei der furchtbaren Bebenserie in Peru im Juni 1970 kamen über 50 000 Menschen ums Leben.

Seebeben, die sich auf dem Meeresboden ereignen, haben stets gefährliche Flutwellen im Gefolge, die oft mehr Schaden anrichten und Opfer fordern als das Beben selbst.

In Europa sind schwere Erdbeben glücklicherweise sehr selten. Im letzten Jahrzehnt kam es nur in der Sowjetunion, in Jugoslawien und in der Türkei zu größeren Katastrophen.

Warum springen Geysire?

Geysire sind heiße Quellen, die in mehr oder weniger regelmäßigen Abständen eine aus kochendem Wasser und Dampf bestehende Fontäne in die Luft schleudern. Sie springen, wie der Fachmann sagt. Dieses Springen ist nichts anderes als ein momentaner Ausbruch von Wasser, das in einem tief ins Erdinnere reichenden Schacht unter Dampfdruck aufgestaut ist. Geysir heißt eigentlich »Der wild Strömende«. Der Name stammt aus Island und galt ursprünglich nur für eine besonders eindrucksvolle starke Springquelle 80 Kilometer östlich von Reykjavik. Erst später verwendete man das Wort »Geysir« ganz allgemein für heiße Springquellen. Man findet Geysire auch auf Neuseeland, im Yellowstone-Park in den Vereinigten Staaten, in Mexiko, in Südchile und in Japan. Ihr Funktionieren wurde erstmals von dem deutschen Chemiker Robert Bunsen (1811–1899) erklärt.

Drei Dinge sind erforderlich, um einen Geysir springen zu lassen: ein größerer unterirdischer Hohlraum mit einem engen Ausgang nach oben, gleichmäßige Wasserzufuhr und ständige Wärmezufuhr.

Nun gibt es ein paar Stellen auf der Erde, an denen die feste Erdkruste verhältnismäßig dünn ist und deshalb vom glutflüssigen Erdinnern her stärker als gewöhnlich erwärmt wird. An solchen Stellen erreicht die Erdkruste schon in 100 Meter Tiefe Temperaturen von 180 Grad und mehr. Füllt sich nun ein unterirdischer Hohlraum von oben her durch einen röhrenförmigen Schacht mit kühlem Oberflächen- oder Grundwasser, so wird es bis zum Kochen erhitzt. Der Siedepunkt des Wassers ist aber vom Umgebungsdruck abhängig. In 130 Meter Tiefe beispielsweise sind das bereits 13 Atmosphären. Statt bei 100 Grad Celsius verdampft dort Wasser erst bei 180 Grad. Ist diese Temperatur erreicht, beginnt das Sieden. Dadurch kommt die im Zulaufschacht stehende Wassersäule in Bewegung. Eine erste, noch kleine Menge wird oben aus dem Schacht herausgedrückt. Die geringe Entlastung dadurch genügt, die ganze Wassermenge in der Tiefe schlagartig zum Sieden und zur Dampfentwicklung zu bringen. Mit unwiderstehlicher Gewalt drückt dieser Dampf hoch und reißt das heiße Wasser aus dem Hohlraum durch den engen Schacht mit sich nach oben. Der Geysir springt!

Ist der Hohlraum nach wenigen Minuten vom Überdruck entlastet, hört der Dampf- und Wassertransport auf, die Fontäne wird kleiner und kleiner und bricht schließlich ganz zusammen. Nun beginnt das Spiel von neuem: Frisches Kaltwasser dringt von oben her in die Tiefe, füllt den Hohlraum wieder auf, erwärmt sich allmählich und erreicht schließlich die Siedetemperatur. Wieder kann der Geysir springen.

Jedem solchen Ausbruch geht ein leises Grollen voraus. Der Geysir kündigt so seinen Ausbruch an. Das Ganze geschieht mit

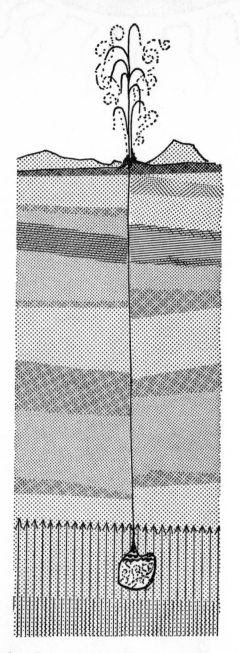

die Höhe der ausgeschleuderten Heißwasserfontäne ist sehr verschieden. Größter tätiger Geysir der Welt ist der »Gigant« im Yellowstone-Park, dem größten Heißwassergebiet der Erde. Dort brodelt und spuckt es, wohin man nur schaut. Der »Gigant« schleudert seine Wassersäule 60 Meter hoch. Allerdings schaltet er dann jedesmal eine Pause von 7 Tagen bis zu 3 Monaten ein. Wesentlich fleißiger tritt »Old Faithfull« in Aktion. Seine zwischen 40 und 56 Meter hohen Fontänen steigen alle 40 bis 60 Minuten auf, und jedesmal werden rund 50 000 Liter kochendes Wasser in die Luft geschleudert. Der »Große Geysir« auf Island, der Namensgeber aller Springquellen, produzierte 55 Meter hohe Wassersäulen. Leider hat er seine Tätigkeit vor ein paar Jahren eingestellt. Man hofft aber auf Wiedererwachen. Das gleiche ist mit dem Waimangu-Geysir auf Neuseeland passiert. Seine Wassersäulen stiegen einst bis zu 300 Meter hoch in den Himmel. Das war der Geysir-Weltrekord!

Durch Kalkablagerungen bilden sich um die Ausbruchöffnungen der Geysire meist bizarre und oft farbenprächtige Gesteinsformen, sogenanntes Geyserit. Die schönsten haben die Gestalt eines geschlossenen Rings, von dem das Wasser terrassenförmig ablaufen kann. Übrigens gibt es auch Geysire, die regelrechte Schlammfontänen – allerdings meist von nur geringer Höhe – ausschleudern.

mehr oder weniger großer Regelmäßigkeit. Viele Geysire springen so pünktlich, daß man die Uhr danach stellen kann, wenn man den Rhythmus kennt. Manche springen alle paar Minuten, bei anderen dauert es Stunden oder Tage, mitunter sogar Wochen. Auch

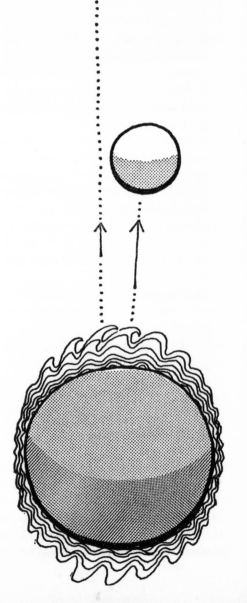

Warum gibt es Ebbe und Flut?

Seit Menschengedenken unterliegen die gewaltigen Wassermassen der Ozeane einem sich ständig wiederholenden Rhythmus, den wir als »Ebbe und Flut« oder als »Gezeiten« bezeichnen. Der Binnenlandbewohner wird von dieser Erscheinung kaum berührt, während sie für die Bewohner von Küstengebieten und für Seefahrer zum Alltag gehört.

Das Gesamtmeer bedeckt 71 Prozent der Erdoberfläche. Es ist eine Masse, die praktisch völlig freibeweglich und nur von der Erdanziehungskraft festgehalten um die Erdkugel herumliegt und in keiner Weise mit dem festen Erdkörper zusammenhängt. Infolgedessen kann sie jederzeit außerirdischen Einflüssen fast widerstandslos folgen. Und tatsächlich gibt es solche Einflüsse: Mond und Sonne üben auf die Erde erhebliche Anziehungskräfte aus, wie umgekehrt natürlich auch die Erde auf Mond und Sonne einwirkt. Diese gegenseitige Anziehung oder »Gravitation« der Weltkörper ist eine heute zwar exakt berechenbare und genau bekannte Kraft, ihre eigentliche Ursache ist aber immer noch unerforscht.

Durch die Anziehungskraft des um die Erde kreisenden Mondes werden nun die Wassermassen der Ozeane zum Mond hin gezogen, so daß ständig in Mondrichtung ein Wasserberg vorhanden ist. Das ist der Flutberg! Eigentümlicherweise bildet sich aber auf der entgegengesetzten, vom Mond abgewandten Seite der Erdkugel ebenfalls so

178

ein Wasserberg. Ursache: Durch die sozusagen dazwischenstehende dicke Erdkugel ist dort »hinten« die Mondgravitation so weit abgeschwächt, daß nun die Fliehkraft der rotierenden Erde stärker wiegt.

So entstehen gleichzeitig *zwei* Flutberge. Ihre Wassermassen stammen aus den dazwischenliegenden Gebieten, in denen infolgedessen Ebbe herrscht.

Nun dreht sich aber die Erde um sich selbst, und gleichzeitig kreist der Mond um die rotierende Erde herum. Infolgedessen wandern die beiden Flutberge ebenfalls um den Erdball. Und zwar bekommt jede Stelle an den Meeresküsten alle 12 Stunden 25 Minuten einmal Flut und Ebbe. Somit gibt es rund zweimal täglich Flut und zweimal Ebbe.

Doch nicht nur der Mond wirkt mit seiner Gravitation auf die irdischen Wassermassen. Auch die Sonne trägt das ihre bei. Trotz ihrer sehr viel größeren Masse hat sie aber nur die halbe Wirkung. Das liegt an ihrer ungleich größeren Entfernung. Immerhin, wenn Mond und Sonne in der gleichen Zugrichtung wirken (das geschieht bei Neumond und bei Vollmond), addieren sich die Kräfte, und die Flutberge werden besonders hoch. Es kommt zur sogenannten Springflut. Bei gleichzeitig auftretenden schweren Stürmen kann so eine Springflut weit ins Land hinein getrieben werden, was dann zu den von den Küstenbewohnern so gefürchteten »Sturmfluten« führt. Wenn dagegen Mond und Sonne im 90-Grad-Winkel zueinander stehen (das ist zur Halbmondzeit), mindert sich die Gesamtwirkung so, daß die Flut wesentlich schwächer ausfällt. Man bezeichnet das als »Nippflut«.

Der »Tidenhub« – das ist der Höhenunterschied zwischen Ebbe und Flut – ist an den verschiedenen Küsten enorm unterschiedlich. Manche Meere, zum Beispiel das Mittelmeer und die Ostsee, erfahren wegen ihrer abgekapselten Lage so gut wie überhaupt keinen Tidenhub. An den offenen Küsten der Weltmeere kann dagegen der Tidenhub sechs, zwölf und im Extremfall fünfzehn Meter betragen. Extremfluten gibt es vor allem dort, wo eine freie Meeresküste eine Einwölbung hat, zum Beispiel in Flußmündungsbuchten. Hier stauen sich die Wasser besonders hoch. Dabei kann es sein, daß nur wenige Kilometer entfernt an der gleichen Küste die Flut nicht einmal die Hälfte, vielleicht sogar bloß ein Viertel an Höhe erreicht.

Genaue Messungen haben gezeigt, daß die Gravitation von Mond und Sonne ein klein wenig auch die Landmassen der Erde beeinflußt. Unsere Kontinente schwimmen ja auf einer sehr elastischen Unterlage, dem glutflüssigen »Magma«, so daß unter dem Anziehungseinfluß von Mond und Sonne auch die festen Erdteile in ständigem Wechsel um mehrere Zentimeter gehoben und gesenkt werden. Ja sogar die Luftmassen unserer Atmosphäre unterliegen dieser Gezei-

tenwirkung, was sich in periodischen Luftdruckschwankungen äußert. Diese ständige
Gezeiten-»Reibung« der Lufthülle und der
Wassermassen an der sich drehenden Erde
wirkt über lange Zeiträume hinweg wie eine
Bremse, so daß die Erdrotation ganz allmählich langsamer wird.

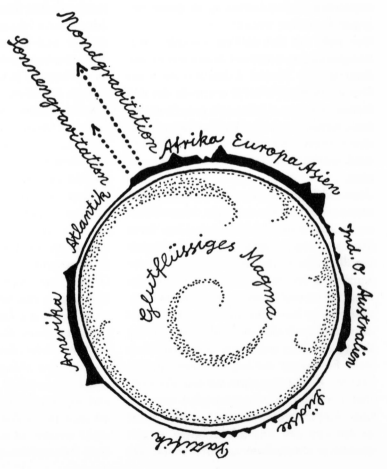

Warum ist die Erde rund?

Alle Himmelskörper – Sterne, Planeten, Monde – haben sich vor Milliarden Jahren aus kosmischen Urnebeln gebildet. Ursache dieser Weltenbildung war und ist auch heute noch die Anziehungskraft, durch die sich aus chaotischen Nebelmassen im Laufe sehr, sehr langer Zeit Weltkörper zusammenballen. Die Astronomen kennen eine ganze Reihe von Weltennebeln, aus denen sich noch in kommenden Epochen neue Sonnen bilden werden. Ein bekanntes Beispiel ist der Gasnebel im Sternbild des Orion, den man schon mit dem Feldstecher als zartes Lichtwölkchen erkennen kann.

Nun wirkt aber die Anziehungskraft aus dem Zentrum eines werdenden und wachsenden Himmelskörpers heraus immer nach allen Seiten gleich stark. Deshalb ballt sich der Stoff rund um dieses Massenzentrum nach allen Seiten gleichmäßig. Ganz zwangsläufig ergibt das eine Kugelform. Himmelskörper erstarren immer zu kugeligen Gebilden! Bei den selbststrahlenden Fixsternen wie etwa unserer Sonne ist die Oberfläche zwar in feurig-gasförmigem Zustand, mit Temperaturen bis zu vielen Tausend Grad, aber auch hier bleibt durch die gleichmäßig nach allen Seiten wirkende Anziehungskraft die Kugelform erhalten.

Jedoch: Wer mit einem starken Fernrohr den Himmel beobachtet, wird feststellen, daß nicht alle Weltkörper eine ideale Kugelform haben. So zeigt der Riesenplanet Jupiter, mit elffachem Erddurchmesser der größte Planet unseres Sonnensystems, eine deutliche Abplattung an den Polen. Der Umfang über die Pole ist um ein Sechzehntel kleiner als der Äquatorumfang. Das kommt daher, daß dieser gewaltige Weltkörper eine hohe Rotationsgeschwindigkeit hat. Für eine Umdrehung braucht er nur rund 10 Stunden! Dadurch entsteht am Äquator eine so große Schwungkraft, daß der Planet hier ausbeult und dafür an den Polen schrumpft. Auch die Erde hat infolge ihrer Rotation eine Abflachung an den Polen, die jedoch nur etwa $1/300$ des Äquatordurchmessers beträgt.

Warum hat der Februar nur 28 Tage?

Sieben Monate haben 31 Tage, vier haben 30. Der Februar aber ist schon nach 28 Tagen zu Ende. Wie kommt das? Warum muß, erstens, überhaupt ein Monat so viel kürzer sein als alle andern? Und warum, zweitens, ist das gerade der Februar – warum nicht der April oder der November?

Wie an so vielem, sind auch daran die alten Römer schuld.

»Monat« kommt von »Mond«. Der Mond fällt von allen Gestirnen am meisten auf: Mal ist er halb, mal ganz, mal gar nicht da, und dies mit schöner Regelmäßigkeit. So ziemlich alle Völker haben deshalb ihre ersten Kalender nach dem Mondwechsel eingerichtet. Von einem Neumond bis zum nächsten Neumond sind es allerdings nur 29 Tage 12 Stunden 44 Minuten 28 Sekunden. Zwölf solche Mondwechsel geben ein Mondjahr von rund $354\frac{1}{3}$ Tagen. Es ist also gegenüber dem Sonnenjahr um knapp 11 Tage zu kurz. Die Jahreszeiten werden aber von der Sonne bestimmt. (Siehe das Kapitel »Warum gibt es Frühling, Sommer, Herbst und Winter?« auf Seite 152.) Wenn man also den Kalender nach dem Mondjahr einrichtet, so verrutschen die Jahreszeiten gegenüber dem Kalender alljährlich um 11 Tage nach rückwärts.

Als man später etwas mehr von Astronomie verstand, ging man zum Sonnenjahr über. Das Sonnenjahr dauert etwa $365\frac{1}{4}$ Tage. Es entspricht dem Zeitraum, den die Erde braucht, um einmal die Sonne zu umkreisen. Vor dem Mondjahr hat es den großen Vorzug, daß jedes Datum unverrückbar fest zu einer bestimmten Jahreszeit gehört.

Nun die Römer. Die ganz alten Römer hatten ein Mondjahr mit nur 10 Monaten. Dabei war der März der erste, Dezember (von lateinisch decem = zehn) der zehnte. Erst später kamen Januar und Februar dazu. Dabei standen sie zunächst als elfter und zwölfter Monat am Ende des Kalenders. Erst seit dem Jahre 153 vor Christus beginnt das Jahr mit dem 1. Januar.

Der Name »Februar« kommt, natürlich, aus dem Lateinischen, und zwar von »februare«. Das bedeutet »reinigen«. Eine »februa« war ein Sühnefest, und der »Februarius« war der Reinigungs- und Sühnemonat, in dessen zweiter Hälfte man Sühne tat für alles Böse, was man das Jahr über getrieben hatte. Der letzte Monat war dafür der richtige Termin; da konnte man, wie es auch heutzutage üblich ist, gute Vorsätze fassen für das neue Jahr.

Nun galten bei den alten Römern alle geraden Zahlen als unheilbringend. Deshalb gab man den Monaten teils 29, teils 31 Tage. Um dennoch insgesamt auf 354 Tage zu kommen, teilte man den beiden letzten Monaten – also dem Januar und dem Februar – nur je 27 Tage zu. Zum Angleich an das Sonnenjahr gab es alle zwei Jahre einen kurzen Extramonat von 22 Tagen. Als Caesar im Jahre 46 vor Christus diesen höchst unpraktischen Kalender korrigierte, schaffte er den Schaltmonat ab, indem er seine 22 Tage auf die übrigen Monate verteilte: Die langen Monate behielten ihre 31 Tage, die 29tägigen bekamen 30. (Über den Aberglauben mit den geraden Zahlen war man weggekommen.) Für *einen* Monat blieben allerdings nicht genügend Tage übrig. Als Opfer wählte Caesar den Februar. Dieser Monat war so lange der letzte des Jahres gewesen, und seit je hatte man die Tage, die am Sonnenjahr gefehlt hatten, bei ihm angestückelt und überschüssige Tage von ihm abgezogen; mochte er also auch weiterhin – obwohl längst als zweiter Monat im Kalender einrangiert – der Ausgleichsmonat bleiben. Auch Papst Gregor, von dem unser heutiger Kalender stammt, hat daran nichts geändert. Bis heute schlägt man den alle vier Jahre fälligen Schalttag dem Februar zu. (Näheres im nächsten Kapitel.)

Warum gibt es alle vier Jahre einen Schalttag?

Das liegt, um es kurz zu sagen, an der Umlaufzeit der Erde um die Sonne.

Die Erde dreht sich, wie jeder weiß. Erstens dreht sie sich um sich selber, wofür sie rund 23 Stunden 56 Minuten braucht und woher Tag und Nacht kommen. Zweitens aber kreist sie um die Sonne; ein solcher Umlauf dauert 365 Tage 5 Stunden 48 Minuten und 46 Sekunden. Ein normales Kalenderjahr hat aber nur 365 Tage. Ohne Korrektur des Kalenders würde sich der 1. Januar allmählich verschieben, jedes Jahr um einen knappen Vierteltag – vom Winter langsam zurück in den Herbst, dann in den Sommer und weiter in den Frühling, und nach 1507 Jahren träfe Silvester wieder auf den Ausgangspunkt im Winter.

Man könnte natürlich sagen: So schlimm wäre das doch nicht; im Gegenteil, man hätte ständig Abwechslung. Aber die Welt braucht ihre Ordnung.

Das fand, vor zwei Jahrtausenden, auch der Herrscher von Rom, Julius Caesar. Und so korrigierte er den bis dahin angeschwollenen Kalenderfehler dadurch, daß er das Jahr 46 vor Christus 445 statt nur 365 Tage dauern ließ. Fortan aber, so befahl er, sollte jedes vierte Jahr einen zusätzlichen »Schalttag« bekommen. Auf diese Weise sollte sich das Kalenderjahr der wahren, etwa ¼ Tag längeren Erdumlaufzeit um die Sonne anpassen. Diese Anordnung war eine bemerkenswerte Tat!

184 Aber auch dieser »Julianische Kalender«
war nicht ohne Fehl. Weil eben die Erde für ihre Sonnenumkreisung nicht genau 365¼ Tage braucht, sondern 674 Sekunden weniger, verrutschte auch nach der neuen Regelung der Jahresanfang, und zwar nach der anderen Seite: Nach jeweils 128 Jahren war man um einen vollen Tag hintennach. Auch das summierte sich natürlich: Im Jahre 1582 fehlten schon fast zwei Wochen (die man damals durch eine Verkürzung des Oktober wieder einholte).

Nun ließ Papst Gregor XIII. durch eine Astronomenkommission eine verbesserte Schaltmethode ausarbeiten, und die geht so: Jedes normale Jahr hat 365 Tage; jedes vierte Jahr ist ein Schaltjahr mit 366 Tagen, wobei der zusätzliche Tag als 29. Februar angehängt wird; die Hunderterjahre aber, also 1600, 1700, 1800, 1900, 2000, 2100 usw., werden nur geschaltet, wenn sie sich durch 400 teilen lassen. (Falls nicht, bleiben sie gewöhnliche 365-Tage-Jahre.)

In den katholischen Gebieten Deutschlands wurde dieser »Gregorianische Kalender« im Jahre 1584 eingeführt, in den evangelischen erst 1700. Nach diesem Kalender zählen wir heute unsere Jahre. Und wir können mit ihm zufrieden sein, obwohl auch er nicht ganz genau ist: In 10 000 Jahren verschiebt sich der Jahresbeginn um einen Tag. Dies soll uns jedoch keine Sorgen machen. Die Leute im Jahre 11 500 können dann ja den angesammelten Fehlertag wieder hinauswerfen.

Technik daheim und draußen

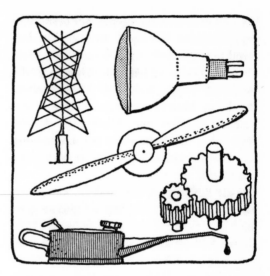

Warum schmiert Öl?

Wo immer sich zwei Gegenstände berührend gegeneinander bewegen, tritt ein Widerstand auf: die Reibung. Ob man eine Kiste über den Boden schleift, ob sich eine Welle in ihrem Lager dreht, ob jemand einen Berghang hinunterrutschen möchte – die Reibung hindert die Bewegung. Außerdem führt die Reibarbeit zur Entstehung von Wärme und Abrieb – beides höchst unerwünscht.

Um die Reibung zu vermindern, kann man zweierlei tun: die Flächen möglichst glatt machen (geschliffene und polierte Teile gleiten leichter aufeinander als rauhe) oder zwischen die Flächen ein Gleitmittel schieben, das die Flächen regelrecht voneinander trennt. Solches Zwischenschieben eines Gleitmittels nennt man »Schmieren«. In den meisten Fällen nimmt man zum Schmieren Öl oder Fett. (Siehe hierzu auch das nächste Kapitel: »Warum schmiert man nicht mit Wasser?«) Seine Wirkung beruht also darauf, daß es die Teile trennt, sie in einem gewissen – wenn auch natürlich ganz minimalen – Abstand voneinander hält, so daß sie sich möglichst überhaupt nicht mehr direkt berühren. Der Abstand – der »Schmierspalt« – beträgt oft nur wenige Hundertstelmillimeter, aber das reicht bei gut bearbeiteten, glatten Flächen schon aus.

Freilich gibt es verschiedene Grade der Schmierung. Nehmen wir eine Welle, die in einem Lager ruht. Bei Stillstand liegt sie durch ihr Gewicht im Lager unten auf, alles Lageröl ist zur Seite und nach oben gequetscht (siehe rechts die erste Zeichnung). Nun beginnt die Welle zu rotieren. Was geschieht? Durch die Benetzung der Wellenoberfläche mit Öl und durch die Zähflüssigkeit des Öls wird etwas von diesem Schmiermittel in Laufrichtung mit herumgerissen. Es bildet sich ein keilförmiges Ölpolster, ein sogenannter Schmierkeil (siehe die zweite Zeichnung). Die Welle hebt sich unter vom Lager ab! Aber noch sind Lager und Welle nicht gänzlich voneinander getrennt; es gibt noch einzelne Stellen, wo Metall gegen Metall reibt.

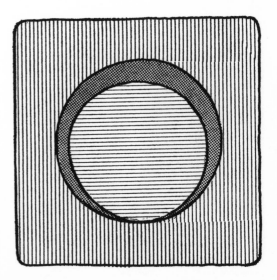

Diesen Zustand nennt man »halbflüssige Reibung« oder »Grenzschmierung«. Ist das Öl sehr zäh oder läuft die Welle langsam, dann bleibt es bei dieser mangelhaften Schmierung. Nimmt aber die Drehzahl zu und wird vielleicht auch das Öl durch Erwärmung etwas dünnflüssiger, so kriecht das Öl im Lager immer weiter herum, bis sich endlich ein ringsum geschlossenes Ölpolster ergibt und nirgends mehr Metall auf Metall liegt. Die Welle wird gewissermaßen vom Schmierstoff getragen (siehe die dritte Zeichnung). Jetzt haben wir »hydrodynamische Vollschmierung«! Sie heißt so, weil es sich um einen Strö-

mungsvorgang handelt. (»Hydrodynamik« ist die Lehre von strömenden Flüssigkeiten.) Und diese Art der Schmierung ist natürlich die ideale.

Bei hin- und hergehender Bewegung, zum Beispiel beim Lauf eines Kolbens in seinem Zylinder, kann man eine hydrodynamische Vollschmierung nicht erreichen. Denn jedesmal bei Umkehr der Bewegung bricht der Schmierkeil, der sich zuvor gebildet hatte, wieder zusammen, und es kommt momentan zu metallischer Berührung. Deshalb sind in einem Zylinder Reibung und Verschleiß immer an diesen Umkehrpunkten am größten.

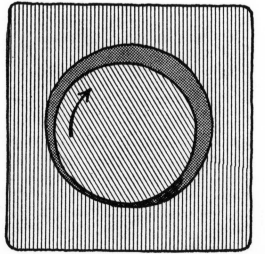
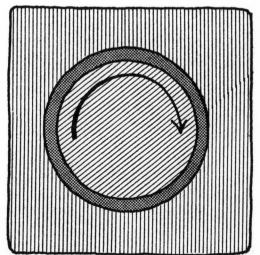

Warum schmiert man nicht mit Wasser?

»Schmieren« heißt: Vermindern von Reibungskräften. Und da haben wir's: Auch Wasser kann durchaus schmieren! Auf regennasser Straße rutscht man leichter als auf trockener, und an den Rutschbahnen für die Kinder im Freibad ist oben immer ein Wasserzufluß installiert, mit dem die Bahn befeuchtet wird. Ja, es gibt auch in der Technik einige wenige Spezialfälle, wo man mit Wasser »schmiert«.

Im allgemeinen aber eignet sich Wasser nicht zum Schmieren, und zwar aus folgenden Gründen:

* Wasser gefriert schon bei 0 Grad Celsius.

* Wasser verdampft schon bei 100 Grad Celsius.

* Wasser verdunstet schon bei normalen Temperaturen.

* Wasser schützt Metalloberflächen nicht, sondern greift sie im Gegenteil an. (Rostbildung!)

* Wasser hat eine sehr geringe Zähigkeit und ist deshalb als Schmierfilm nicht tragfähig genug. Mit anderen Worten: Es läuft zu schnell davon.

* Wasser hat eine hohe Oberflächenspannung und deshalb ein schlechtes Benetzungsvermögen. Es »kriecht« nicht; es bildet keine Flächen, keinen Film, sondern perlende Tropfen.

* Wasser klebt nicht. Es hat keine Haftfähigkeit! Deshalb hält es sich nicht lange genug auf der zu schmierenden Fläche.

Eine der wenigen Flüssigkeiten, die all diese Nachteile *nicht* hat, ist das Öl. Und eben deshalb nimmt man in den weitaus meisten Fällen zum Schmieren Öl (oder Fett, was ja ungefähr dasselbe ist). Sein einziger Nachteil: Es kostet tausendmal mehr als Wasser.

Warum brauchen Autos ein Differential?

Wenn ein vierrädriges Fahrzeug eine Kurve fährt, dann haben die beiden äußeren Räder einen weiteren Weg zurückzulegen als die beiden inneren. Die äußeren Räder drehen sich also schneller als die inneren. Das können sie auch, solange jedes Rad für sich allein gelagert ist und sich jedes unabhängig von seinem Gegenüber drehen kann. Anders wenn das linke und das rechte Rad durch eine Achse oder sonstwie fest miteinander verkoppelt sind. Sobald solch ein Radpaar in eine Kurve kommt, muß mindestens eines der beiden Räder auf dem Boden etwas schleifen. Entweder wirbelt das innere Rad zu schnell, weil es nämlich die eilige Bewegung des Außenrades aufgezwungen bekommt, oder das äußere Rad richtet sich nach dem langsamen inneren und radiert deshalb bremsend.

Bei einem Auto mit Hinterradantrieb sind die beiden Vorderräder einzeln und unabhängig voneinander gelagert. So kann sich in der Kurve jedes von ihnen exakt so schnell drehen, wie sein Kurvenradius es erfordert. Dabei kann der Unterschied zwischen Innen- und Außenrad sogar recht beträchtlich werden: bei vollem Einschlag der Lenkung an die 30 Prozent! Hat also in so einer scharfen Kurve das Innenrad 1,00 Meter zurückgelegt, ist das äußere schon 1,30 Meter weit gerollt.

Nun aber die Hinterräder. Beide werden ja vom Motor angetrieben. Ohne besondere Vorkehrungen würden sie also immer die

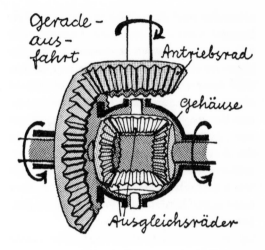

gleiche Drehzahl haben, und in einer Kurve müßte unausweichlich eines von ihnen auf der Straße radieren. Das aber wäre sehr gefährlich, weil der Wagen leicht ins Schleudern käme. Außerdem würden sich die Reifen kolossal schnell abreiben.

Daß dies alles nicht passiert, verdanken wir dem »Ausgleichsgetriebe«, auch »Differential« genannt (von Differenz = Unterschied). Das ist ein raffiniert ausgedachtes Aggregat von fünf Zahnrädern in einem Gehäuse. Dieses Gehäuse sitzt an der Hinterachse. Von vorn her führt die Antriebswelle hinein, und links und rechts kommen die beiden Halbachsen heraus, an denen dann außen die Räder festgemacht sind.

189

Eines der fünf Zahnräder (das große »Tellerrad«) nimmt die Kraft der Antriebswelle auf, die vier anderen, kleineren Zahnräder leiten sie an die beiden Hinterräder weiter. Und zwar machen sie das so, daß sich in einer Kurve automatisch die Drehunterschiede ausgleichen. Beide Reifen liegen somit satt auf der Straße auf, keines von ihnen schlüpft oder radiert.

Selbstverständlich: Bei einem Auto mit Vorderradantrieb ist alles umgekehrt. Hier spielen die Hinterräder frei, und das Differential sitzt an der Vorderachse.

So ein Ausgleichsgetriebe hat einen Nachteil: Steht das eine Rad auf sehr festem Boden (trockener Asphalt, Beton) und das andere auf sehr schlüpfriger Unterlage (Lehm, Sumpf, feiner Sand, Eis), dann bleibt das Rad auf dem festen Boden völlig stehen, und alle Motorkraft geht auf das andere Rad, das nun »durchdreht«. Der Wagen kommt nicht vorwärts! Deshalb haben manche Autos im Differential eine Sperrmöglichkeit. Entweder wird sie von Hand eingeschaltet oder automatisch. Bei eingelegter Sperre ist das Differential blokkiert, der Antrieb des Motors geht dann *gleichmäßig* auf *beide* Räder. So zieht das Rad, das auf festem Boden steht, den Wagen aus der mißlichen Lage heraus.

Übrigens ist das Ausgleichsgetriebe schon eine ziemlich alte Erfindung. Bereits vor zweihundert Jahren fand sie Anwendung im Uhrenbau.

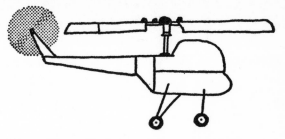

Warum haben Hubschrauber hinten manchmal noch einen kleinen Querpropeller?

Hier ist wieder einmal, wie so oft in Technik und Physik, das Gesetz von Wirkung und Gegenwirkung im Spiele — der Fachmann sagt: von actio und reactio.

Wenn wir in einem Ruderboot hocken und mit einem Kopfsprung nach rechts ins Wasser springen (Wirkung), wird das Boot ein Stück nach links weggedrückt werden (Gegenwirkung). Wenn wir auf einer großen drehbaren Platte stehen und auf dem Rande der Platte rechtsherum marschieren, wird sich die Platte unter unseren Füßen linksherum zu drehen beginnen.

Jetzt der Hubschrauber. Der Motor läuft, der Rotor oben auf dem Rumpf dreht sich und hält die Maschine in der Schwebe. Nach internationaler Übereinkunft dreht er sich immer linksherum. Dabei muß er sich natürlich von irgend etwas abstoßen. Wovon? Einzige Möglichkeit: vom Hubschrauber selbst! Der linksdrehende Rotor zwingt also den Flugzeugrumpf zu einer Rechtsdrehung.

Dieses Rumpfdrehen muß man unterbinden. Und eben dazu ist der kleine Heckrotor da. Er drückt den Schwanz des Hubschraubers gerade mit so viel Kraft zurück, wie nötig ist, damit der Rumpf seine Geradeausrichtung behält. Liefe der Heckrotor zu langsam, würde der Rumpf rechtsherum schwenken; liefe er zu schnell, würde der Rumpf linksherum kreiseln. Da aber die Drehzahlen von Hubschraube und Heckrotor immer so ziemlich konstant bleiben, bildet sich normalerweise von selbst der richtige Gegendruck. Doch kann der Pilot die Kraftwirkung der beiden Rotoren noch

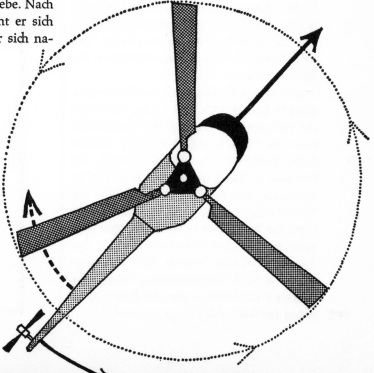

etwas korrigieren, indem er mit seinen Pe-
dalen die Anstellwinkel der Rotorblätter
verändert. Im übrigen frißt der Heckrotor
natürlich Energie, die mit dem Kraftstoff
aufgebracht werden muß. Ungefähr 10 Prozent der Motorleistung gehen an den Heckrotor.

Nicht jeder Hubschrauber hat einen solchen
Heckrotor. Es gibt auch andere Möglichkei-
ten, das Gegendrehen des Rumpfes zu verhindern. Da sind zum Beispiel die Hubschrauber mit *zwei* tragenden Hubschrau-
ben auf dem Rumpf. Die eine dreht sich
linksherum, die andere rechtsherum, und
ihre Gegenwirkungen heben sich auf. Aber
solche zweirotorigen Hubschrauber sind
aerodynamisch und schwingungstechnisch
sehr viel komplizierter als einrotorige. Die
Sache lohnt nur bei großen Maschinen für
schwere Lasten.

Es gibt aber auch *ein*rotorige Hubschrauber
ohne Heckrotor. Das sind solche, bei denen
die Hubschraube nicht direkt mechanisch
durch die Welle angetrieben wird, sondern
durch Rückstoß. Da drückt nämlich ein
Kompressor durch die hohlen Rotorblätter
Brenngase oder Preßluft, und am Ende der
Blätter faucht dieser Gasstrom durch eine
Düse ins Freie. Der entstehende Rückstoß
versetzt dann den Rotor in Drehung. Bei
diesem Verfahren kommt der Flugzeugrumpf *nicht* in Gegendrehung. Denn der
Gasstrom wirkt nur gegen den Rotor, nicht
192   gegen den Rumpf des Flugzeugs.

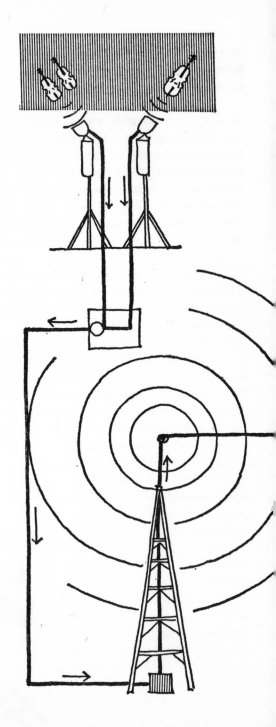

Warum hört man bei Stereo-Anlagen plastisch?

Der Mensch hat *zwei* Ohren. Dadurch ist er imstande, nicht nur »irgendwie« zu hören (dazu würde *ein* Ohr genügen), sondern auch die Richtung festzustellen, aus der ein Geräusch kommt. Befindet sich nämlich die Geräuschquelle links von ihm, dann erreichen die Schallwellen das linke Ohr etwas früher und oft auch etwas stärker als das

rechte; und schon als Baby lernt man, aus diesem Zeit- und Stärkeunterschied die Herkunft des Geräusches zu erkennen. Ein vorbeifahrendes Auto erscheint vorbeifahrend, weil eben der Schall beispielsweise erst von links, dann von vorn und schließlich von rechts kommt. Und wenn wir im Konzertsaal vor dem Orchester sitzen, dann hören wir deutlich die Ersten Geigen links spielen und die Kontrabässe rechts. Man

sagt: Der Mensch hört »stereophon«, also räumlich.

Nun aber der Rundfunk und die Schallplatte. Größtenteils auch heute noch kommt da der Schall doch aus *einer* Richtung, nämlich aus dem Einzellautsprecher des Geräts. Und ganz gleich, ob das vom Mikrophon aufgenommene Auto fährt oder steht, ob die Ersten Geigen oder die Kontrabässe spielen – alles befindet sich akustisch »vor uns«. Es ist, als lauschten wir durch ein Mauerloch auf die Straße hinaus oder in den Konzertsaal hinein. Wir hören nicht stereophon, sondern »monophon«. Dabei kann es passieren, daß zum Beispiel bei einem Orchesterstück die leisen Instrumente von den lauten völlig zugedeckt werden, weil sie eben durchmengt ankommen und nicht jedes auf eigenem Weg.

Schon vor vielen Jahren hat man versucht, hier etwas Besseres zu schaffen. Zum Beispiel hat man im Zimmer *mehrere* Lautsprecher aufgestellt – den einen da, den anderen dort. Auf diese Weise wurde zwar der Ton voller, gewissermaßen das Loch in der Mauer größer; doch räumlich wurde die Musik noch immer nicht, denn alle Lautsprecher gaben ja das gleiche Tongemenge her. Wirklich stereophon hört man nur dann, wenn zwei Lautsprecher im Zimmer *verschiedene* Klangmischungen abgeben. Und zwar muß der linke vorwiegend das bieten, was im Orchester links ertönt, der rechte mehr die Klänge von rechts.

Wenn aber zwei Lautsprecher verschieden klingen sollen, dann muß die Schallplatte oder das Tonband sozusagen zwei Spuren haben; und beim Rundfunk muß der Sender zwei verschiedene Wellen abstrahlen, die der Empfänger dann getrennt aufnimmt und ordnungsgemäß an die beiden Lautsprecher verteilt. Und das war das technische Problem: auf der ganzen Reise der Töne – vom Orchester oder der Straßenszene usw. über die Mikrophone bis zum Wiedergabegerät – doppelgleisig zu fahren.

Sowohl beim Rundfunk wie bei der Schallplatte und dem Tonband ist das heute möglich. Zunächst der Rundfunk: Bei der Aufnahme verwendet man zwei Mikrophone (oder sogar zwei Mikrophongruppen) in gewissem Abstand. Das links und das rechts Aufgenommene – was ja nicht ganz gleich ist! – geht durch getrennte Kabel zum Sender. Hier wird beides in drahtlose Wellen umgesetzt. Dabei kann man durch einen Trick beide Aufnahmen auf dieselbe Wellenlänge legen und so in den Äther schicken. Das Empfangsgerät nimmt diesen doppelten Wellenzug auf, trennt die darin enthaltenen zwei Aufnahmen wieder und schickt sie in zwei seitlich links und rechts im Zimmer aufgestellte Lautsprecher: Das vom linken Mikrophon Aufgenommene geht in den linken Lautsprecher, das vom rechten Mikrophon in den rechten Lautsprecher. Haben nun diese Wieder-

gabe-Lautsprecher den richtigen Abstand, so hört der in der Mitte Davorsitzende die Sendung stereophon!

Ähnlich bei der Schallplatte. Die beiden Aufnahmen der zwei Mikrophone liegen hier getrennt in den Rillen, nämlich die eine auf der inneren und die andere auf der äußeren Seitenflanke der Rille. Die Nadel nimmt beides auf, wobei die Schwingungen der Innenflanke in den linken Lautsprecher gehen, die der Außenflanke in den rechten Lautsprecher. Entsprechend funktioniert auch das stereophone Tonbandgerät. Hier wird gleichzeitig auf zwei Spuren aufgenommen oder wiedergegeben.

Natürlich kann man nicht mit jedem Gerät stereophon hören, schon gar nicht mit einem alten. Das Gerät muß für die Zweigleisigkeit des Betriebs eingerichtet sein. Und ganz einwandfrei stereophon hört man nur dann, wenn die beiden Lautsprecher genau den gleichen Abstand haben wie der Zuhörer zu den Lautsprechern. Diese exakte Position kann man durch Hin- und Herrücken leicht herausfinden.

Warum müssen Autos funkentstört werden?

Fast jeder hat es schon erlebt, wie eine Wohnungsklingel den Rundfunk- und den Fernsehempfang stören kann. Es sind die kleinen, blauen Funken am Unterbrechungskontakt der Klingel, die diese Störungen hervorrufen. Jeder von ihnen strahlt nämlich eine richtige Funkwelle in den Raum; es ist wirklich eine »funkende« Klingel. Diese Erscheinung läßt sich unterdrücken, wenn man einen Kondensator – das ist ein kleines elektronisches Bauelement – zwischenschaltet.

Funken aber treten auch im Kraftfahrzeug auf. Hier sind sie jedoch nicht wie bei der Klingel unerwünscht, sondern geradezu notwendig: Es sind die Funken der Zündkerzen, mit denen das Kraftstoff-Luft-Gemisch im Motor gezündet wird. Sie haben eine sehr hohe Spannung, an die 20 000 Volt. Entsprechend strahlen sie besonders kräftige Hochfrequenzwellen aller möglichen Längen aus, die in einer Umgebung von oft über 100 Meter den Rundfunk- und Fernsehempfang stören, vom eigenen Autoradio ganz zu schweigen.

Zur Abhilfe reicht es in den meisten Fällen aus, in die Zuleitungen zu den Zündkerzen Widerstände einzubauen. Sie können den größten Teil der Störwellen zurückhalten. In besonders hartnäckigen Fällen aber bleibt nichts anderes übrig, als alle Leitungen von der Zündspule über den Zündverteiler bis zu jeder Zündkerze mit einem für die Störwellen undurchlässigen Drahtgeflecht zu panzern. Glücklicherweise ist das nur selten nötig, zum Beispiel wenn in das Auto ein Funksprechgerät oder ein Telefon eingebaut ist.

Die Zündfunken sind zwar die wichtigsten, aber leider nicht die einzigen Störer. Auch in der Lichtmaschine, im Unterbrecher usw. entstehen Funken, die durch Kondensatoren so gut wie möglich unterdrückt werden müssen. Ja, es kann sogar vorkommen, daß sich die Radkappen mit Elektrizität aufladen und dann Funken gegen die Radfelgen sprühen. Hier hilft eine Drahtverbindung von der Radkappe zur Felge.

Warum empfängt das Radio tagsüber weniger Sender als abends?

Diese Frage ist genaugenommen nicht ganz korrekt formuliert. Es müßte heißen: Warum empfangen wir auf Mittel- und Kurzwelle tagsüber weniger Sender als abends? Bei Ultrakurzwellen gibt es diese Erscheinung nämlich nicht, und bei Langwellen fällt sie kaum auf.

Die Sache hängt damit zusammen, daß die vom Sender abgestrahlten Wellen auf zwei verschiedenen Wegen zur Antenne der Empfänger gelangen können. Wir wollen sie hier einmal »Bodenwellen« und »Raumwellen« nennen.

Die Senderantenne strahlt im allgemeinen die Wellen in alle Richtungen ab, und zwar nicht nur waagerecht, sondern auch schräg in allen Winkeln, ja sogar senkrecht in den Raum. Tagsüber gehen aber alle in den Raum gestrahlten Wellen verloren; sie entschwinden auf Nimmerwiedersehen im Weltall. Nur die über die Erdoberfläche dahinhuschende Welle – eben die sogenannte Bodenwelle – erreicht unsere Empfangsantennen. (Nebenbei erkennt man daraus, welch ungeheure Verschwendung getrieben werden muß, um möglichst viele Empfänger mit der Ausstrahlung des Senders zu erreichen. Oft kommt weniger als der milliardste Teil der Senderleistung beim Empfänger an, und doch genügt das für einen guten und klaren Empfang.)

Jetzt aber nach Einbruch der Dunkelheit. Da passiert etwas ganz Eigenartiges: Mit abnehmender Sonneneinstrahlung bilden

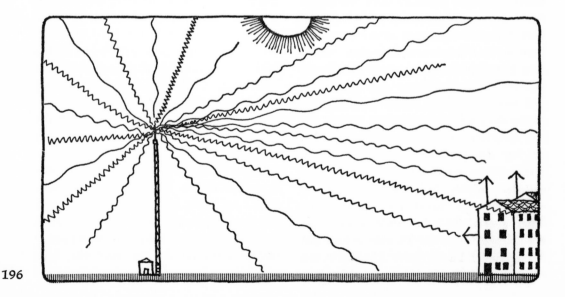

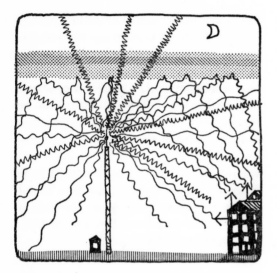

sich in den höheren Lagen der Erdatmosphäre – in einer Höhe von 100 bis 250 Kilometer – »ionisierte«, das heißt elektrisch leitfähige Schichten, die man nach ihrem Entdecker »Heaviside-Schichten« nennt. Und diese Schichten wirken auf Mittel- und auf Kurzwellen wie Spiegel. Sie lassen diese Art von Wellen nicht mehr hindurch, sondern werfen sie wieder zur Erde zurück.

Die Reichweite der Bodenwellen von Mittel- und Kurzwellensendern ist verhältnismäßig gering. Jedes elektrisch leitende Hindernis im Ausbreitungswege entzieht ihnen nämlich etwas von ihrer Energie, und diese Verluste summieren sich. Anders die Raumwellen. Natürlich werden auch sie auf ihrem langen Weg geschwächt (»gedämpft«, würde der Fachmann sagen), und die spie-

gelnden Heaviside-Schichten reflektieren ebenfalls nicht hundertprozentig. Trotzdem reichen die Raumwellen erheblich weiter als die Bodenwellen. Deshalb empfangen wir am Abend sehr viel mehr Mittel- und Kurzwellensender als am Tage – oft so viele, daß einzelne Stationen durch andere gestört werden. An solchem Durcheinander ist allerdings nicht die Physik schuld, sondern die Politik, weil man sich nämlich über eine Begrenzung der Senderzahl und über eine gute Verteilung der Wellenlängen nicht einigen kann.

Nicht zuletzt deshalb werden seit dem Jahre 1950 für Rundfunkzwecke auch Ultrakurzwellen benutzt. Allerdings schlüpfen sie durch die Heaviside-Schichten hindurch, so daß man hier nicht nur am Tage, sondern auch bei Nacht allein auf die Bodenwellen angewiesen ist, die zudem bei UKW eine besonders geringe Reichweite haben. Dafür kann man viele Sender dicht nebeneinander unterbringen, ohne daß sie sich gegenseitig stören. Und außerdem ermöglichen sie gerade wegen des Hindurchdringens durch die Heaviside-Schichten den Funkverkehr mit Weltraumfahrzeugen.

Auch die Langwellen werden von den ionisierten Schichten kaum zurückgespiegelt. Allerdings reicht bei großen Senderleistungen ihre Bodenwelle extrem weit, so weit, daß bereits vor dem Ersten Weltkrieg Langwellen-Funkverbindungen über alle Erdteile hinweg hergestellt werden konnten.

Warum braucht der Dieselmotor keine Zündkerzen?

Antwort: Weil sich im Dieselmotor der Kraftstoff von selbst entzündet!

Aber mit diesem Satz ist natürlich noch nichts erklärt. Deshalb zunächst ein kurzer Blick in einen Benzinmotor: Hier gelangt in den Zylinder ein vom Vergaser aufbereitetes nebelartiges Gemisch aus Benzin und Luft; dieser Nebel wird vom Kolben etwa auf den fünften bis zwölften Teil des ursprünglichen Volumens zusammengepreßt (man sagt: das Verdichtungsverhältnis des Ottomotors ist 5 : 1 bis 12 : 1); jetzt gibt die Zündkerze einen Funken ab, der den Benzinnebel entflammt. Dagegen nun der Dieselmotor: Da gelangt in den Zylinder zunächst nur reine Luft. Diese Luft wird aber sehr viel stärker zusammengepreßt, nämlich auf ein Fünfzehntel bis ein Zwanzigstel ihres ursprünglichen Raumes. Durch diese hohe Verdichtung erhitzt sich die Luft auf zirka 600 Grad Celsius. (Daß Druck Wärme bringt, merkt man schon an jeder Fahrradpumpe.) Und nun, im Augenblick der höchsten Kompression und der höchsten Hitze, spritzt die sogenannte Einspritzpumpe ein kleines Quantum Dieselkraftstoff in den Zylinder (oder in eine Vorkammer des Zylinders). Und jetzt kommt's: Infolge der hohen Temperatur dort entflammt der eingespritzte Kraftstoff ganz von selbst. Er braucht keinen Zündfunken, keine Fremdzündung!

Die hohe Kompression des Dieselmotors hat noch einen wichtigen Vorteil: Der Kraftstoff wird besser ausgenutzt. Während bei einem Ottomotor nur rund 25 Prozent der Kraftstoffenergie in nutzbare Arbeit umgewandelt werden, sind es beim Dieselmotor etwa 33 Prozent. Der Dieselmotor arbeitet also wirtschaftlicher. Am besten eignet er sich für Großmaschinen, zum Beispiel als Schiffsdiesel oder für Lokomotiven.

Erfunden hat diese Art von Motor Ende des letzten Jahrhunderts der Ingenieur Rudolf Diesel. Der erste Dieselmotor der Welt ist uns erhalten geblieben. Er steht in München im Deutschen Museum.

Warum sind an Eisenbahnwagen der linke und der rechte Puffer verschieden?

Jede Lokomotive und jeder Eisenbahnwagen hat an den beiden Stirnseiten zwei gefederte Puffer. Der rechte (von vorn gesehen) ist immer flach, der linke immer etwas gewölbt. Diese Puffer haben nicht nur die beim Bremsen des Zuges oder beim Rangieren auftretenden Stöße elastisch aufzufangen, sondern sie müssen auch beim Fahren die gegenseitige seitliche Führung der Wagen übernehmen. Diese Führung ist notwendig, weil zwischen dem Spurkranz der Räder und der Schieneninnenkante ein gewisses seitliches Spiel – etwa 10 bis 20 Millimeter – bestehen muß. Jede Spielzeugeisenbahn zeigt das schon: Man kann den Wagen seitlich etwas auf dem Gleis hin- und herschieben. Andernfalls würde er näm-

lich niemals durch eine Kurve laufen können, sondern »aus den Schienen steigen« und entgleisen. So muß man jedem Radpaar seine Freiheit lassen und dabei in Kauf nehmen, daß der Wagen auf gerader Strecke immer etwas schlingert.

Schlingern *möchte*! Denn da sind nun die Puffer, die jenes seitliche Hin- und Herrücken ganz gewaltig dämpfen. Das Maß dieser Dämpfung hängt davon ab, mit welchem Pufferfederdruck man die Wagen zusammengekuppelt hat. Mit Hilfe der verstellbaren Zugvorrichtung läßt sich nämlich dieser Druck den jeweiligen Verhältnissen anpassen. Bei Güterzügen verzichtet man in der Regel auf ein sehr enges, festes Aneinanderkuppeln der Wagen, weil sonst die

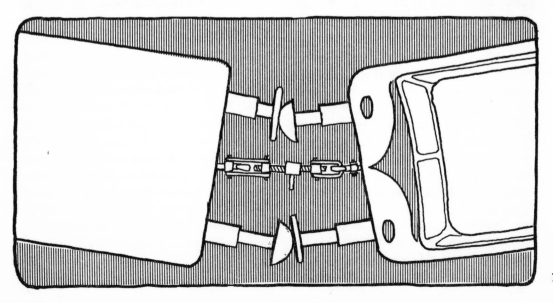

Zusammenstellung solcher Züge zu viel Zeit beanspruchen würde und ein solcher Aufwand hier auch nicht nötig ist. Personenzüge werden fester zusammengeschlossen, um einen besonders ruhigen Lauf der einzelnen Wagen zu erzielen.

Durch den Druck der Pufferflächen gegeneinander wird also der Wagen seitlich »geführt«. Selbstverständlich muß dabei eine gewisse Bewegungsmöglichkeit erhalten bleiben. Und darum die verschiedene Form der Puffer, von denen jeweils der eine flach, der andere kugelig gewölbt ist. Immer gleitet eine kugelige Fläche auf einer ebenen. Dadurch können sie sich gegeneinander in jeder Richtung bewegen, ohne daß sie klemmen oder sich verkanten. Würde man beide Pufferflächen gewölbt ausführen, wie dies in den Kindheitsjahren der Eisenbahn allgemein der Fall war, so würden die Puffer aneinander klebenbleiben, würden klemmen und wären so am gegenseitigen weichen Hin- und Her- und Auf- und Abgleiten gehindert. Wollte man gar beide Pufferflächen flach ausführen, so wäre ein Durchfahren von Kurven nur unter starkem gegenseitigem Verkanten der Puffer und unter hartem Zwängen der Wagen möglich. Man hat dies daher gar nicht erst versucht.

Der Erfinder der verschiedenartigen Stoßflächen der Puffer war der deutsche Mechaniker und Oberwerkführer Wetzlich, der im Jahre 1845 ein Patent darauf erhielt. Bereits fünf Jahre später wurde seine Erfindung allgemein eingeführt.

Doch dieses ganze Zwei-Puffer-System mitsamt der zugehörigen Kupplungsvorrichtung nähert sich seinem Ende. Alle europäischen Bahnverwaltungen wollen nämlich auf ein ganz neues System übergeben: auf die Mittelpuffer-Kupplung. Die Sache sieht dann etwa so aus wie bei der Straßenbahn: Zughaken und Stoßpuffer sind in einer einzigen gemeinsamen Mittelkupplung vereinigt. Der entscheidende Vorteil aber liegt darin, daß sämtliche Verbindungen von Wagen zu Wagen – die elektrischen Leitungen, die Druckluftleitungen und, soweit noch nötig, die Heizschläuche – fest in diesen Kupplungsapparat eingebaut sind und sich beim Zusammenschieben der Wagen alles automatisch ineinanderhakt. Man muß also nicht mehr, wie bisher, von Hand die Zugverbindung spannen, die Kabel stecken und die Schläuche anschließen. Mit dem selbsttätigen Einschnappen der Kupplung ist die Verbindung der Wagen fix und fertig und komplett. Zwar wird eine solche automatische Mittelkupplung pro Stück sicherlich über 1000 Mark kosten. Und man braucht eine Menge davon. Allein die Deutsche Bundesbahn muß rund 19 000 Personenwagen, 320 000 Güterwagen und 8000 Lokomotiven umrüsten! Doch die Einsparung an Rangierzeit und Arbeitskräften ist so enorm, daß die Umbaukosten binnen 10 Jahren wieder hereinkommen werden.

Warum braucht ein Automotor Öl?

Fast jeder Autofahrer denkt bei Öl sofort an Schmieren und spricht deshalb gern auch von »Schmieröl« (wohl als Gegensatz zu Dieselöl, Salatöl, Hautöl, Heizöl). In der Tat ist das Schmieren eine wichtige Aufgabe des Motorenöls: Es soll zwischen gleitenden Teilen die Reibung vermindern, damit alles leichter läuft und die Teile nicht direkt gegeneinander schürfen. (Siehe hierzu auch das Kapitel »Warum schmiert Öl?« auf Seite 186.) Ohne Schmieröl könnte ein Verbrennungsmotor nicht einmal wenige Minuten durchhalten. Binnen kurzem würden die Kolben »fressen«, das heißt sich durch übermäßige Reibungswärme überhitzen, sich dabei ausdehnen, klemmen und dann in Sekundenschnelle mit der Zylinderwand verbacken. Und ebenso – nur nicht ganz so schnell – würden die Zahnradgetriebe ohne Ölfüllung zerstört werden.

Aber das Schmieren ist für das Öl nur *eine* Aufgabe von vielen. Hier kommen die andern.

Das Öl muß den Kolben abdichten. Weder das unverbrannte Gemisch noch nachher die Verbrennungsgase dürfen ja am Kolbenmantel entlang in das Kurbelgehäuse entwischen. Nun sorgen zwar schon die um den Kolben gelegten Kolbenringe dafür, daß der Verbrennungsraum gegen den Kurbelraum gut abgedichtet ist. Aber die Feinstabdichtung bewirkt erst das Öl! Es füllt die letzten Spalten zwischen Kolbenringen und Zylinderwand, so daß nun in der Tat fast überhaupt keine Gase oder Dämpfe mehr hindurchschlüpfen können.

Das Öl muß die Kolbenringe locker halten. Denn die Ringe können ihre Aufgabe des Abdichtens nur dann richtig erfüllen, wenn sie ohne Klemmung in ihren Nuten sitzen. Sie müssen federn, sie müssen etwas Spiel haben, und sie müssen in den Kolbenringnuten wandern«,» sich drehen können. Nun bilden sich aber durch die Kraftstoffverbrennung und auch durch das Verbrennen kleiner Ölmengen manchmal harzige, klebrige, schlammige, lack- und kohleartige Rückstände, die so einen Kolbenring zum Verkleben und schließlich zum Klemmen bringen können, wenn sie nicht fortlaufend weggespült werden. Und eben das muß das ständig zugeführte frische Öl besorgen.

Das Öl muß die Verbrennungswärme abführen. Und das sind ganz schöne Wärmemengen! Temperaturen um die 300 Grad Celsius sind für einen Kolben und für eine Ventilführung nichts Besonderes. Wohl wird der Motor schon von außen durch Wasser oder Luft gekühlt. Aber das genügt nicht. Er muß auch von innen gekühlt werden. Und eben dies hat das Öl zu besorgen. Es nimmt im Zylinder einen Teil der Verbrennungswärme in sich auf und gibt sie dann, in den Ölsumpf zurückgeflossen, langsam wieder ab, ehe es im Rhythmus der Pumpenförderung erneut am Kreislauf teilnimmt.

Das Öl muß Reibungswärme abführen. Das ist also die Wärme, die nicht durch die Kraftstoffverbrennung entsteht, sondern durch Reibung in den Gleit- und Lagerstellen: an der Kolbenlaufbahn, am Kolbenbolzen, an der Kurbelwelle, der Nockenwelle und dergleichen. Auch hier dient das Öl als Kühlmittel.

Das Öl muß Schmutz wegspülen. Unvermeidlich gibt es ja in so einem Motor feinsten Metallabrieb, Staubteilchen aus der angesaugten und nicht völlig rein gefilterten Luft, Ruß und Kokspartikel aus mangelhafter Verbrennung. Das alles muß vom Öl fortgespült und entweder aufgelöst oder an unschädlicher Stelle – nämlich im Ölsumpf – abgelagert werden. Nach 5000 Kilometer Fahrstrecke finden sich pro Liter Öl etwa 15 Gramm Schmutz!

Das Öl muß die Metallteile vor Korrosion bewahren. Bei der Verbrennung von Kraftstoff entsteht viel Wasser. (Siehe das Kapitel »Warum dampft manchmal der Autoauspuff?« auf Seite 130.) Und es entstehen auch winzige Mengen von schwefliger Säure. Das bedeutet eine Gefahr für alle Metallteile. Wie leicht rostet ungeschützter Stahl! Und nicht nur die Brennräume und Auspuffwege sind der Gefahr der Korrosion ausgesetzt. Doch der ständige Ölfilm schützt das blanke Metall.

Das Öl im Automotor ist also nicht nur ein Schmiermittel; es ist zugleich ein Kühl-, Reinigungs- und Rostschutzmittel.

Warum gibt es im Auto manchmal Fehlzündungen?

Wie Pistolenschüsse klingt das, wenn der Motor eines Autos unter Fehlzündungen leidet. Und nicht nur die Autos, auch die Fußgänger auf der Straße leiden dann. Diese Schüsse kommen aus dem Auspuff. Und zwar »schießt« es dort, weil unverbrannter Kraftstoff hineingeraten ist und sich nunmehr entzündet hat.

An sich soll der Auspuff ja nur Verbrennungsprodukte ableiten, also das, was übrigbleibt, wenn der Kraftstoff in den Zylindern des Motors völlig ausgebrannt ist. Es gibt aber zwei Fälle, in denen unverbrannter Kraftstoff in den Auspuff gerät. Fall 1: Ein Auslaßventil ist undicht. Der Teller des Ventils schließt also die Auslaßöffnung des Zylinders nicht ganz dicht ab. Klar, daß sich dann während des Verdichtungstaktes Teile des Frischgemischs am Ventilteller vorbei in den Auspuffkanal davonmachen. Fall 2: Die Zündung ist mangelhaft, zum Beispiel weil die Zündkerze unter Altersschwäche leidet. Besonders wenn man bei hoher Drehzahl plötzlich Gas wegnimmt und dadurch das Gemisch magerer wird, kann die Entflammung ausbleiben. Das Gemisch wird also unverbrannt in den Auspuff geschoben.

Dieser Auspuff aber ist allemal heiß, fast glühend heiß. Er ist so heiß, daß der hineingeratene Kraftstoffnebel sich daran von selbst entzündet. Und das eben macht den Pistolenschuß! Der Schuß ist so laut, weil der blecherne Auspuff wie ein Resonanzkörper wirkt. Zwar reichen solche verspäteten »Explosionen« nicht aus, den Auspuff zu zertrümmern. Aber schädlich sind sie natürlich trotzdem.

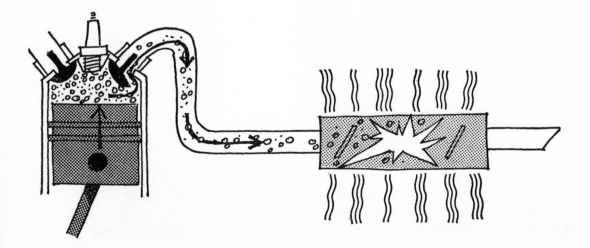

Warum heulen manchmal die D-Züge bei schneller Fahrt?

Es ist ein ziemlich unangenehmes, durchdringendes Geräusch, dieses Heulen bei schneller D-Zug-Fahrt. Manche Fahrgäste glauben, es käme vom Wind draußen, oder es sei das Echo von den Böschungen. Die wahre Ursache aber findet sich in den Schienen. Es ist die »Riffelkrankheit«!

Schaut man an Streckenabschnitten, wo die Züge heulen, bei Gegenlicht flach über die Schienenoberfläche hinweg, so entdeckt man eine endlose Kette von kleinen glitzernden Wellen. Die Wellenberge sind glänzend hell und glatt, die Täler dunkel und ein wenig aufgerauht. Der Wellenabstand beträgt 4 bis 6 Zentimeter, die Wellenhöhe maximal einen halben Millimeter, meistens aber weniger. Wie diese sogenannten Riffeln entstehen, ist noch nicht ganz geklärt. Sicher ist nur eins: Sie sind schuld am Heulen der Züge. Wenn nämlich die Räder der Wagen über solche gewellten Schienen rollen, dann geraten sie in Schwingung, und eben dieses Vibrieren macht den heulenden Ton. Bei langsamer Fahrt hört man noch nichts; je schneller aber der Zug fährt, um so rascher die Vibration der Räder und um so höher und lauter der Ton. Die Riffelschiene wirkt fast wie eine Schallplatte, die von den Wagenrädern abgespielt wird.

Verriffelte Schienen sind nicht nur für die Fahrgäste lästig, sondern auch für den Geldbeutel der Bahnbehörde. Denn die schwingenden Räder rütteln am Fahrgestell und an den Wagen, an den Schienen selbst und sogar an der Gleisbettung. Das Material wird dadurch locker und nutzt sich schneller ab als bei glatter Fahrt. Deshalb hat die Deutsche Bundesbahn schon seit vielen Jahren der Riffelkrankheit den Kampf angesagt: Mit Spezial-Schleifwagen werden nach und nach alle verriffelten Schienen glattgeschliffen, neue Riffelbildungen gleich im Keime erstickt. So kommt es, daß man das Riffelheulen zumindest in Deutschland immer seltener erlebt.

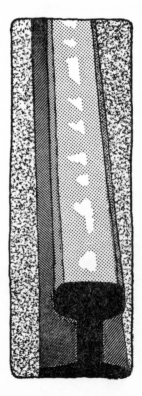

Warum brauchen Autos Luftfilter?

Man sagt, ein Auto wird mit Kraftstoff betrieben. Doch dieser Stoff kann seine Kraft nur dann entfalten, wenn er mit genügend Luft vermischt wird, was der Vergaser besorgt. Denn nichts brennt ohne Luft oder, genauer, ohne Sauerstoff. Und welch riesige Mengen braucht so ein Motor! Für jeden Liter Kraftstoff sind zirka 10 000 Liter (also 10 Kubikmeter) Luft nötig, wenn es in den Zylindern eine ordentliche Verbrennung geben soll. Schon ein 40-PS-Motor schluckt pro Minute an die 2000 Liter Luft. (Der Mensch braucht in der Minute nur 15 bis 50 Liter.)

Jedoch, die Luft besteht bedauerlicherweise nicht nur aus Sauerstoff und Stickstoff und ein paar weiteren Gasen, sondern auch aus Staub, aus feinsten oder manchmal auch gröberen Schmutzpartikeln. Dieser Staubgehalt macht zwischen $1/1000$ Gramm und 2 Gramm pro Kubikmeter aus: ein tausendstel Gramm in sehr, sehr sauberer Gegend mit asphaltierten Straßen, volle zwei Gramm, wenn zum Beispiel ein Schlepper über pulvrig-trockenen Boden fährt. Mit der Luft gerät dieser Staub natürlich auch in die Motoren unserer Kraftfahrzeuge. So inhaliert ein Motor pro Stunde leicht ein volles Gramm Staub, bei Kolonnenfahrt auf unbefestigter Straße sogar noch wesentlich mehr. Und 1 Gramm Staub ist ein hübsches Häufchen!

Staub aber ist für die Zylinder und die Lager eines Motors Gift. Denn die einzelnen Partikel sind gewöhnlich äußerst hart und dazu scharfkantig. Sie wirken auf die glatten Laufflächen im Motor wie eine Feile. Und eben deshalb braucht jedes Auto – und natürlich auch jedes Motorrad und jeder Schlepper – ein Luftfilter, so wie ja auch der Mensch ein Luftfilter hat, nämlich die Nase, die ihm den so schädlichen Staub aus der Lunge fernhält.

Bei Kraftfahrzeugen gibt es »Trockenfilter«, in denen der Staub der durchstreichenden Luft in einer vielfach gefältelten Pa-

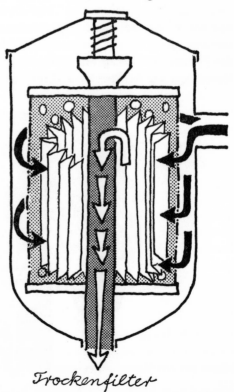

Trockenfilter

pierwicklung abgefangen wird; und es gibt »Naßfilter«, in denen Öl für das Hängenbleiben des Schmutzes sorgt. Im einen Fall muß das Papier, im anderen Fall das Öl hin und wieder erneuert werden. Das Ganze steckt in einem Blechgehäuse. Je nach Stärke des Motors hat so ein Filter die Form eines kleinen oder größeren Kochtopfs, manchmal auch einer Thermosflasche.

Man hat einmal Versuche unternommen, was es wohl ausmacht, wenn man bei einem Auto das Luftfilter wegläßt. Das Ergebnis: Nach 4000 Kilometer langer Asphaltstraßenfahrt hatten sich im filterlosen Auto gegenüber einem Vergleichsauto *mit* Luftfilter die Zylinderlaufflächen um 76 Prozent, die Hauptlager um 81 Prozent und die Pleuel-

lager um 77 Prozent mehr abgenutzt. Der Treibstoffverbrauch lag um 14 Prozent, der Ölverbrauch um 53 Prozent höher. Nicht auszudenken, was in einem luftfilterlosen Auto passiert, wenn es auf staubiger Landstraße oder gar durch die Wüste fährt!

Ein gutes Luftfilter hält beim Hindurchstreichen der angesaugten Luft mindestens 99 Prozent des Staubes zurück. Mit dem besten Filter kommt man sogar auf 99,9 Prozent. Dabei werden Teilchen bis herunter zu 1 tausendstel Millimeter Durchmesser gefangen. (Zum Vergleich: Ein Frauenhaar ist bereits fünfzigmal dicker.) Was aber *noch* winziger ist als 1 tausendstel Millimeter, das ist sogar für einen empfindlichen Motor unschädlich.

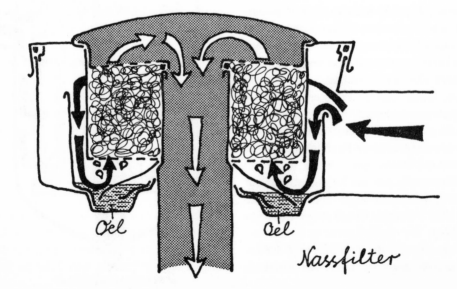

Öl Öl

Nassfilter

Warum ist der Fernsehempfang nicht überall gleich gut?

Um Rundfunk hören zu können, müssen vom Mikrofon über Sende- und Empfangsantenne bis zum Lautsprecher in jeder Sekunde bis zu 20 000 verschiedene Einzelheiten übertragen werden, denn die höchsten hörbaren Töne haben an die 20 000 Schwingungen pro Sekunde. Beim Fernsehen aber geht es um rund 5 Millionen Einzelheiten! Denn ein Bild ist noch viel komplizierter als ein Ton. So viele Details kann nur eine Ultrakurzwelle transportieren. (Das liegt an ihrer hohen Frequenz.) Deshalb wurden bereits vor dem letzten Krieg die ersten Fernsehsendungen in diesem Wellenbereich ausgestrahlt.

Ultrakurzwellen haben aber gegenüber den Mittel- und Langwellen auch Nachteile. Der schlimmste Nachteil: Sie breiten sich fast geradlinig aus und können sich nur in bescheidenem Maße der Erdkrümmung anpassen. Das bedeutet: Sie haben nur eine geringe Reichweite. Noch vor wenigen Jahren waren die Techniker sogar der Meinung, daß sich Sendeantenne und Empfangsantenne »sehen« müßten, andernfalls jagten die Ultrakurzwellen hoch über der Empfangsantenne hinweg geradlinig in den Weltenraum hinaus.

Glücklicherweise ist es nicht ganz so schlimm mit der Reichweite. Die Praxis hat gezeigt, daß sich auch Ultrakurzwellen doch ein bißchen der Erdkrümmung anschmiegen. Vor allem aber wirken große senkrechte und schräge Flächen, zum Beispiel Berge und Häuser, als »Spiegel« für diese Art von Wellen, die deshalb auch oft noch Gebirgstäler und vor allem die Häuser mitten in den Städten erreichen.

Leider ist auch dieser Vorteil nicht ohne Nachteil. Häufig treffen nämlich mehrere Wellenzüge auf verschiedenlangen Umwegen auf die Empfangsantenne, wobei der eine Wellenzug – weil er eben ein paarmal »um die Ecken gesaust ist« – einige millionstel Sekunden später ankommt als die direkt empfangene Welle. Das macht sich dann als Schatten rechts vom eigentlichen Bild bemerkbar, bei langen Umwegen sogar als Doppelbild. Fernsehtechniker sprechen in so einem Fall von »Geistern«.

Dagegen gibt es aber eine Abhilfe: eine scharf bündelnde Antenne, die den direkt ankommenden Wellenzug »herausfischt« und die reflektierten Wellenzüge nicht oder nur sehr abgeschwächt aufnimmt. So eine Spezialantenne muß natürlich besonders genau gerichtet werden. Da sie gleichzeitig die empfangenen Hauptwellen verstärkt, hilft sie auch dort, wo durch zu große Entfernung zum Sender oder wegen einer sehr ungünstigen Empfangslage die Wellen schon so geschwächt ankommen, daß sie nicht mehr für ein sauberes, »unvergrießtes« Bild ausreichen.

In ganz schlimmen Fällen muß man einen moderneren Empfänger kaufen. Die Leistungsfähigkeit der Geräte steigt ja mit dem Fortschritt der Technik von Jahr zu Jahr.

Warum kommt beim Einschalten des Fernsehempfängers das Bild erst nach einiger Zeit?

Es ist noch gar nicht so lange her, daß alle Rundfunkempfänger ausschließlich mit Röhren bestückt waren. In so einer Röhre befand sich ein Glühdraht, der nach dem Einschalten nur langsam aufgeheizt werden konnte. Das Radio aber spielte erst dann, wenn alle Röhren die volle Betriebstemperatur erreicht hatten. Dies dauerte gewöhnlich etwa eine halbe Minute. Seit Einführung der Transistoren statt der Röhren hat sich das geändert. Transistoren haben keine Glühfäden! Voll transistorisierte Geräte sind deshalb spätestens eine Sekunde nach dem Einschalten betriebsbereit.

Auch in der Fernsehempfänger-Technik setzen sich die Transistoren immer mehr durch und ersetzen eine Röhre nach der andern. Eines aber können sie nicht: ein Bild entwerfen. Für die Bildwiedergabe ist unbedingt eine Röhre nötig. So eine Bildröhre verlangt jedoch eine besonders hohe Spannung, nämlich 15 000 bis 25 000 Volt. Derartig hohe Spannungen kann man nur aus Wechselstrom erzeugen. Die Bildröhre benötigt aber Gleichstrom. Also muß noch eine Gleichrichterröhre eingeschaltet werden. Diese Röhre braucht jedoch nach dem Einschalten ihre Anheizzeit. Überdies wird ihr Heizstrom einem Transformator entnommen, der wiederum über eine weitere Röhre betrieben wird. So kommt es, daß die Gleichrichterröhre erst zu heizen beginnt, wenn die übrigen Röhren ihre Betriebstemperatur bereits erreicht haben.

Im Hörteil des Fernsehempfängers gibt es dagegen nur noch wenige oder gar keine Röhren. Deshalb ist nach dem Einschalten der Ton immer eher da als das Bild.

Vielleicht aber wird sich das bald bessern, wenn nämlich preiswerte Selengleichrichter zur Verfügung stehen. Sie brauchen keinerlei Anheizzeit. Um die Anheizzeit der Bildröhre aber werden wir vorläufig kaum herumkommen.

In Haus und Haushalt

Warum kocht Milch über?

Wasser kann man kochen, solange man will – es brodelt zwar, doch kocht es nicht über. Und auch andere Flüssigkeiten – zum Beispiel Alkohol, Benzin, Essig – quellen beim Kochen nicht hoch und gar über den Topfrand hinaus. Nun, ihnen fehlen zwei Voraussetzungen dazu: Sie bilden keinen Schaum, und sie bilden keine Haut. Milch aber tut beides!

Schaumbildung: Wenn die Milch am Siedepunkt angelangt ist, beginnt das Wasser der Milch zu verdampfen. (Milch besteht ja zu knapp 90 Prozent aus Wasser.) Und zwar bilden sich die Dampfblasen vor allem unten am Topfboden, denn dort ist es am heißesten. Diese Bläschen perlen nach oben, und das bringt die Milch ein wenig zum Schäumen. Schaum aber braucht immer viel mehr Platz als die Flüssigkeit, aus der er entstanden ist – denken wir nur an Seifenschaum oder Eiweißschaum oder geschlagene Sahne. Also »wächst« der Topfinhalt.

Und *Hautbildung:* In der Milch sind Eiweiße gelöst. Sie machen rund 3 Prozent vom Ganzen aus. Und zwar sind es drei Eiweißsorten: Albumin, Globulin und Kaseïn. Zwei davon – nämlich das Albumin und das Globulin – haben die Eigenart, sich bei Erwärmung chemisch zu verändern. Man nennt das »Denaturierung«. In diesem neuen Zustand sind sie aber nicht mehr wasserlöslich. Sie gerinnen zu einer festen Haut, die dann oben auf der Milch schwimmt. Diese Haut entsteht jedoch schon lange vor Erreichen der Kochtemperatur. Wenn sich nun mit weiterem Erhitzen die ersten Dampfblasen bilden, so können sie oben nicht hinaus. Das geronnene Eiweiß liegt wie ein Deckel auf der Milch! Doch immer mehr Dampf entsteht, der Druck nimmt zu, und allmählich hebt er den Eiweißdeckel hoch.

Beides zusammen – der sich aufplusternde Schaum und der wachsende Innendruck unter der Eiweißhaut – bewirkt allmählich ein Hoch- und Höhersteigen der Milch, bis sie schließlich unaufhaltsam über den Topfrand quillt.

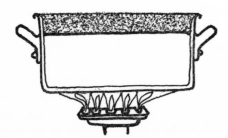
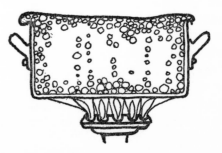

Warum wäscht ein Waschmittel?

Na ja, wird man sagen, das Waschmittel löst den Schmutz eben auf, und das Wasser spült ihn fort.

In Wirklichkeit sind die Kleinstvorgänge beim Waschen derart kompliziert, daß man sie bis heute noch nicht gänzlich erforscht hat, obwohl man bereits Jahrzehnte intensiv daran arbeitet, neuerdings sogar mit Elektronenmikroskopen. Und das Tollste: Trotz der noch fehlenden Kenntnisse haben wir heute hervorragend wirkende Waschmittel. Beim Wäschewaschen ist die Praxis weiter fortgeschritten als die Theorie!

Nehmen wir die übliche Verschmutzung von Wäsche. Normaler Wäscheschmutz ist immer ein Gemenge der verschiedensten Schmutzstoffe. Da sind Salzkristalle, ölige Fette, feinste Pigmente, grobe Kohlehydrate, winzige Sandkörnchen, klebrige Wachse und Kalkseifen bunt durcheinandergeschmiert. Durchschnittlich besteht das Ganze nur zu 20 bis 25 Prozent aus wasserlöslichen Stoffen wie Kochsalz und Harnstoff, zu 75 bis 80 Prozent aber aus wasserunlöslichen Substanzen wie Ölen, Fetten, Eiweiß, Ruß, Carbonaten (das sind Salze der Kohlensäure), Silikaten (das sind Verbindungen der Kieselsäure) und anderen. Diese verkittete Anschmutzung muß beim Waschen zunächst einmal »aufgebrochen« werden. Das geschieht durch kalklösende Phosphate. Erst wenn dies geschehen ist, geht es den einzelnen Schmutzanteilen individuell an den Kragen.

Mit den wasserlöslichen Stoffen gibt es natürlich überhaupt keine Probleme: Schon das Waschwasser allein löst sie auf und trägt sie von der verschmutzten Wäsche fort.

Jetzt aber die wasserunlöslichen Stoffe! Bei den Ölen und Fetten geht es so: Durch die Wärme des Waschwassers werden sie zunächst einmal flüssig. Noch aber haften sie mit großer Haltekraft an und auf und zwischen den Fasern der Wäsche. Das blanke Wasser ist sozusagen nicht dünnflüssig genug, sich zwischen die ölige Fettschicht und die Stoffasern zu schieben und eine Abtrennung zu erzwingen. Jetzt beginnt das Waschmittel zu wirken. Die darin enthaltenen Entspannungsmittel geben dem Wasser sozusagen eine bessere Fließfähigkeit; sie heben nämlich die Oberflächenspannung des Wassers auf (siehe hierzu das Kapitel »Warum hat der Tropfen Tropfenform?« auf Seite 89) und machen es ganz enorm kriechfähig. In diesem Zustand kann das Waschwasser zwischen die Fasern und das Fett kriechen, die dünne Fettschicht zerreißen, zu winzigen Tröpfchen zusammenschieben und schließlich wegschwemmen. Und wir sehen: Das Auswaschen von Fetten und Ölen ist im wesentlichen ein *mechanischer* Vorgang.

Dagegen die wasserunlöslichen festen Farbpigmente von Ruß, Rost, Rotwein, Tinte, Kaffee, Heidelbeeren oder Gras. (Bei den flüssigen dieser Stoffe sind es ja die darin enthaltenen winzigsten Pigmentkörnchen, die den Fleck so schlimm machen, nicht etwa die Flüssigkeiten als solche.) Hier sind die Vorgänge beim Waschen tatsächlich noch nicht ganz geklärt. Auf alle Fälle spielen eine entscheidende Rolle *elektrische* Kräfte: Das Waschmittel sorgt dafür, daß die Fasern und die Pigmentkörnchen im Waschbad beide negativ aufgeladen werden. Sie stoßen sich dann gegenseitig ab, und dadurch kommt die Waschwirkung zustande.

Rein *chemische* Vorgänge spielen beim Waschen – entgegen allgemeiner Ansicht – keine große Rolle. Lediglich bilden sich aus den Fettsäuren im Schmutz und dem beim Waschen meist mitwirkenden Hilfswaschmittel (Enthärter, Weichmacher) geringe Mengen Seife, die den eigentlichen Waschvorgang dann etwas unterstützen können.

Alle diese Einzelvorgänge – die mechanischen, die elektrischen und manchmal auch noch die chemischen – laufen gleichzeitig ab, wobei der eine Vorgang den andern unterstützt.

So ist denn dieser »einfache« Waschprozeß doch eine enorm komplizierte Angelegenheit.

Warum spiegelt der Spiegel?

An sich spiegeln alle glatten Flächen, ob Metall, ob Holz, ob Kunststoff. Man muß sie nur glatt genug polieren. Auch Lack kann spiegeln, Glanzpapier, sauber aufgestrichene Ölfarbe. Spiegeln heißt ja einfach: die auffallenden Lichtstrahlen unzerstreut zurückwerfen. Rauhe, körnige, zerfurchte Oberflächen spiegeln nicht, weil sie das auftreffende Licht-Bild zerreißen und völlig verworren zurückwerfen.

Aber nicht nur von der Glätte hängt die Güte der Spiegelung ab, sondern auch vom Material. Manche Stoffe »schlucken« einen Teil des auftreffenden Lichts, andere werfen es fast völlig wieder zurück. So kann selbst ein hochfein poliertes Kunstharz nicht so gut spiegeln wie poliertes Metall.

Am allerbesten spiegelt glattes Silber. Deshalb nimmt man zum Herstellen von Spiegeln heute fast ausschließlich Silber. Natürlich kann man sich nicht eine massive polierte Silberplatte an die Wand hängen. Sie wäre nicht nur zu teuer, sondern würde auch sehr schnell anlaufen, also blind werden, und wäre auch zu kratzempfindlich. Vielmehr nimmt man eine Glasplatte aus sauber geschliffenem Kristallglas und »hinterlegt« sie mit einer dünnen Silberschicht. Diese Schicht ist nur etwa ein tausendstel Millimeter dick, aber ganz, ganz gleichmäßig und von äußerster Glätte. Das Auftragen der Silberschicht geschieht z. B. in einem Schaukelbad, in dem eine flüssige Silberlösung 15 bis 20 Minuten lang über die Glasplatte hin- und her-

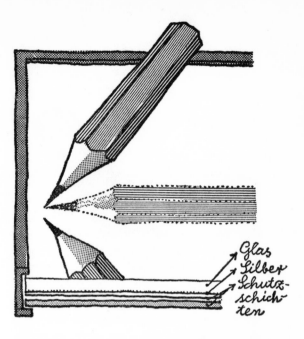

Glas
Silber
Schutz-
schich-
ten

spült. Dabei schlägt sich das reine Silber in feinster Form auf der Platte nieder. Damit nachher die spiegelnde Silberschicht nicht beschädigt werden kann, wird sie mit einem rötlichbraunen Grundlack und dann noch mit zwei Schutzlackschichten überzogen. So ist die Silberhaut von beiden Seiten völlig zugedeckt: vorn vom durchsichtigen Glas, hinten von den undurchsichtigen Lackschichten. Sie liegt wie die Butter zwischen zwei Brotscheiben. Alles, was sich in so einem Spiegel spiegelt, muß also zunächst durch die Glasdicke hindurch (gewöhnlich 6 bis 8 Millimeter) und nach Reflexion an der Spiegelschicht wieder durchs Glas zurück. Allerdings, ein ganz kleiner Teil der Lichtstrahlen wird schon vorher von der Glasoberfläche selbst reflektiert. Denn auch das glatte Glas hat ja spiegelnde Eigenschaften! Das sieht man deutlich, wenn man einen Bleistift auf den Spiegel tupft: Das eigentliche Spiegelbild hat vom Bleistiftfuß einen kleinen Abstand – das ist die Dicke des Glases bis hinter zum Silber; aber ein

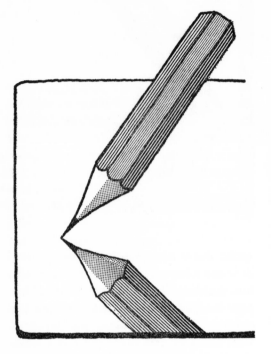

zweites, weniger deutliches und oft auch etwas verschwommenes Spiegelbild liegt direkt am Bleistiftfuß an – und das ist die Spiegelung an der Glasoberfläche.

Es gibt auch reine Metallspiegel. Das sind einfach Platten aus rostfreiem, hochfein poliertem Chromnickelstahl oder aber Bleche mit aufgedampftem Aluminium (zum Beispiel für Scheinwerfer). Solche Spiegel spiegeln direkt an ihrer polierten Oberfläche. Der aufgetupfte Bleistift berührt sein Spiegelbild, ein zweites Bild gibt es hier nicht. Allerdings sind solche Metallspiegel kratzempfindlicher und meist auch nicht ganz so verzerrungsfrei wie Kristallglasspiegel.

Warum brennen Glühlampen nach einiger Zeit durch?

Das weiß natürlich jeder: Das Licht der Glühlampe kommt von dem feinen Draht im Glaskolben. Beim Stromdurchgang erhitzt sich das Drähtchen bis zur Weißglut, weil es wegen seiner Feinheit – wenige Hundertstel Millimeter – dem elektrischen Strom einen hohen Widerstand entgegengesetzt. Der Strom muß sich mühsam »hindurchquetschen« wie Wasser durch eine enge Röhre, und dabei entsteht Wärme.

Der Draht besteht aus Wolfram, einem schwarzen, überaus harten Metall mit einem besonders hohen Schmelzpunkt: 3380 Grad Celsius. Kein Metall hat einen höheren Schmelzpunkt! Deshalb eignet sich Wolfram ja so gut als Glühfaden-Material.

Aber was bei allen glühenden Stoffen geschieht, das geschieht auch beim glühenden Wolfram: Durch die Hitze lösen sich fortlaufend winzigste Bestandteile, einzelne Atome, vom Draht ab und fliegen davon. Der Draht verdampft! Das Verdampfte schlägt sich innen am Glaskolben nieder. Deshalb wird so eine Lampe im Laufe der Nutzdauer immer dunkler. Der graue Wolfram-Niederschlag verschlechtert eben die Lichtausbeute.

Das Ganze geht freilich sehr, sehr langsam vor sich. Immerhin wird der Faden während des Glühens dünner und dünner. Schließlich entsteht irgendwo eine besondere dünne Stelle, und dort bricht der Faden. Wir sagen: Die Lampe ist »durchgebrannt«.

Man hat natürlich nach Wegen gesucht, dieses Abdampfen von Wolfram zu vermindern und dadurch die Lebensdauer der Lampe zu verlängern. Eine sehr gute Idee war da die Gasfüllung. Früher waren die Glühlampen einfach nur luftleer gepumpt. (Luft – also Sauerstoff – darf ja in einer Glühlampe nicht drin sein, weil sonst der Faden in Sekundenschnelle regelrecht verbrennen würde.) Dieser Unterdruck begünstigte natürlich das Verdampfen. Die Moleküle wurden aus dem glühenden Faden geradezu herausgesaugt. Dagegen die heutigen Lampen: Sie sind mit einem unbrennbaren Gas gefüllt – Stickstoff, Argon oder Krypton. Und dieses Gas ist sogar mit etwas Überdruck eingefüllt. Dadurch wird das Wegdampfen von Wolframmolekülen gebremst, und was sich dennoch vom Draht abgelöst hat, das wird zum Teil durch das Gas wieder auf den Draht zurückgeschleudert. Auf diese Weise ist es gelungen, die Lebensdauer einer normalen Glühlampe auf durchschnittlich 1000 Brennstunden zu verlängern.

Eine ganz neue Art von Lampen für Spezialzwecke (Filmprojektoren, Autoscheinwerfer) hat im Füllgas eine Beigabe von Jod oder Brom. Außerdem ist das Gas mit einem Druck von etwa 15 Atmosphären hineingepreßt. (Deshalb besteht die Hülle nicht aus empfindlichem Glas, sondern aus hochfestem Quarz.) Durch den besonders hohen Druck wird das Abdampfen von Wolfram

stark vermindert. Vor allem aber kann sich
in diesen sogenannten Halogenlampen das
wenige verdampfte Wolfram nicht auf den
Quarzkolben niederschlagen. Es verbindet
sich nämlich vorher mit dem Jod oder dem
Brom, wandert zum Glühfaden zurück und
lagert sich dort als reines Wolfram wieder
an. Solch eine Halogenlampe ist natürlich
teurer als eine normale Lampe, aber sie hält
länger und gibt wegen ihrer höheren Temperatur mehr Licht ab.

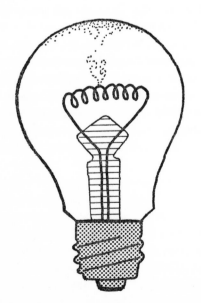

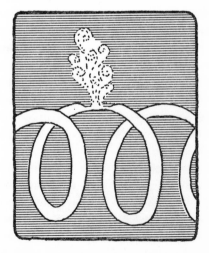

Warum wird Gipsbrei beim Erstarren warm?

Gips, aber auch Zement, Mörtel und andere vor allem im Baugewerbe benutzten Stoffe binden nach dem Anrühren mit etwas Wasser allmählich ab. Das heißt, aus dem weichen Brei wird mit der Zeit eine feste Masse. Es läßt sich leicht feststellen, daß hierbei die Masse von selbst wärmer wird, daß also während des Abbindens Wärme entsteht.

Das ist aber eigentlich gar nichts so sehr Besonderes. Bei der Bildung vieler chemischer Verbindungen aus den Elementen wird Wärme frei, oft sogar in sehr erheblichem Maße. Der bekannteste Vorgang dieser Art ist die Verbrennung, die Verbindung eines Elements mit Sauerstoff. Schwefel zum Beispiel bildet mit Sauerstoff Schwefeldioxyd, Phosphor Phosphorpentoxyd, mit jeweils beträchtlicher Wärmeerzeugung. Ganz besonders stark ist sie bei der Verbindung von Wasserstoff mit Sauerstoff, was technisch in der Knallgasflamme des Schweißbrenners, aber auch in der Wasserstoffrakete für die Raumfahrt benützt wird. Das Verbrennungsprodukt ist hier – Wasser. Doch auch andere Arten von Verbindungsbildungen, an denen kein Sauerstoff beteiligt ist, erzeugen Wärme, manchmal sogar sehr viel. So entsteht beim Verbinden von Wasserstoff und Fluor noch mehr Wärme als bei der von Wasserstoff mit Sauerstoff.

Alle diese Vorgänge nennt man »exotherme Reaktionen«, zu deutsch etwa »wärmeabgebende Verwandlungen«. Jedoch gibt es – wenngleich seltener – auch »endotherme Reaktionen«, bei denen Wärme aufgenommen und verbraucht wird, so daß sich die Reaktionspartner beim Sichverbinden abkühlen.

Nun tritt auch beim Abbinden des Gipses eine chemische Reaktion auf. Der im allgemeinen verwendete Gips ist ein Gemenge von löslichem Anhydrit mit Halbhydrat. Gibt man etwas Wasser zu, so bilden sich Kriställchen von Dihydrat, in die das Wasser fest eingebaut wird, wodurch die Masse erstarrt. Dies ist der Vorgang des Abbindens. Da auch die Aufnahme von Kristallwasser eine Art chemischer Prozeß ist, und zwar ein exothermer, wird beim Abbinden Wärme erzeugt. Der Gipsbrei erwärmt sich beim Erstarren!

Erhitzt man übrigens Gips vor der Wasserzugabe sehr hoch, so verwandelt er sich in eine unlösliche Anhydritform. Jetzt kann man beliebig Wasser zugeben – der Gips bindet nicht mehr ab. Man sagt: Er ist totgebrannt.

Warum rollt der Wassertropfen auf der heißen Herdplatte und wird nur ganz langsam kleiner?

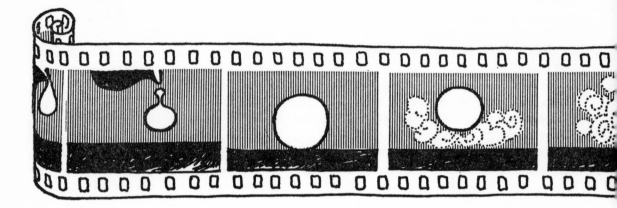

Das ist doch immer ein recht lustiges Bild: Ein paar Wassertropfen sind aus dem Topf herausgespritzt und kullern nun auf der heißen Kochplatte herum, als wären es feste Glaskügelchen. Nur ganz, ganz langsam werden sie kleiner, bis sie schließlich mit einem letzten »Zisch« vergehen und verschwinden.

Ist das aber nicht sehr merkwürdig? Man sollte doch meinen, daß Wassertropfen auf so heißer Platte in Sekundenschnelle verdampfen.

Hier die Erklärung:

Der Tropfen fällt auf die heiße Platte. Kaum liegt er da, verdampft ein wenig davon. Aber es verdampft nur dort etwas von dem Tropfen, wo er auf der Platte direkt aufliegt, also an der Unterseite. Dieses bißchen Dampf hebt den restlichen Tropfen ein Stück in die Höhe. Der Tropfen ruht nun also wie auf einem Polster, auf einem Dampfpolster! Dieses Pölsterchen hält den Tropfen von der Herdplatte fern. Es wirkt als Isolator, so daß der Tropfen im Moment vor weiterer Hitzeeinwirkung geschützt ist. (Wie gut Wasserdampf gegen Hitze isoliert, zeigt die Fingerprobe: Kommt man mit dem *trockenen* Finger an den heißen Ofen, verbrennt die Haut sofort; macht man den Finger vorher naß, ist man gegen die Hitze eine kleine Weile geschützt. Die verdampfende Nässe wirkt als Schutzschicht!)

218

Doch so bleibt es natürlich nicht. Das Polster ist zu unruhig – der Wassertropfen kugelt seitlich herunter. Jetzt liegt er wieder auf der heißen Herdplatte auf. Sogleich bildet sich an der Berührungsfläche ein neues Dampfpölsterchen und hebt den Tropfen hoch. Das Spiel beginnt von neuem. Und so immer weiter in rascher Wiederholung.

Lange hat es gedauert, bis man hinter das Geheimnis des kullernden Tropfens gekommen ist. Der Mann, der die Erklärung fand, und zwar im Jahre 1756, war der Arzt Johann Gottlob Leidenfrost. Seitdem nennt man die Erscheinung des rollenden Wassertropfens auf heißer Platte das »Leidenfrostsche Phänomen«.

Noch immer aber ist da eine Frage offen: Warum bleibt der Tropfen auf der Platte eigentlich kugelförmig, warum läuft er nicht sogleich in die Breite?

Daran ist die »Oberflächenspannung« schuld, über die Näheres auf Seite 89 zu lesen steht. Um es kurz anzudeuten: Es ist, als wäre der Wassertropfen von einem hauchfeinen Häutchen umspannt, das ihn immer fest beisammenhält. Andere Flüssigkeiten haben eine sehr viel geringere Oberflächenspannung. Lassen wir auf die heiße Herdplatte zum Beispiel einen Tropfen Öl fallen, wird er im Nu breit auslaufen und sogleich im Ganzen unter schrecklichem Gestank verbrutzeln.

Warum knarrt eine nicht geölte Tür?

Eigentlich ist es doch gar nicht einzusehen, daß eine schlecht geschmierte Tür beim Bewegen Töne von sich gibt. Natürlich wird sie sich schwerer bewegen lassen als eine gut geölte; man braucht mehr Kraft, denn der Reibungswiderstand ist größer. Aber woher das Knarren oder Quietschen? Wieso diese Musik?

Schauen wir uns einmal die Aufhängung der Türe an, die »Angeln«. Da steckt jeweils eine Hülse auf einem Zapfen und dreht sich auf ihm. Die Hülse sitzt auf dem Zapfen ziemlich stramm, also mit wenig Luft, damit die Tür nicht schlackert.

Angenommen zunächst, die Angeln seien gut geschmiert. Jetzt setzen wir die Tür langsam in Bewegung. Infolge der guten Schmierung werden sich die Hülsen auf ihren Zapfen ohne jedes Hemmnis drehen. Die Hülsen gehen exakt mit der Türe mit, die Zapfen bleiben fest an ihrem Platz am Rahmen. Kein Ton ist zu hören!

Nun eine ungeschmierte, gänzlich trockene Tür, bei der die Angeln vielleicht sogar schon verrostet und damit stark aufgerauht sind. Wir setzen auch diese Tür langsam in Bewegung. Was geschieht diesmal zwischen Zapfen und Hülse? Ihre rauhen, ungeschmierten Oberflächen werden sich wie Kletten ineinander verhaken. (Bildhafter Vergleich: Sandpapier gegen Sandpapier.) Dadurch widersetzen sie sich der Gleitbewegung. So bleibt die Hülse gegenüber der Tür etwas zurück, der Zapfen folgt der Hül-

se und damit der Tür etwas. Das gibt einen spürbaren Widerstand. Aber wir bewegen die Türe – mit größerem Kraftaufwand – natürlich trotzdem weiter. Die Spannung in der Angel wächst, bis schließlich die gegenseitige Verhakung von Hülse und Zapfen nicht mehr hält. In diesem Moment federt der Zapfen in seine Ruhelage am Türrahmen zurück. Und dieses Zurückfedern, dieser kurze Ruck macht ein Geräusch!

Natürlich geht das Ganze nur in kleinsten Dimensionen vor sich. Es sind nur Zehntel- und Hundertstelmillimeter, um die der Zapfen gegen die Hülse ruckt. Doch wiederholt sich der Vorgang in schneller Folge, so

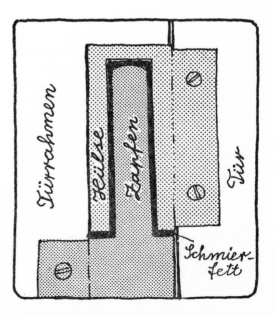

220

daß sich ein fortdauernder Ton ergibt. Überdies wird der Schall durch die Resonanzwirkung von Türe und Türrahmen, die hier wie Trommelfelle wirken, noch verstärkt.

Bewegt man die Tür langsam, wird der Ton tiefer sein als bei schneller Bewegung; denn langsames Schwingen bedeutet ja immer tiefen Ton, schnelles dagegen hohen Ton. Sind die Angeln sehr eng gepaßt und überdies stark verrostet, so springen Hülse und Zapfen nur in größeren Abständen, dafür aber jedesmal mit mehr Effekt, was unter Umständen sogar in der Hand an der Klinke spürbar wird. So eine Türe »knarrt«! Ist

es mit den Angeln noch nicht so schlimm, dann erfolgt das jeweilige Zurückfedern des Zapfens in schnellerem Rhythmus, es ergibt sich ein rasches Vibrieren – die Türe »quietscht«.

Im übrigen findet sich die gleiche Erscheinung im Prinzip noch bei vielen anderen Gelegenheiten: wenn die Kreide auf der Tafel quietscht, wenn der Korken beim Herausziehen aus der Flasche quietscht, wenn der Leiterwagen quietscht, auch wenn die Schuhe quietschen. Immer ist solches Quietschen ein Zeichen dafür, daß zwei feste Körper infolge starker Reibung in rhythmischen Rucken gegeneinander spielen.

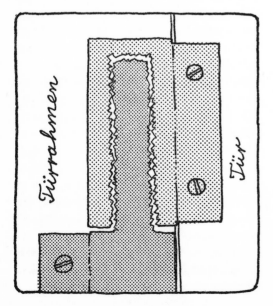

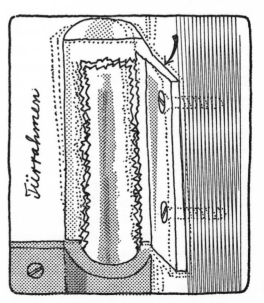

Warum rostet Eisen, nicht aber Aluminium?

Rost ist die Verbindung von Eisen mit Sauerstoff und Wasserstoff. Diese Verbindung entsteht, wenn Eisen im Wasser oder an der feuchten Luft liegt. Der Chemiker nennt sie »Eisenhydroxyd« (von griechisch hydro = Wasser und oxys = sauer).

Ähnliche Vorgänge gibt es nun auch bei einer großen Zahl anderer Metalle. Viele reagieren schon mit trockenem Sauerstoff (etwa an trockener Luft), wobei dann ein Oxyd entsteht, eine reine Sauerstoffverbindung *ohne* Wasserstoff. Doch wird im allgemeinen durch Zutritt von Wasserdampf, also feuchter Luft, das »Rosten« (wenn wir es einmal allgemein so nennen wollen) stark gefördert, und es bildet sich statt des Oxyds ein Hydroxyd.

Bezüglich ihrer Angreifbarkeit durch Sauerstoff kann man die Metalle in eine Reihe anordnen: von den Edelmetallen Platin und Gold, die überhaupt nicht oxydieren, über Silber, das zwar ebenfalls nicht mit dem Luftsauerstoff reagiert, aber durch die Schwefelverbindungen in der Luft schwarz anläuft, bis zu »normalen« Metallen wie Kupfer mit seiner grünen Patina und Eisen mit seinem braunen Rost. Ja, es gibt sogar noch weit unedlere Metalle. Zu ihnen gehören das Zink, das Aluminium und das Magnesium, dann die Alkalimetalle Kalium und Natrium und noch einige weitere. Kalium und Natrium sind so reaktionsfreudig, so »unedel«, daß sie an der Luft sofort heftig oxydieren und mit Wasser äußerst stark reagieren, so daß man sie unter Petroleum aufbewahren muß.

Nun erscheint es natürlich sonderbar, daß Zink und Aluminium unedler sein sollen als Eisen, wo doch Eisen so leicht rostet, jedoch verzinktes Eisen, auch reines Zink und ebenso Aluminium sehr beständig sind und deswegen gerade als nicht-rostende Metalle viel gebraucht werden. Wie löst sich dieser scheinbare Widerspruch? Oxydieren nun Zink und Aluminium, oder oxydieren sie nicht?

Zunächst das Zink: Es oxydiert tatsächlich! Aber die hierbei entstehende Verbindung bedeckt die Metallfläche rasch mit einer sehr dichten Schicht, und diese Schicht entzieht das Metall dem weiteren Einfluß der Luft. Rost auf einer Eisenoberfläche dagegen wächst in lockerer, schwammartiger Struktur und hält den weiteren Angriff von Luft und Feuchtigkeit keineswegs auf.

Ganz ähnlich wie beim Zink verhält es sich auch beim Aluminium. Hier entsteht an der Luft auf der zunächst völlig reinen Fläche fast augenblicklich ein dünnes Oxydhäutchen, das – dicht und ohne Poren – der Luft den weiteren Zutritt zum Metall verwehrt. Dieses Oxydhäutchen ist so dünn, daß es nicht wahrnehmbar ist. Nicht einmal den Glanz einer polierten Aluminiumfläche kann es beeinträchtigen. So kommt es, daß dieses so unedle Aluminium seinen Eignungstest an feuchter Luft voll besteht. Dasselbe gilt übrigens für Magnesium.

Warum erscheint der Löffel im Wasserglas geknickt?

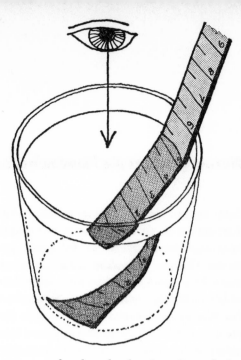

Blickt man von oben auf eine ruhige Wasserfläche, so erscheinen Gegenstände im Wasser in eigenartiger Weise verändert. Schon die Tiefe des Wassers täuscht, falls man den Grund sehen kann. Man würde es nur etwa drei Viertel so tief schätzen, wie ein hineingehaltener Meterstab anzeigt. Steht der Stab nun nicht senkrecht, sondern schräg im Wasser, so scheint er an der Eintauchstelle einen Knick zu haben. Dasselbe Phänomen zeigt ein Löffel im Teeglas, die Leiterstange im Schwimmbad, das Ruder des Ruderers. Die Knickung ist stets so, daß das eingetauchte Stück des Gegenstandes nach oben, der Oberfläche zu, abgeknickt erscheint.

Die Ursache liegt, kurz gesagt, darin, daß Wasser eine andere »Brechungszahl« hat als Luft. Innerhalb des Wassers verlaufen die vom Gegenstand ausgehenden Lichtstrahlen steiler als dann außerhalb des Wassers in der Luft. An der Grenze zwischen Wasser und Luft muß infolgedessen ein Knick erscheinen. Die gleiche Abknickung tritt natürlich auch auf, wenn umgekehrt der Lichtstrahl aus der Luft ins Wasser oder überhaupt ganz allgemein von irgendeinem durchsichtigen Medium in irgendein anderes durchsichtiges Medium überwechselt, zum Beispiel von Glas in Wasser oder von Essig in Glas – es sei denn, die beiden Medien hätten zufällig dieselbe Brechungszahl. Auch gibt es eine Knickung dann nicht, wenn der Lichtstrahl genau senkrecht durch die Grenzfläche geht.

Luft, Wasser und Glas haben sehr verschiedene Brechungszahlen: Luft 1,0 – Wasser 1,33 – Glas je nach Sorte 1,5 bis 1,6. Das hängt damit zusammen, daß die Ausbreitungsgeschwindigkeit des Lichts in diesen Stoffen verschieden ist. In Luft läuft das Licht mit rund 300 000 km/sec, in Wasser mit 225 000 km/sec, in Glas mit 200 000 bis 190 000 km/sec.

Da also alle schräg aus dem Wasser dringenden Lichtstrahlen in der Luft flacher verlaufen, das beobachtende Auge diesen flacheren Verlauf aber in das Wasser hinein verlängert, erscheinen ihm alle im Wasser liegenden Punkte eines Gegenstandes angehoben. Daher rührt dann die scheinbare Abknickung gerader Linien.

Genau die umgekehrte Knickung tritt ein, wenn man mit offenen Augen taucht und von unten her Gegenstände betrachtet, die außerhalb des Wassers liegen. Dies ist freilich weniger gut zu beobachten, weil im Wasser alles sehr unscharf erscheint.

223

Warum gluckert die Flasche beim Ausgießen?

Kippt man einen mit Wasser gefüllten Becher um, so fließt alles Wasser mit *einem* Schwung heraus. Nicht so bei einer gefüllten Flasche, besonders wenn sie einen engen Hals hat. Dreht man sie – ohne Verschluß natürlich – plötzlich um, so gluckert das Wasser in einzelnen, von einander abgesetzten Stößen heraus, und es dauert eine geraume Zeit, bis sich die Flasche ganz entleert hat. Ist die Öffnung *sehr* eng, wie etwa bei einem Arzneifläschchen, so läuft die Flüssigkeit beim Umdrehen überhaupt nicht heraus, und man kann dem Fläschchen allenfalls durch Schütteln einzelne Tropfen entlocken.

Bei genauerem Beobachten einer gluckernden Flasche kann man erkennen, daß bei jedem Wasserstoß, der ausfließt, eine gewisse Menge Luft eindringt und in Blasen hochsteigt. Nun stören sich aber das auslaufende Wasser und die in entgegengesetzter Richrung eindringende Luft in dem engen Hals gegenseitig. Und eben dies führt zu dem stoßweisen Ausfließen und dem Gluckern! Würde man in den Boden der umgedrehten Flasche eine Öffnung bohren, durch die die Luft bequem in die Flasche gelangen könnte, so würde das Wasser selbst durch einen engen Hals ungestört in gleichmäßiger Strömung ausfließen. Bei nicht allzu engem Hals erreicht man dasselbe, wenn man die Flasche vorsichtig nur so weit kippt, daß oberhalb des ausfließenden Wasserstroms die Luft leicht einströmen kann.

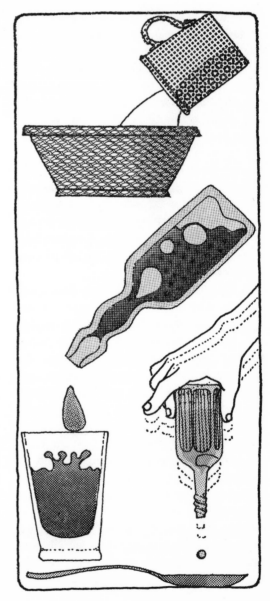

Wieso aber muß, wenn Wasser die Flasche verläßt, eine entsprechende Menge Luft in sie eindringen?

Dies hängt damit zusammen, daß wir auf dem Grunde eines Luftmeeres leben, das durch sein Gewicht einen recht erheblichen Druck auf alle Gegenstände ausübt. Bei normalem Luftdruck lastet auf jedem Quadratzentimeter eines Gegenstandes ein Gewicht von rund 1 Kilogramm. Auf dem Fußboden eines Zimmers von 20 Quadratmeter ruht demnach ein Luftgewicht von 200 Tonnen. Daß der Boden nicht eingedrückt wird, liegt daran, daß dieser Luftdruck nicht nur von oben nach unten, sondern allseitig wirkt, daß also auf die Unterseite des Bodens genau dieselbe Kraft nach oben wirksam ist.

Würde nun aus der umgekehrten Flasche Wasser ausfließen, aber keine Luft eintreten, so würde im Inneren ein Unterdruck entstehen. Da aber auf den Hals der Flasche von unten her dauernd der normale Luftdruck wirkt, könnte sich schon bei einer kleinen Druckdifferenz kein Wasser gegen diesen Normaldruck mehr durchsetzen. Nur wenn zusätzliche Luft in die Flasche gelangt, fließt eine entsprechende Menge Wasser aus. So wird das Entstehen eines Unterdrucks vermieden.

Auf dem Wirken des allseitigen Luftdrucks beruhen viele technische Geräte, vor allem die Saugpumpe und der Flüssigkeitsheber. Man kann auch folgendes hübsche Experiment machen: Ein randvoll mit Wasser gefülltes Glas wird mit einem angefeuchteten Papierblatt abgedeckt und vorsichtig, während man das Papier noch mit der Handfläche hält, umgedreht. Nimmt man jetzt die Hand weg, so bleibt das Papier am Glas und das Wasser im Glas. Nichts fließt aus. Das lose aufgelegte Papier – nein, der auf das Papier von unten wirkende Luftdruck! – trägt das erhebliche Gewicht des Wassers.

Warum hält die Thermosflasche den Inhalt warm?

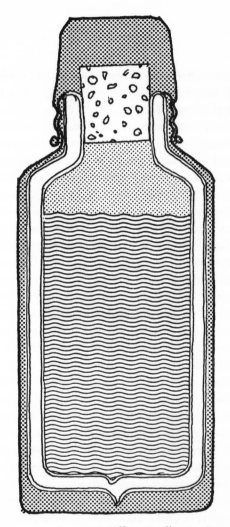

Heißer Kaffee in einer Tasse kühlt aus zwei Gründen ab. Erstens gibt er durch Wärme*leitung* Wärme an die Tassenwand ab, die ihrerseits diese Wärme an die kühlere Luft überträgt, und von der Flüssigkeitsoberfläche geht ebenfalls Wärme direkt an die Luft über. Und zweitens strahlt jeder Körper, der wärmer ist als seine Umgebung, Wärme an diese Umgebung ab. Dies ist der Wärmeverlust durch Wärme*strahlung*.

Will man einen heißen Körper möglichst lange heiß halten, so muß man sowohl den Wärmeverlust durch Leitung wie auch den durch Strahlung möglichst gering machen. Die Wärmeleitung kann man herabsetzen, indem man das Gefäß mit Materialien umgibt, die die Wärme möglichst schlecht leiten. Derartige Materialien sind zum Beispiel Wolle, Filz, Watte (Kaffeehauben!) und Glaswolle, fast durchweg Stoffe, die in sich eingeschlossen viel Luft enthalten. Luft ist nämlich im Grunde ein sehr schlechter Wärmeleiter. Sie kühlt die Kaffeetasse nur deswegen so rasch ab, weil durch die Temperaturdifferenz die Luft in Bewegung kommt und dadurch die Wärme wegträgt. Die in wärme-isolierenden Materialien eingeschlossene Luft kann aber nicht strömen, und deshalb kann sie ihre gute Isolierfähigkeit ausspielen.

Nun gibt es aber ein »Material« mit geradezu idealer Wärme-Isolation, das nämlich Wärme überhaupt nicht weiterleitet: die Luftleere, das Vakuum. Wärme *leiten* kann nur ein materieller Stoff; ein Raum ohne Materie, ein Vakuum, isoliert völlig. Baut man daher eine doppelwandige Flasche und pumpt man den Zwischenraum zwischen beiden Wänden gut leer, so isoliert solch eine Flasche eine eingefüllte Flüssigkeit ausgezeichnet. Damit haben wir beinahe schon die Thermosflasche. »Beinahe« deswegen, weil zunächst nur die Wärme*leitung* unterbunden ist; der Wärmeverlust durch Wärme*strahlung* bleibt bestehen. Wärmestrahlung dringt nämlich ungehindert auch durch Vakuum. Wie könnten wir sonst die wärmenden Strahlen der Sonne, die 150 Millionen Kilometer durch den leeren Weltraum gelaufen sind, spüren? Um nun bei einer Thermosflasche auch die Wärmestrahlung herabzudrücken (gänzlich unterbinden läßt sie sich nicht), versieht man die Innenseiten der Doppelwandung mit einem spiegelnden Silberbelag. Spiegelnde Flächen strahlen nur sehr wenig Wärme nach außen ab. So erreicht man die bestmögliche Wärme-Isolation.

Natürlich isoliert solch eine Thermosflasche nach beiden Richtungen. Sie läßt von einem heißen Inhalt kaum Wärme heraus, sie läßt aber zu einem kalten Inhalt auch kaum Wärme von außen hinein. Sie hält also ebensogut kalt wie warm. Tatsächlich gibt es ja auch Behälter für Speiseeis, die nach genau demselben Prinzip konstruiert sind.

In der wissenschaftlichen Forschung werden solche Behälter unter dem Namen »Dewar-Gefäße« verwendet (nach dem schottischen Chemiker James Dewar). Darin bewahrt man verflüssigte Gase auf, etwa flüssige Luft mit −193 Grad Celsius, flüssigen Wasserstoff mit −253 Grad und sogar flüssiges Helium mit −269 Grad. Sie halten sich darin viele Stunden lang flüssig.

Warum gibt es am Lichtschalter manchmal Funken?

Jeder hat schon – vor allem im Dunkeln – gesehen, daß am Schalter elektrischer Geräte insbesondere beim Ausschalten kleine Fünkchen auftreten. Wie kommen diese Funken zustande?

Normalerweise schlägt ein Funken zwischen dem Plus- und dem Minuspol durch die Luft, wenn die Spannung zwischen ihnen einen gewissen Betrag, die »Funkenspannung«, überschreitet. Hierzu sind aber recht hohe Spannungen nötig. Zwischen Metallkugeln sind bereits für 1 Millimeter Schlagweite rund 5000 Volt erforderlich, für Funken von 1 Zentimeter Länge gar 25 000 Volt. Der Haushaltstrom hat aber im allgemeinen eine Spannung von nur 220 Volt. Zwar ist das meist eine Wechselspannung mit 220 Volt als mittlerer Wert, wobei in den Augenblicken des Spannungsmaximums 310 Volt herrschen. Aber auch dies reicht nicht einmal für einen Funkenüberschlag von $1/10$ Millimeter. Und dennoch beobachtet man Fünkchen gelegentlich sogar in ausgesprochenen Schwachstromanlagen, etwa bei einer elektrischen Klingel, an der eine Spannung von nur wenigen Volt liegt.

Die Lösung dieses Widerspruchs ist ganz einfach: Das, was man meistens an Schaltern und anderen elektrischen Geräten sieht, sind gar keine echten Funken, sondern kleine, rasch abreißende Lichtbogen.

Unter einem Lichtbogen versteht man folgendes: Wenn man zwei leitende Körper, am besten zugespitzte Kohlenstäbe, zuerst zur Berührung bringt und dann einen kräftigen Strom fließen läßt, so hört der Strom nicht auf, wenn man die beiden Kohlespitzen ein paar Millimeter auseinanderzieht. Der Strom fließt nämlich jetzt durch eine glühende Luftmasse zwischen den – ebenfalls glühenden – Kohleenden. Dies nennt man einen »Lichtbogen«. Wegen ihrer außerordentlichen Helligkeit sind Lichtbogen früher in den »Bogenlampen« zur öffentlichen Beleuchtung benutzt worden, bis vor gar nicht langer Zeit auch noch in Bildprojektoren und ähnlichen Geräten. Erst viel später kamen dann leistungsfähige Glühlampen auf den Markt.

Zieht man die Kohleenden des Lichtbogens zu weit auseinander, so reißt der Lichtbogen ab, und der Strom ist unterbrochen. Während der Lichtbogen brennt, liegt zwischen den Kohlespitzen eine Spannung von nur etwa 40 Volt. Bei wesentlich niedrigeren Spannungen entsteht kein Lichtbogen. Nun wird aber beim Unterbrechen des Stromes, wobei ja immer Pole auseinandergezogen werden, kurzfristig ein kleiner Lichtbogen gebildet. Dieser Lichtbogen aber zerstört die Kontakte, wenn er nicht sofort erlischt. Deshalb wird in allen Schaltern durch einen Federmechanismus dafür gesorgt, daß sich beim Ausschalten die Kontakte sehr schnell voneinander entfernen und der Lichtbogen sehr rasch abreißt. So erhält man den Eindruck eines »Funkens«.

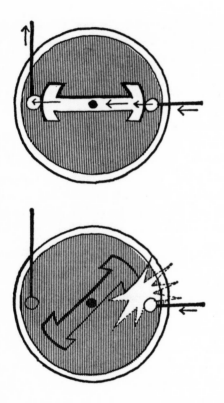

Allerdings kommt noch etwas hinzu. Die paar Volt einer Schwachstromanlage könnten auch kurzfristig keinen Lichtbogen zünden. Jedoch: Beim Ausschalten eines kräftigen elektrischen Stroms entsteht immer ein ganz kurzer Spannungsstoß. Er kommt durch eine Art Aufstauung des Stromes zustande, der sich dagegen sträubt, ganz abrupt unterbrochen zu werden. Dieser Spannungsstoß kann für einen Augenblick mehr als das Zehnfache der normalen Spannung erreichen und so ohne weiteres einen Lichtbogen zünden, ja eventuell sogar einen echten Funkenüberschlag bewirken. Man spricht dann von einem »Öffnungsfunken«, der aber wegen seiner geringen Stärke völlig ungefährlich ist.

Warum wird die Milch bei Gewitter besonders schnell sauer?

Milch ist ein besonderer Saft. Millionen Kühe, die jeden Tag zweimal gemolken werden, produzieren sie in einem schier unerschöpflichen Strom. Aber der Weg vom Stall des Bauern bis zum Verbraucher ist lang und mit vielen Zwischenstationen gespickt. Damit die Milch auf diesem langen Weg nicht verdirbt, nämlich sauer wird, bringt man sie möglichst rasch in eine Molkerei. Dort wird sie in besonderen Anlagen »pasteurisiert«, das heißt auf 75 Grad Celsius erhitzt, wobei der größte Teil der Bakterien vernichtet wird, dann rasch abgekühlt und sogleich mit Hilfe moderner Abfüllanlagen in Flaschen oder Tüten gefüllt. Auch auf dem weiteren Transport wird sie kühl gelagert. Das ist äußerst wichtig. Denn am Sauerwerden der Milch ist in erster Linie die Wärme schuld.

Kuhmilch besteht im Mittel zu 87,3 Prozent aus Wasser. Der Rest: 3,7 Prozent Fett, 3,5 Prozent Eiweiß, 4,8 Prozent Zucker und 0,7 Prozent Mineralstoffe mit den lebenswichtigen Spurenelementen und Vitaminen. Das Fett ist im Wasser als feine Emulsion verteilt, also in Form winziger Kügelchen, deren Durchmesser zwischen 1 hundertstel und 1 tausendstel Millimeter schwankt. Das Eiweiß – nämlich Kaseïn und Albumin – ist in gequollenem Zustand enthalten, alle anderen Bestandteile sind völlig aufgelöst.

Steht die Milch einige Zeit an der Luft, so beginnt sich der Zucker in Milchsäure zu verwandeln. Das geht mit Hilfe winziger lebender Spaltpilze vor sich, vor allem dem »Bacillus lacticus Hueppe«. Unter dem Mikroskop zeigt er eine feine Stäbchenform, durch die sich eine Art Verfilzung ergibt. Das Eiweiß gerinnt und schlägt sich in fester, unlöslicher Form nieder. Die Milch ist »sauer« geworden!

Je mehr sich bei längerem Stehen die Milch erwärmt, desto schneller vermehren sich die Spaltpilze. Erst wenn sich ein gewisses Quantum Milchsäure gebildet hat, vernichten sich die Spaltpilze selbst. Aber das hilft dann nichts mehr. Die Milch ist und bleibt sauer.

Kommt ein Gewitter, so macht sich das vorher meist durch starke Schwüle bemerkbar. Milch, die sich nicht im Kühlschrank befindet, erwärmt sich also rascher, als dies normalerweise der Fall ist. Außerdem steigt die Luftfeuchtigkeit. Solch dunstige Luft bildet für Spaltpilze einen idealen Nährboden und sorgt ebenfalls für eine erheblich raschere Vermehrung der Pilze. Und als drittes: Vor einem Gewitter enthält die Luft sehr viel statische Elektrizität. Sie ist sozusagen aufgeladen. Auch diese »Ionisierung der Luft« trägt zur schnelleren Vermehrung der in der Milch und auch in der Luft enthaltenen Spaltpilze bei.

Das sind die drei Gründe, weshalb Milch bei einem Gewitter schneller sauer wird als sonst. Unter Umständen geht diese Pilzvermehrung geradezu explosionsartig vor sich.

Warum flackert eine Leuchtstoffröhre beim Einschalten?

Schaltet man eine elektrische Glühlampe ein, so leuchtet sie sofort auf und brennt dann völlig konstant. Eine Leuchtstoffröhre dagegen leuchtet *nicht* augenblicklich und flackert häufig ein paarmal, bis sie schließlich gleichmäßig brennt. Woher rührt dieser auffallende Unterschied?

Der Grund liegt darin, daß in diesen beiden Arten von Lampen das Licht in sehr verschiedener Weise entsteht. Bei der Glühlampe durchfließt der elektrische Strom einen sehr dünnen Draht und erhitzt ihn bis zur Weißglut. Das Licht entsteht also auf dem Umweg über die Wärme. Tatsächlich wird ja auch eine brennende Glühlampe so heiß, daß man sie nicht anfassen kann. Der glühende Metallfaden im Innern des Glaskolbens strahlt Licht- *und* unsichtbare Wärmestrahlung aus, wobei leider das Licht nur den kleinsten Teil der Energie enthält; das allermeiste geht als Wärme weg. Genaugenommen ist eine Glühlampe mehr ein Ofen als ein Leuchtkörper.

Anders bei der Leuchtstoffröhre. Zwar arbeitet auch sie nicht, was an sich ideal wäre, ohne Wärmeerzeugung. Aber im Verhältnis zu ihrer Lichtausstrahlung entsteht in ihr viel weniger Wärme. Man kann dies daran erkennen, daß eine brennende Leuchtstoffröhre nicht sehr heiß, nur gerade leicht warm wird. Die Leuchtstoffröhre wandelt also die elektrische Energie mit einem viel besseren Wirkungsgrad in Licht um als die Glühlampe. Die Lichtausstrahlung geht bei ihr nämlich nicht von einem glühenden festen Körper aus, sondern von elektrisch »angeregten« Gasatomen. Allerdings ist der Vorgang, der sich in der Leuchtstoffröhre abspielt, ziemlich kompliziert.

Leuchtstoffröhren enthalten etwas Quecksilberdampf. Die elektrische Anregung dieses Dampfes liefert kaum sichtbares Licht, sondern eine starke unsichtbare Ultraviolettstrahlung, ähnlich wie die künstliche Höhensonne. Für die Raumbeleuchtung braucht man aber sichtbares, helles Licht. Das gewinnt man auf einem Umweg: Auf die Innenwand der Röhre ist ein pulverisierter Stoff aufgebracht, der unter dem Einfluß der Ultraviolettstrahlung in weißem oder auch farbigem Licht fluoresziert. Dies ist der »Leuchtstoff«, von dem die Lampe ihren Namen hat. Er verhindert auch, daß die Ultraviolettstrahlen durch das Glas nach außen dringen, was ja unter Umständen für den Menschen schädlich sein könnte.

Durch geeignete Wahl des Leuchtstoffs kann man die Lampen in den verschiedensten Farben leuchten lassen. Für Büros und Arbeitsräume wird man weißes oder leicht getöntes, für Reklamezwecke aber buntfarbenes Licht verwenden. Im übrigen ist die Lebensdauer solcher Leuchtstofflampen mehr als doppelt so groß wie die von Glühlampen, bei denen die Glühspirale nach und nach immer mehr an Substanz verliert und schließlich an der dünnsten Stelle durchschmilzt. Jetzt aber die eigentliche Frage: Wie kommt beim Einschalten von Leuchtstoffröhren das Flackern zustande?

Nun, dieses Flackern hängt mit dem Zündvorgang zusammen. Damit beim Einschalten der Stromfluß und somit das Leuchten der Lampe in Gang kommt, müssen die Quecksilberatome ionisiert, das heißt in elektrisch geladene Teilchen umgewandelt werden. Deshalb sind zwei Glühdrähte eingebaut, zwei »Elektroden«, die im Moment des Einschaltens durch ihr Glühen Elektronen ausschütten, und diese Elektronen bewirken die gewünschte Ionisierung. Nach 1 bis 2 Sekunden wird der Glühstrom automatisch unterbrochen und durch den hierbei entstehenden kurzen Spannungsstoß der Stromfluß und somit die Anregung der Gasatome in Gang gebracht. Man kann also, so merkwürdig es klingt, sagen: Zum Einschalten muß hier etwas ausgeschaltet werden! Wenn aber das Zünden nicht sofort funktioniert, schaltet sich der Glühstrom nochmals ein und wieder aus und wieder ein ... Und das so oft, bis endlich die Lampe ruhig brennt. Das ist dann das Flackern, das man an Leuchtstoffröhren so oft beobachtet.

Bald wird es aber dieses Flackern nicht mehr geben. Deutsche Wissenschaftler haben nämlich neue Elektroden und eine neue Zündvorrichtung entwickelt, die den zum Zünden erforderlichen Spannungsstoß mit Hilfe von Transistoren erzeugt und so schnell wirkt, daß mit dem Einschalten die Lampe auch schon leuchtet.

Warum brennt bei Kurzschluß die Sicherung durch?

Der in die Wohnungen geführte elektrische Strom hat meist eine Spannung von 220 Volt. Welche Stromstärke (in Ampere) ein bestimmtes elektrisches Gerät aus der Leitung entnimmt, hängt von dessen elektrischem Widerstand ab: Je niedriger der Widerstand, desto mehr Strom fließt durch das Gerät. Eine 100-Watt-Birne zum Beispiel hat einen verhältnismäßig hohen Widerstand; durch sie fließen etwa 0,5 Ampere Strom. Besitzt ein elektrisches Bügeleisen einen sechsmal geringeren Widerstand, so entnimmt es aus der Leitung einen sechsmal höheren Strom, also 3 Ampere. Noch stärkere Ströme fließen durch mehrplattige elektrische Herde und durch elektrische Raumöfen, durch diese sogar 15 Ampere und mehr.

Würde man die beiden Pole der Stromzuführung, etwa an einem Steckkontakt, direkt mit einem Draht überbrücken (»kurzschließen«), ohne daß ein elektrisches Gerät dazwischengeschaltet wird, so wäre nur ein äußerst geringer elektrischer Widerstand vorhanden, nämlich nur der des Überbrückungsdrahtes. Die Stromstärke würde entsprechend hoch anwachsen, auf 100 Ampere oder noch höher. Solch starker Kurzschlußstrom würde aber die elektrischen Leitungen, die in ihrem Durchmesser nur für eine bestimmte Höchststromstärke berechnet sind, unzulässig erhitzen, eventuell bis zum Glühen. Und das würde eine akute Brandgefahr bedeuten. Deshalb baut man in jede Leitung eine »Sicherung« ein, die das Entstehen eines zu starken Stromflusses verhindert.

Im Haushalt werden zu diesem Zweck vielfach Schmelzsicherungen verwendet. Das sind kleine Porzellanpatronen, in deren Bohrung, eingebettet in feinen Sand, ein sehr dünner Draht ausgespannt ist, durch den der ganze Strom fließen muß. Die Stärke des Drahtes ist so bemessen, daß er bei einer bestimmten Stromstärke durchschmilzt, den Stromkreis unterbricht und damit das Entstehen eines gefährlich starken Stromes verhindert. Die Sicherung ist dann »durchgebrannt«, wie man sagt, und muß – natürlich nachdem die Ursache des Kurzschlusses beseitigt ist – durch eine neue ersetzt werden.

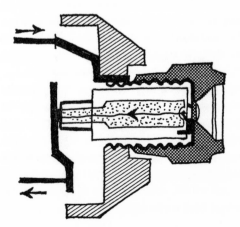

Eine durchgebrannte Sicherung mit einem außen herumgelegten Draht oder mit einem Stanniolstreifen zu flicken, ist äußerst gefährlich und deshalb auch streng verboten. Denn solch eine geflickte Sicherung läßt meist einen viel zu starken Strom durch und verfehlt damit ihren Schutzzweck vollkommen. Sie ist keine »Sicherung« mehr, sondern das Gegenteil davon.

Um nicht immer wieder neue Sicherungspatronen zu brauchen, schraubt man vielfach anstelle von Schmelzsicherungen auch sogenannte Sicherungsautomaten ein. Darin wird bei Überschreiten einer bestimmten Stromstärke automatisch ein Schalter betätigt, der den Strom ausschaltet. Durch Druck auf einen Knopf läßt sich der Schalter wieder einlegen.

Eine Sicherung brennt natürlich nicht nur dann durch, wenn ein Kurzschluß im eigentlichen Sinn vorliegt, wenn also die elektrischen Pole direkt überbrückt werden. Es geschieht auch dann, wenn Geräte mit zu hohem Stromverbrauch oder mehrere Geräte gleichzeitig angeschlossen werden, die zusammen die zulässige Stromstärke überschreiten. Beim Auswechseln einer Sicherung muß man darauf achten, daß man eine mit der richtigen Stärke, der richtigen Amperezahl erwischt. Sie ist auf jeder Sicherung eingeprägt.

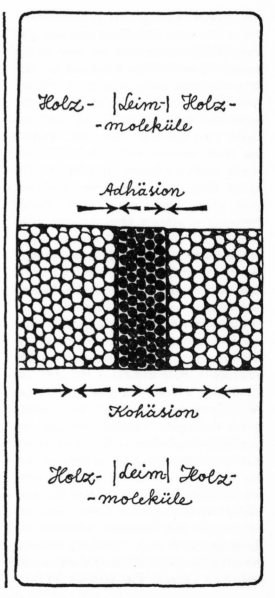

Warum klebt Leim?

Alle Stoffe – ob fest, flüssig oder gasförmig – sind aus Molekülen zusammengesetzt. Infolge innerer elektrischer Kräfte ziehen sich die Moleküle gegenseitig an und halten dadurch den Stoff zusammen. Diese Anziehungskraft, *Kohäsion* genannt, ist bei festen Stoffen am stärksten, bei gasförmigen am schwächsten. Doch auch zwischen den Molekülen verschiedener Stoffe herrschen Anziehungskräfte, die man *Adhäsion* nennt. Diese Kräfte sind aber nicht zwischen allen Stoffen gleich stark. Woher diese Unterschiede rühren, ist noch nicht ganz geklärt. Jedenfalls ist es die Adhäsionswirkung, die den Leim an den beiden zu verbindenden Werkstückflächen haften läßt. Und die Kohäsion zwischen den Leimmolekülen verhindert, daß die Leimschicht bei Zugbelastung auseinanderbricht.

Ein Klebstoff muß daher mindestens zwei Bedingungen erfüllen: Er muß zunächst so flüssig sein, daß er die Oberfläche der zu verbindenden Teile lückenlos benetzt, um eine ausreichende Adhäsion zu erzielen; und er muß dann so weit erhärten, daß die Kohäsion innerhalb des Klebstoffs genügend groß ist. Daß schon der gewöhnliche, aus Knochen oder Haut hergestellte Tischlerleim diese Bedingungen erfüllt, zeigt jede richtig durchgeführte Verleimung: Bei übermäßiger Zugbelastung reißt nicht die Leimfuge, sondern das Holz. Bei porösen Werkstoffen wie Holz wird die Adhäsionskraft noch dadurch verstärkt, daß der Leim in die Poren kriecht und sich auf diese Weise nach dem Erhärten in den Werkstücken gewissermaßen verkrallt. Man nennt das auch »mechanische Adhäsion«.

Trotzdem haben der Knochenleim wie auch der aus Pflanzen hergestellte Zelluloseleim ihre Mängel. Beide müssen heiß aufgetragen werden; die Werkstücke müssen während des Trocknens aneinandergepreßt bleiben; und das »Abbinden«, also das Austrocknen bis zum Erhärten, beträgt mindestens 12 Stunden – so viel Zeit braucht das im Leim enthaltene Wasser zum Verdunsten. Außerdem sind diese Warmleime nicht wasserfest.

Alle diese Nachteile gibt es nicht bei jenen Klebstoffen, welche die Kunststoffchemiker entwickelt haben. Sie enthalten kein Wasser, sondern meist sehr flüchtige Lösungsmittel, und erhärten daher in kurzer Zeit. Sie sind vielseitiger verwendbar, wasser-, säure- und laugenfest und bedürfen in der Regel keiner Pressung. Die meisten dieser Kleber sind auf Kunstharzbasis aufgebaut, deren Ausgangsprodukt Kohle, Erdöl, Kalk oder Zellulose ist. Je nach Verwendungszweck und Eigenschaften kann man sie in drei Gruppen einteilen: Alleskleber, Spezialkleber und Zweikomponenten-Kleber.

Wie schon der Name sagt, lassen sich mit *Allesklebern* die meisten Werkstoffe kleben, wenn an die Haltbarkeit keine besonders hohen Anforderungen gestellt werden. Die Adhäsion, also die Haftung an den Klebeflächen, ist meist größer als die Kohäsion, also die Festigkeit des Klebstoffs in sich. Daraus folgt, daß die aufgetragene Klebstoffschicht möglichst dünn sein soll, um die Zugfestigkeit nicht herabzusetzen. Da das Lösungsmittel schnell verdunstet, ist die Trockenzeit sehr kurz, je nach Klebstoff einige Minuten bis eine Stunde. Manche Alleskleber erhärten nicht, sondern bleiben weich und elastisch. Das hat den Vorteil, daß dünne Werkstoffe wie Papier, Leder und Stoffe trotz Klebung ihre Biegsamkeit nicht verlieren. Andere Alleskleber wieder werden steinhart, sind also für steife Verbindungen das Richtige.

Eine besondere Stellung nehmen die *Kontaktkleber* ein, die zu den Allesklebern zählen. Man trägt sie dünn auf beide zu verbindenden Flächen auf, läßt sie 15 bis 20 Minuten trocknen und preßt die Werkstücke dann ganz kurz aneinander. Durch diesen kurzzeitigen Druck – es genügt schon ein Hammerschlag – verbinden sich die beiden Klebstoffschichten so innig, daß das Werkstück sofort weiterbearbeitet werden kann. Man muß allerdings die zu klebenden Teile genau in der richtigen Lage aufeinandersetzen, da ein Verschieben zur Korrektur nicht mehr möglich ist.

Bei manchen neuzeitlichen Werkstoffen reicht die Adhäsion der genannten Kleber für eine haltbare Verbindung nicht aus, zum Beispiel weil die Oberfläche zu glatt ist oder weil sie mit dem Kleber eine nicht aushärtende Verbindung eingeht. Für solche Fälle wurde eine große Zahl von *Spezialklebern* entwickelt. Man nimmt sie unter anderem zum Kleben von Plastikteilen aus Polystyrol. Der Spezialkleber löst das Polystyrol oberflächlich, so daß die Teile nach dem Trocknen gewissermaßen verschweißt sind. Styropor, ein dem Polystyrol verwandter Hartschaumstoff, hat die unangenehme Eigenschaft, daß ihn die Kunstharzkleber auflösen. Sie fressen gewissermaßen ein Loch hinein. Mit dem richtigen Spezialkleber läßt sich auch dieser Stoff einwandfrei und schnell kleben.

Die höchste Klebekraft erzielen die *Zweikomponenten-Kleber*, die man erst knapp vor dem Kleben aus einem »Binder« und einem »Härter« zusammensetzt. Die beiden pastenartigen Bestandteile werden gut miteinander vermischt und sofort dünn auf die zu klebenden Flächen gestrichen. Nach dem Zusammenfügen beginnt die Aushärtung des Gemischs, die je nach Temperatur 5 Minuten bis 20 Stunden dauert. Im Unterschied zu anderen Klebern enthält das Gemisch kein Lösungsmittel. Die Härtung geschieht also nicht durch Verdunsten einer Flüssigkeit, sondern durch eine chemische Reaktion. Solche Zweikomponenten-Kleber sind vor allem zum Kleben von Metallteilen entwickelt worden und haben eine enorme Zugfestigkeit. Man benutzt sie zum Beispiel im Flugzeugbau, wo sie das Schweißen und Nieten überflüssig machen.

Warum gibt es im Badewannenabfluß einen Wirbel?

Zieht man aus einer vollgefüllten Wanne den Stöpsel, so geschieht zuerst gar nichts Besonderes. Je tiefer der Wasserspiegel aber sinkt, desto deutlicher wird über der Abflußöffnung ein Wirbel erkennbar. Er dreht sich entweder rechts- oder linksherum.

Entscheidend für das Entstehen dieses Wirbels sind Gefälle und Strömungsgeschwindigkeit des Wassers. Aus der Badewanne kann immer nur so viel Wasser abfließen, wie die Abflußröhre aufnimmt. Sinkt aber der Wasserspiegel, so wirkt die Abflußröhre zunehmend wie eine saugende Düse. Die Abfließgeschwindigkeit nimmt zu.

Ein Strudel oder Wirbel kann jedoch bei fließendem Wasser stets nur vor oder nach einem Hindernis entstehen. Befindet sich zum Beispiel mitten in einem Fluß ein Felsen, so bildet sich dort ein Wasserwirbel, und zwar gewöhnlich an seiner flußabwärts gelegenen Seite. Solch ein Hindernis stellt auch der Badewannenabfluß dar. Solange allerdings die Wassermassen in der Wanne noch groß sind, reicht der störende Einfluß der Verengung für eine Wirbelbildung nicht aus. Der Sog am Abfluß kann sich nicht bis zur Oberfläche des Wassers durchsetzen. Erst wenn der Wasserspiegel tief genug abgesunken ist, vermag der Sog das Wasser über dem Abfluß in Drehung zu bringen.

Bleibt noch die Frage der Dreh*richtung*. Um auf das Beispiel mit dem Fluß zurückzukommen: Der Strudel wird sich entweder nach links oder nach rechts drehen. Ist die

Wasserrinne links des Felsens tiefer, führt der Fluß dort also mehr Wasser, so dreht sich der Wasserwirbel nach rechts. Kommt auf der rechten Seite mehr Wasser, wird sich der Wirbel nach links drehen.

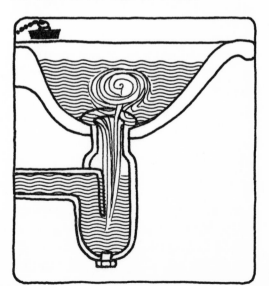

In einer Badewanne spielt deren geringfügige, mit freiem Auge kaum zu erkennende Seitwärtsneigung eine Rolle. Ist sie, in Abfließrichtung gesehen, etwas nach rechts geneigt, so gibt es am Abfluß einen Linkswirbel. Und umgekehrt. Der Wirbel wird immer von jener Seite ausgehen, auf der bei Beginn der Wirbelbildung der größere Wasserdruck vorherrscht. Eine gewisse Rolle kann es aber auch spielen, ob das Abflußrohr ganz senkrecht oder um eine winzige Kleinigkeit geneigt montiert wurde.

Alle diese Einflüsse sind aber sehr, sehr gering. Schon schwache Gegenkräfte können sie unwirksam machen. An einem Handwaschbecken zum Beispiel kann man die Drehrichtung des Abflußstrudels unschwer umkehren, indem man mit dem Finger »gegenrührt«.

Die Behauptung gar, daß sich die Wirbel auf der Nordhalbkugel unserer Erde andersherum drehen würden als die auf der Südhalbkugel, ist Unsinn, wie ja der Versuch zeigt. Die Rotation der Erde und die dadurch ausgelöste »Corioliskraft«, ihr Magnetfeld oder gar der Einfluß des Mondes, die da verantwortlich gemacht werden, haben für den Badewannenwirbel keine Bedeutung. Nur bei Wirbelbildungen im offenen Meer könnte es vielleicht eine gewisse Einflußnahme geben; doch auch hier hängt die Drehrichtung in erster Linie von der Strömungsgeschwindigkeit der Wassermassen und den vorhandenen Hindernissen ab.

Warum geht Hefeteig auf?

Um Brot oder Hefekuchen locker und genießbar zu machen, braucht man Hefe: für jedes Kilogramm Teig 30 bis 35 Gramm. Die zum Backen benutzte »Preßhefe« wird heute in großen Mengen gezüchtet. Sie besteht aus einer Unzahl winzig kleiner lebender Zellen, den Hefepilzen. Sie haben die Eigenschaft, mit Hilfe der von ihnen erzeugten Fermente im Teig wie unsichtbare Heinzelmännchen zu wirken und ihn luftig und locker zu machen. Um sie voll zur Wirkung zu bringen, bedarf der Teig nach dem Mischen einer gewissen Ruhepause. Man stellt ihn deshalb zugedeckt an einen mäßig warmen Ort. Dort kann er »aufgehen«. Die Teigmasse nimmt dabei an Umfang zu.

In dieser Ruhezeit geht im Teig ein sehr komplizierter chemischer Prozeß vor sich. Zunächst verwandelt sich ein Teil der im Mehl enthaltenen Stärke – etwa 1 bis 3 Prozent – in Traubenzucker. Dieser Zucker wird dann zu Äthylalkohol vergoren. Während dieses Gärungsprozesses entstehen überall im Teig feinste Kohlendioxyd-Gasbläschen, die die feste Masse auseinandertreiben. Und dies ist die Zeit, wo der Teig in völliger Ruhe bleiben muß, weil sonst die Gasbläschen vorzeitig entweichen.

In einem Gramm Hefeteig sind etwa eine Milliarde Hefezellen am Werk. Ihre Vermehrung geht während des Ruhens sehr rasch vor sich. Jede der winzigen, kugelförmigen Hefezellen teilt sich innerhalb einer Stunde in zwei Zellen. Ebenso rasch vermehren sich gleichzeitig die für den Gärungsvorgang so wichtigen Fermente. Das sind kompliziert zusammengesetzte organische Verbindungen, deren Wirksamkeit und Bedeutung man erst in den letzten Jahren so richtig auf die Spur gekommen ist. Sie sind es, die sich im Hefeteig auf den aus Stärke umgewandelten Zucker stürzen. In unglaublich kurzer Zeit – wenigstens im Vergleich zu anderen chemischen Umwandlungsvorgängen – zersprengen sie in einer erbitterten Schlacht jedes Zuckermolekül in zwei Moleküle Alkohol und zwei Moleküle Kohlensäuregas. Nur durch das Zusammenwirken der Hefezellen mit den Fermenten kann der Hefeteig richtig gären. Ohne Hefezusatz würden Kuchen und Brot beim Backen steinhart werden.

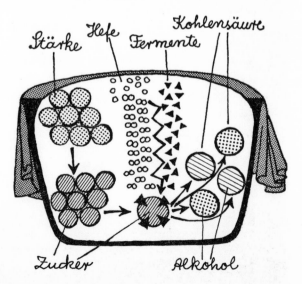

Während des Backvorganges, der zum Beispiel bei Brot je nach Sorte mit einer Temperatur von 210 bis 270 Grad Celsius und unterschiedlicher Dauer vor sich geht, werden die Hefepilze abgetötet. Auch die Fermente werden vernichtet. Das Kohlensäuregas verflüchtigt sich. Nur wenn ein Hefeteig falsch gebacken wird, kann er weitergären oder gar schimmeln.

Überall dort, wo man keine Hefe kennt, kann es bei den Menschen zu schweren Gesundheitsstörungen kommen. Hefe enthält das wichtige Vitamin B_1, das für das Nervensystem und die Arbeit des Herzmuskels von großer Bedeutung ist, sowie des Vitamin B_2, wichtig für Wachstum und Blutbildung. Ohne Hefe kann es zur Mangelkrankheit *Pellagra* (Pelle agra = trockene Haut) kommen, die zum Beispiel in Afrika häufig auftritt und schon viele Todesopfer gefordert hat. Man kann diese Krankheit wirksam mit Hefe in Pulver- oder Pillenform bekämpfen.

Hefe ist übrigens nicht nur fürs Backen wichtig. Gewisse Hefesorten braucht man für die Herstellung von Bier, Wein und Branntwein. Andere Heferassen verwendet man im Haushalt beim Ansetzen von Beerenweinen.